不能及时调整自己的坏情绪

过度谦卑

别让营销、管理和礼仪上的错误害了你

羽飞☆编著

四川人民出版社

图书在版编目（CIP）数据

别让营销、管理和礼仪上的错误害了你 / 羽飞编著
. -- 成都 : 四川人民出版社 , 2021.6
ISBN 978-7-220-11672-8

Ⅰ . ①别… Ⅱ . ①羽… Ⅲ . ①营销－通俗读物②管理学－通俗读物③礼仪－通俗读物 Ⅳ . ① F713.5-49 ② C93-49 ③ K891.26-49

中国版本图书馆 CIP 数据核字 (2019) 第 272146 号

BIE RANG YINGXIAO、GUANLI HE LIYI SHANG DE CUOWU HAI LE NI

别让营销、管理和礼仪上的错误害了你

羽飞　编著

出 版 人	黄立新
策划组稿	张明辉
责任编辑	段瑞清
营销策划	张明辉
插画绘制	金版文化
封面设计	简明波
责任印刷	李　剑
出版发行	四川人民出版社（成都槐树街2号）
网　　址	http：//www.scpph.com
E-mail	scrmcbs@sina.com
新浪微博	@四川人民出版社
微信公众号	四川人民出版社
发行部业务电话	（028）86259624　86259453
防盗版举报电话	（028）86259624
印　　刷	深圳市雅佳图印刷有限公司
成品尺寸	135mm × 180mm
印　　张	14
字　　数	300千
版　　次	2021年6月第1版
印　　次	2021年6月第1次印刷
书　　号	ISBN 978-7-220-11672-8
定　　价	49.90元

前言

Preface

成功是每个人梦寐以求的，现代商人更渴望自己能够成功，想让自己的事业由弱变强、由小变大，成为真正的财富巨人。但是，想要成功并不是那么容易的。人一进入商界，便注定要面对成败，失败总是在人们前进的道路上抢先出现，它像个魔鬼一样，反复纠缠着人们，考验其意志、胆识和智慧。造成失败的原因有很多，但大多数都是人们自己的错误引起的，错误可以说是人们成功路上的绊脚石。

在成功路上，营销、管理和礼仪方面出现错误，后果是最严重的，它们会影响你的业绩，断送你的前途，影响你的人脉。为了让人们少犯甚至不犯这几方面的错误，我们特意组织专家编写了《别让营销、管理和礼仪上的错误害了你》一书。本书系统总结了人们在营销、管理和礼仪上最可能犯的错误及其负面影响，并阐明了纠正这些错误的方法和要领，帮助广大读者识别这些错误，引以为戒，在日常工作和生活中远离这些方面的错误，从而更快速地走向成功。

在销售领域，无论你是一位久经沙场的销售元老，还是一位初涉销售的新人，都会在不经意间犯一些错误。在销售过程中，不管你的前期工作做得多么完美、多么周到，总可能发生一些错误。小小的错误会带来大大的问题，一步错步步错，一步落后步步落后。如果销售人员不能解决这些问题、改正错误，将会丢失更多的销售机会和销售业绩，无法实现推销致富的梦想。所以，在销售领域，改正错误比发挥优点更重要。本书第一篇按照推销的进程来安排顺序，将接近客户、寻找和开发客户、产品介绍、说服沟通、再次拜访和持续销售、缔结合同、客户服务等每一个环节中最可能犯的错误毫无遗漏地展示给读者，并剖析了一个推销员在推销过程中应该遵循的正确原则和策略。书中的案例真实生动而又通俗易懂，让人阅读起来趣味盎然而又发人深省，从而使看似深奥的推销技巧变得简单易学。避免营销领域的错误，运用正确的方法，你将在营销领域游刃有余，从而成为营销高手。

每个人都会犯错误，不犯错误几乎是不可能的。但让人疑惑的是，有些管理者总在不断重复相同的错误。实际上，管理者之所以在同一个地方不断犯错，并不是因为他们没有运用成功管理者的方法、行为和习惯，而是他们不知道哪些管理行为是错误的。那么，总结这些颇具典型意义的错误管理方法、行为和习惯，对于改善管理和提高管理者自身能力来说，显得尤为重要。本书第二篇从分析具体的管理错误入手，并运用实地场景中的对话方式，将管理者常犯的错误形象地表现出来，从而使读者的感受更强烈、更直观。

在人际交往中，有的人自认为做事周全、合乎礼仪，却得不到对方的肯定和好感，甚至陷入窘境，弄得无法收场；在处理公务和商务时，有的人谨小慎微，全心应付，结果仍然达不到目的，遭遇失败……究其原因，主要是在礼仪上出了问题，没有注意到礼仪中的关键环节和微小细节，触犯了礼仪禁忌。礼仪有一套人们共同遵守的行为规范和准则，奉行礼仪，必须依照约定俗成的程序、方式。本书第三篇系统总结了人们在工作和生活中在礼仪方面容易犯的错误，针对实际工作和社会生活中的具体问题，详尽剖析了这些错误的不当之处及其负面影响，并用对比的方式一一阐明纠正这些错误并加以正确应用礼仪的方法要领，帮助广大读者提高礼仪素养，在日常生活和工作中约束规范自己的言行，在各种社交场合正确得体地运用礼仪，取得成功。

目录

CONTENTS

第一篇　营销篇

002　PART 01 你在推销心态和心理准备上最可能犯的 6 个错误

002　对拜访客户心生畏惧

006　不能及时调整自己的坏情绪

010　业绩目标不切实际

014　总是批评竞争对手

017　以貌取人

020　过度谦卑

026　PART 02 你在寻找和开发客户时最可能犯的 6 个错误

026　不能给准客户正确定位

030　不了解客户的背景

034　急于求成

039　不善于应付意外事故

043 没能激发客户的潜在需求
048 不会建销售网

054 PART 03 你在说服沟通中最可能犯的 5 个错误

054 没能赢得客户的好感
058 被客户的问题套住
062 不敢拒绝客户的要求
066 推销时机不当
071 没有回应客户关注的事项

075 PART 04 你在产品介绍展示中最可能犯的 5 个错误

075 不强调关键的利益点
079 不了解市场行情
082 无端夸大产品的优点
086 不了解客户
090 过多地泄露自己的秘密

093 PART 05 你在签订合同时最可能犯的 5 个错误

093 不能掌握成交的主动权

097 没有成交策略

102 陷在价格争议的旋涡中

107 顾小利失大利

110 对客户做出无法兑现的承诺

115 PART 06 你在客户服务中最可能犯的 5 个错误

115 服务承诺成为一纸空谈

118 不能正确对待客户的抱怨

122 不具备服务公众的意识

124 将服务完全推给客服部门

128 为了分清责任不惜与客户争吵

第二篇　管理篇

132 PART 01 你在与下属沟通中最可能犯的 6 个错误

132 从头管到脚

136 不能给员工以家的感觉

139 不能引导员工从错误中吸取教训

143 不能随时调解与员工之间的矛盾

146 不能发挥员工的自我管理能力

150 苛求完美

154 PART 02 你在分配工作中最可能犯的 6 个错误

154 没能全面客观地了解员工的特长和能力

160 不理解员工之间的差异

163 授权不当

167 含糊不清

171 颐指气使

175 不能让人信服

179 PART 03 你在绩效考核中最可能犯的 5 个错误

179 绩效评估流于形式

183 企业战略和绩效管理不能很好地结合

188 薪酬标准不公平

192 加薪不灵活

197 绩效衡量错位

201 PART 04 你在团队管理中最可能犯的 6 个错误

201 无法处理内部的权力纷争

205 不实施反馈制度

209 奖励个人，忽略集体

213 不能营造团队的概念

217 不能正视员工对自己的评价

221 不给员工自我提高的机会

225 PART 05 你在面对人才流失时最可能犯的 6 个错误

225 临时抱佛脚

228 漠视员工的离职

232 没有好的人力管理机制

236 事业停滞导致人才流失

241 人员不能最优化

245 不培养员工的忠实度

249 PART 06 你在领导力塑造中最可能犯的 8 个错误

249 扮演不好自己的角色

253 不能身先士卒

257 严厉威吓挫伤员工的积极性

260 不能体谅员工

265 没有了解情况就对员工作界定

269 不能有效解决下属情绪低落的问题

273 没有一颗宽容的心

278 不愿意承担下属的责任

第三篇　礼仪篇

284 PART 01 你在仪态、服饰礼仪方面最可能犯的 3 个错误

284 仪容礼仪错误

289 仪态礼仪错误

292 服饰礼仪错误

304 PART 02 你在生活交际礼仪方面最可能犯的 6 个错误

304 寒暄礼仪错误

307 称呼礼仪错误

310 握手礼仪错误

312 名片礼仪错误

316 介绍礼仪错误

320 交谈礼仪错误

330 PART 03 你在通信、拜访、待客礼仪方面最可能犯的 6 个错误

330 电话礼仪错误

337 书信与邮件礼仪错误
341 拜访与待客礼仪错误
351 办公场合礼仪错误
357 面试礼仪错误
368 职场工作礼仪错误

373 PART 04 你在会议与商务礼仪方面最可能犯的 2 个错误

373 会议礼仪错误
380 商务与公务礼仪错误

393 PART 05 你在送礼与宴会礼仪方面最可能犯的 4 个错误

393 送礼礼仪错误
404 宴会礼仪错误
424 舞会礼仪错误
429 婚葬礼仪错误

第一篇

营销篇

PART 01

你在推销心态和心理准备上最可能犯的6个错误

对拜访客户心生畏惧

你的营销生涯是从你一次又一次的拜访客户开始的，所以，不要害怕去见客户。

营销事典

一位资深专家受托为一家知名企业打造一支优秀的推销团队，目标是提高企业的预算软件的销售额，同时提高企业的市场占有率。

第一个礼拜，专家请销售代表们上门逐家拜访客户，给他们定下了每日拜访目标，挂起了排行榜，大家都兴致高昂地开始了他们的推销之旅。结果到了第三天，销售代表们的热情骤然降温，每日拜访次数开始下降，每个人都开始寻找理由少出门，即便出门，回来后在业务表上总是以“拜访未遇”作结论。他们已经被客户的拒绝打垮，甚至开始不愿意出门！

专家便问：“小伙子们，怎么了？一下子都没了劲头了？”

听听他们的回答：

“第一天，我站在客户公司所在的那幢大楼外的人行道上，不知道该怎么去做，更不知道能不能推销出去。第二天，我还是……”

“我昨天到了××公司门口，又被门卫挡在外边。任我怎么说，他也不肯放我进去，更不用说见彼得先生的面了，真让我失望。”

“我运气倒比较好，见到了玛丽女士。可是我刚一开口，她就说她忙，让我别再打扰她了。结果我第二次到她的公司，就没有了敲门的勇气。”

毫无疑问，这是正常的心理反应。心理医生常常通过电击来纠正有心理疾病的患者。当患者出现需要被纠正的行为时，就会被电击，这自然是不舒服的，于是形成条件反射，当该行为再度发生，电击的感觉出现，于是行为被自觉终止了。被客户拒绝，使我们遭遇了“电击”，会将之与我们的销售行为（如上门拜访）联系起来，多次重复这种感觉后，自然就会畏惧打电话、登门拜访。

因此，一个推销员最主要的障碍几乎80%来自心理因素，而这当中最常见的问题就是被客户拒绝而产生的恐惧。

简单地说，害怕被拒绝，事实上就是害怕客户对他说“不”这个字：我们害怕客户对我们说“不”，我们害怕客户说他没有钱、没有时间、对产品不感兴趣……

据统计，80%销售行为的最后结果都是客户的“不”这个字。你害怕客户对你说“不”，那么你害怕自己能够挣更多的钱吗？你害怕自己的事业成功吗？如果你不能克服这种恐惧，也就不可能提高收入，事业也不可能成功。

大部分的推销员没有办法接受客户的拒绝。依照经验，一个新从业的推销员最容易“阵亡”的时间就是他进入销售行业的前90天。若一个新从业的推销员不能在开始工作的90天之内掌握充分的产品知识、建立起他的基础客户群、提高销售能力及技巧，以及建立完好的自我形象和自信心、克服被拒绝的恐惧，那么他就会在90天之内离开这个行业。所以，这90天对一个新从业的推销员来说是非常关键的，而这当中最关键的一种能力的提高，就是对失败以及对被拒绝的恐惧的解除。如果能够解除被客户拒绝的恐惧，那么，这世界上的每一个人都能成为优秀、杰出的推销员。

正确做法：

1. 做好失败的准备

新从业的推销员一想到可能会失败，往往会停滞不前。这很可能是患了“失败恐惧症”，而“失败恐惧症”又会引起“访问恐惧症”。你要对自己说，最初当然不顺利，反复去做就会变得顺利。反复实践是走上顺利的唯一方法，即所谓反复10次能够记住，反复100次能够学会，反复10000次就变成职业高手了。

推销员在开始推销时，往往会认为一开始就会顺利，抱着甜美的希望想着：“但愿……”结果，很容易因大失所望而深受打击。所以，应该经常对自己说：“开始一定是不顺利的，唯有不断反复，才会变得顺利。”

2. 肯定自我价值

大部分的情况下，当客户说“不”的时候，他并没有否定你这个人，也并不表示你这个人没有能力，只是表示你还没有完全解除他对购买这种产品的抗拒以及对于购买你的产品可能是一个错误的决定的恐惧。害怕客户的拒绝是缺乏行动力和拖延的最大根源。

3. 树立自信心

害怕被客户拒绝也和你的自信心有绝对的关系，你的自信心越强，对被客户拒绝的恐惧就越小。作为一名推销员，你必须从以下两方面着手来培养自己的信心：

（1）确信你的工作对客户有贡献。化妆品的企业主相信他能带给人们美丽，从而建立全球性的企业。IBM（国际商业机器公司）相信它对客户的贡献在于替客户解决问题，从而成为世界上最大的信息处理公司。作为一位专业的推销员，第一个信念就是：确信我能提供对客户有意义的贡献。如果你的心中没有这种信念，你是无法成为一流的推销员的。

（2）积极与热忱。你的第二个信念是只要你做一天的推销员，积

极与热忱就是你的本能。本能是一种自然的反应，是不打折扣的，是不需要理由的。积极与热忱是会感染的，你不但能将积极、热忱传播给你的客户，同时也能将你此刻的积极与热忱传染给下一刻的你。因此，每天早上起来的第一件事就是要告诉自己：积极、热忱！

4. 磨炼意志力

通常，推销员进行随机拜访时，要面对50次以上的“不需要”“没预算”“不喜欢”“太贵”的拒绝，才会发现一个有希望的客户。你若是没有坚强的意志，是很容易被击垮的。

妙语点评

踏入销售职场，最初的新鲜感一过，随之而来的就是很深的挫折感，因为几乎每10个客户中会有9个对你说“不”。渐渐地，你会对你的工作产生恐惧，进而担心：我是否适合干这行呢？我能干好吗？这个时候，请记住不要放弃，只要决心成功，失败永远不会把你击垮！

不能及时调整自己的坏情绪

情绪不好时，千万别去见客户。

营销事典

一位推销员情绪不好的时候去一家商场谈生意，这家商场还是老客户。到了经理室，经理显得特别高兴，热情地招呼这位推销员坐下，兴致勃勃地说：“我告诉你，我女儿考上大学了！”结果，这位推销员只是点了一下头，面无表情地说：

"嗯，您看下个月的货订多少？"

见经理没说话，他接着又问："您看下个月的货……"

不想经理刷地变了脸色，没等他说完，就不耐烦地说："下月不订了！"

推销员又问："那以后呢？"

经理干脆说："以后你别来了！"

推销员生气地说："不做？我还不稀罕呢！"说完，一摔门就走人了。

一个人的行为似乎是跟着感觉走的，情绪上多云，行动上也就不会阳光灿烂，这是一般人的看法。但从另一个角度看，感觉和行动是互相影响的，可以反过来用你的行为去改善情绪。积极的人都会这么做。

谈论业务并不意味着生活中的其他事均与此无关，客户希望你与他共同分享某一好消息时，你只需要一句表示祝贺的话就可以做到。同时，要学会控制自己的负面情绪，不要让自己的消极情绪影响自己的客户。

我们之所以会情绪恶劣，是因为一直想着那件让你挂心的事。

譬如说自己被上司责骂了，那很可能一整天你就一直想着这件事，脑海中仿佛一直是他对你怒吼的样子，结果你的心情就越来越坏。

作为推销员，应该是乐观、开朗，工作和生活都积极的人，所以你应该知道怎样把握自己的情绪，每天都让自己处于

积极的状态中。推销员在面对客户之前要先做好心理准备。不论刚发生过什么不愉快的事情，推销员都要立刻把它忘记，然后用愉快的心情和笑容面对客户。千万别因为私人的困扰破坏了心情。以坏心情面对客户，只会使彼此的关系恶化，这是推销上的大忌。

正确做法：

为什么要让那些不愉快的事不断困扰着你呢？为什么不把这一幕最糟糕的景象从脑海里消除呢？难道你希望带着对这件事或对这个人的负面印象，而让自己付出心情不畅的代价吗？

如果能改变你的感受，难道你不愿意去做吗？情绪恶劣时，不妨试试下面的方法：

1. 在脑海里重新描绘出令你十分困扰的那件事

仿佛是在看电影似的，在脑海里重新描绘出那件事，注意其中的每一个细节和过程，但不要心情激动。

2. 把脑中的这一幕转化为漫画形式

假想自己坐在一个高高的椅子上，脸上堆满笑容，气定神闲地倒翻着这一包含全程的漫画书。如果哪个人对你说了什么话，此时便仿佛看见他把话吞了进去，让整件事完全快速地倒放回去，随之再以更快的速度正放一遍。做完了之后你再来变更里面人物的色彩，使他们的脸涂上七彩颜色。如果是哪个人让你特别不快，那么就为他改头换面，让他的耳朵变得像米老鼠那般大，鼻子像《木偶奇遇记》里的皮诺曹那般长。

就这样反反复复快速地做上十来遍，不断改变里面人物、事物的样子及颜色，同时加上一些音乐伴奏，不管是喜欢的音乐或古怪的音乐，尽量让它们和那个使你不快的图像连在一起，相信这必能改变你先前的感受。

整个步骤最需要注意的就是臆想时的速度，改变人物、事物的夸张程度。

3. 现在再看看自己对先前那件事的感受如何

如果你的第二个步骤做得不错的话，情绪必然会有所改变，不会再像先前那般恶劣或低落。这个方法也可以用于多年来困扰你的事上，远比你分析原因尝试找出改变方法来得更有效。其原因在于我们一切的感受都出自心中一直注意的图像及相关的声音和感觉，这些合起来便对我们的情绪造成或多或少的影响。

当我们改变了这个图像和声音，那么心中的感受也就随之改变。当我们一再做这样的改变，先前的不良情绪便不会再现，这是因为神经系统跟先前感受的关联慢慢地消逝了。请记住，任何事的发生都会与我们的神经产生关联，进而在脑中建立一条渠道。如果你一直使用这条渠道，它就会愈来愈“长大”；反之，若是不去使用，它就会慢慢萎缩以致消失。

方法总归是方法，作为推销员，要记住：你的信心和热忱是很重要的。或许，垂头丧气比打起精神来得容易，但这样你想拿到订单就比较难了。没有了信心和热忱，一系列的不利后果都会在不知不觉中产生，你将会看着可爱的订单在含泪和你告别。

妙语点评

谁都难免有情绪低落的时候，但这并不意味着你就可以随便将这种负面情绪转移到别人身上，特别是面对你的客户时。见到客户时，记得要将所有的不快置之度外，还要分享快乐之事！跟着好心情走，客户就会跟着你走，而订单跟着客户走，钱跟着订单走，多好。

业绩目标不切实际

目标不要随意而定，要量力而行；而一旦定下来，就要不折不扣地去完成。

营销事典

几位推销员正在给自己制订短期业绩目标。

“成为顶尖高手！”

“创下令人惊讶的业绩！”

“成为受大家信赖的人！”

3个月后，几个人又聚在一起讨论目标实现得如何。

“你们感觉如何？”

“我感觉不好，到现在我的客户量还排在末位呢，还提什么业绩！”

“哎，不说了，怪丢面子的。高手太难做了！我不想再干下去了。”

“看来大家都好不到哪儿去。没人相信我这个月会有质的突破。”

作为公司经营冲在一线的人员，推销员当然不能没有自己的奋斗目标和行动计划，否则他的推销工作便无从下手。零乱地、漫无目标地走访几家客户，成功率又会有什么保证？结果当然可想而知。

但是要注意，目标不能制订得太高，否则无法实现，就变成白日做梦、痴心妄想，势必影响斗志，造成情绪低落。所以，要先制订下可行的目标，然后分成若干具体步骤和阶段作为具体的行动计划，拾级而上，自然是步步高升。

正确做法：

1. 设定合理的目标

伸手可及的目标没有太大的价值，因为太容易达到，所以激励作用不大，不会激发你的潜力。即使完成了，也没有什么成功的快乐。

好高骛远、脱离现实的目标也不好，因为它不可能达到，就会使人有失败感，这很容易挫伤你的自信心。

远期目标可以大一些，但近期目标应该在“跳一跳，够得着”的程度比较合适。这样，达成每一个目标，你都会跳高一点，一步一步地循序渐进，达到你最终的目标。

由人们在生活中设定目标、修正目标的举动可以看出一些他们在推销过程中可能出现的反应。人们常为自己修订目标，却浑然不知。当我们选择去一个社区居住，或选择参加一个团体，我们便会针对现状，制定目标。企业主也是这样，他们会向朋友、秘书、助理人员描述他们的目标，依据不断的反馈，逐步向上或向下修正目标。

个人的期望值反映了他希望达到的目标，换言之，那是他对自己的一种期望。期望不单是愿望，而是一种包含了展现个人自我形象的肯定意图。万一表现不好，可能有损自我形象。当人们被问到“下次你想拿几分”时，他们设定目标的真实度绝不如当他们被问到“下次你期望拿几分”时来得高，因为后者牵涉到自我形象，而前者没有。在推销过程中，设置高目标的人往往会比设置低目标的人表现得好。不过，期望愈高，失望的机会也会愈大，这当中自然要承担风险。

2. 重要的是你的终极目标

一家位于苏格兰的小轮胎公司原来一周只开工4天，经理为加强产品在市场上的竞争力，希望能将工作日增为一周5天。但是遭到工会拒绝，工会的理想目标是周五不开工。

在漫长的谈判过程中，公司一再声明，如果工会不肯合作的话，公司将可能被迫关闭。资方的决心挺大，可工会的决心更大。最后谈判宣告失败，公司亦宣布关闭，工人们都失业了。工会就是因为要追求理想目标而牺牲了终极目标——保住工人们的饭碗。

3. 目标还要能够验证

如果是抽象的目标，一开始要以自己的方式加以定义，然后再实施。

每个人都有自己的目标，但不是每个人最终都达到了他的目标。这些人并不是没有去努力争取，而是不明白这样一个道理：有一个远大的目标时时激励着自己，固然是成功所必需的条件，但是，如果没有一个如何达成目标的详细计划，那就像是水中捞月，可望而不可即。

行动计划犹如罗盘，具有引导每日推销活动的作用，推销员必须根据行动计划来核对自己的工作状况，查看每天的推销方向是否有误。

通常每月、每周、每日的计划是固定的，但也会因公司各时期的营业方针或政策而有所改变。机动性高的计划对业绩影响甚大，因此有必要妥善拟定。

4. 要随时监督自己的目标

在迈向目标的过程中，你应当监督自己的行动，总结自己的成绩，这样才能激励自己，取得更好的成绩。

要经常检查你的目标，定期更新你的目标。

如果工作进展速度超过目标要求，不要松懈或停下来。相反，应当更新目标，制订更高的但必须是能达到的目标。另一方面，如果工作进展速度落后于目标要求，你已无法实现目标，也不要放弃，应当对自己说，该目标不可行，你可能过于乐观了（乐观是好事，不要让它变为悲观）。这时，就应当检查和调整目标，使它更为现实一些，然后集中精力去完成它。

妙语点评

工作没有计划的人，通常都是漫无目标的人。只要上司下达命令，或是客户提出要求，他们均言听计从，毫无异议。这种人一辈子都在疲于奔命，根本无法去做自己想做的事情。推销员的路既长且累，如果没有一个有效的目标来指引和激励你，你就会彷徨犹疑，最终因疲倦和挫折而放弃努力。而目标一旦明确，就不能随意拖延，否则你将一事无成！

总是批评竞争对手

推销中完全没有竞争对手的情况是很少的，你必须做好应付竞争对手的准备。

营销事典

某企业的总经理正打算购买一辆不太昂贵的汽车送给儿子

做高中毕业礼物。萨布牌轿车的广告曾给他留下印象，于是他到一家专门销售这种汽车的商店去看车。而这里的销售员在整个介绍过程中却总是在说他的车如何如何比菲亚特和大众强。总经理发现，在这位推销员的心目中，似乎后两种汽车是最厉害的竞争对手，尽管总经理过去没有开过这两种汽车，他还是决定最好先亲自看一看再说。最后，他买了一辆菲亚特。看来，真是话多惹祸。

一个小镇只有两家珠宝店，一个年轻人想买一枚钻石戒指——真正的钻石戒指。两个珠宝商都大肆攻击竞争对手是坑骗客户的家伙，对钻石一窍不通的年轻人听后觉得，在这里买钻石戒指很可能受骗上当，买到假货，两个珠宝商均不可信赖，最好还是去光顾相邻城里的首饰店。

正确做法：

不要恶意批评你的竞争对手。

如果你的客户说到你的竞争者是如何的好，他的产品的价格是如何的便宜时，你可以告诉客户：“先生／小姐，我知道这家公司的产品和价位各方面都是相当不错的，而我们的产品和他们的产品所不一样的地方是……”你就可以趁机再一次强调你的产品的优点以及和别人的产品的差异之处。当然，前提是你必须对你的竞争者的产品及优缺点有充分的了解，否则你根本无从比较。所以，在提到你的竞争者时，要注意提到的是产品有什么好处，或是客观地比较二者之间的差异性或优缺点，不要恶意地批评或中伤竞争者。

优秀的推销员应有职业道德，不要专说别人的坏话，这样才会让客户更尊重你。

精明的汽车推销员在刚一开始谈生意时就要探明竞争对手在客户心目中的地位。为了搞清楚客户都见过哪些汽车和最喜欢哪一款，这样问：“到目前为止，在您见过的所有汽车当中您最喜欢哪个牌子的？”客户对这个问题的回答，可以为洞察力很强的推销员提供大量信息。如果客户的回答是“280ZX赛车”，那你再向他推销稳稳当当的四门轿车就是对牛弹琴了。绝大部分汽车推销员都害怕跟头一次买汽车的人打交道，因为推销员们知道，不管你给这类客户提供多么优越的购物条件，他们仍会认为有必要先转一圈看看再说。聪明的汽车推销员都喜欢等客户看过了其他牌子的汽车后再接待他们，这时，就有成交的希望了。

要知道，你怎么说你的竞争对手，他们也同样可以怎么说你。当有人问你“贵公司是如何在与X公司的激烈竞争中累积财富的”，可以用这种方式回答：“X公司的产品的确很不错（或X公司的确很有实力），但请允许我告诉您，为什么客户选择了我们公

司。”然后向你的潜在客户出示一些以往客户满意的感谢信件等。用这种方式，你就可以轻而易举地将话题从竞争对手转移到你们的交易上来。必要的时候，请你的老客户对你大肆赞扬一番也未尝不可。

有的时候，客户已经买过竞争对手的产品，这时推销员在评论其产品时就需格外小心，因为批评那种产品就等于是对购买那种产品的客户的鉴赏力提出怀疑，因此必须讲究策略。比如，一个办公室档案设备女推销员就做到了这一点，她设法说服一家客户全部更换了原有档案系统，重新装配了一套价值近2000美元的设备。她没有让客户觉得自己安装第一套设备时不够明智，相反，还为此恭维了他，只是巧妙地证明了由于生意的扩大、条件的变化和新的办公器具出现，不赶快更新就要落伍了。

妙语点评

不要轻易攻击竞争对手，那可能会将你的客户推给对手。对付竞争对手要有充分的思想准备。“知己知彼，百战不殆”，掌握了竞争对手的情况，才不至于在推销工作中落入被动竞争的困境。

以貌取人

客户无时不在，无时不有，千万不能以貌取人。

营销事典

艾比是一家房地产公司的推销员。一天他正在等一位客户，一辆汽车开了进来，从车上下来一对年纪较大、有点不修边幅的夫妇。

艾比对他们进行了预先判断后得出结论："我不能卖给他们东西。男的65岁，女的50岁，而且肤色不同，他们没房住，只在租来的公寓里住了4个月。他是一个商人，但却没有财务人员；她是个失业者，负债累累。他们顶多是过来看看，根本就不想买东西，因为他们买不起。我没时间搭理这些人。"

可是，3天后，艾比所在公司的竞争对手森威房地产公司传出一则惊人的消息：该公司一位推销员成功地将一套10万美元的别墅卖给一对老夫妇。据说这对老夫妇用的是毕生的积蓄，那些钱装在一个旧的大信封里，里边的10万美元现金整齐地码放在一起。

而这对夫妇正是艾比那天见到的"年纪较大、有点不修边幅的夫妇"！

一天下来，只要钱没放到桌上，推销员就不能百分之百地肯定做成了买卖。在推销工作未完全展开之前，就断定客户不会买，无疑是自杀行为。如果你的产品不要钱，每个人都想要，因此，妨碍人们购买的唯一因素就是钱。你看不到销售数字，看不到钱，你就不能断定推销结果。有鉴于此，专业推销员总是尽最大努力与每一个客户周旋。

正确做法：

现在，让我们来看看专业推销员是如何处理这种情况的。

首先，专业推销员会认真捕捉客户发出的信息，但他捕捉到的不是消极方面的，而是积极方面的。他知道，客户对他的产品有兴趣，因为他们回应了他的广告或市场宣传。

其次，专业推销员知道，如果他的客户参加过竞卖活动但没有买，可能是因为这次活动轻视了客户，没给他们买的机会。专业推销员不认为他们是浪费他时间的人，或者是流浪者，而是把他们视为国王和王后。

最后，专业推销员知道“有志者事竟成”，用他特有的待人接物方法，他能够达到目的。谁能知道这个客户的宝藏在什么地方呢？钱不放在桌上，你永远也不会知道他有钱。不要对任何人先下判断，在推销领域中这点尤为重要。

推销员的素养愈高，推销的技巧愈成熟，就愈容易找到更多的准客户，而准客户的认同度也会在推销员的素质提升中得以增加。如果以上这些因素的总和都是正数，那么销售量自然跟着增加。但若是推销员的素质低、技巧差，找到准客户的数量就少，销售量自然大减，这是必然的现象。所以在这个销售的法则中，我们可以将推销员的训练当作是主观的因素，而准客户的多寡是客观因素，主客观因素两者相辅相成，才

能创造出最佳的销售业绩。

客户就在你身边。推销人员应当养成随时发现潜在客户的习惯，因为在这个纷繁复杂的社会里，任何一个企业、一家公司、一个人都有可能成为某种商品的购买者或某项服务的享受者。

一名优秀的推销员应该随时随地优化自身的形象，注意自己的言行举止，恪守自己的工作职责。

尊敬你的客户，他们也会尊敬你。记住，每一个人都是一位准客户。

妙语点评

生活中，“人不可貌相”的道理尽人皆知，但我们还是会犯类似的错误。在你的推销生涯中，这一点尤其要避免。怎么能凭自己的主观臆断就去下结论呢？记住：客户无时不在、无时不有。不要轻视任何一个人，他很可能会成为你的准客户。正可谓：机会只垂顾每一个有准备的人。

过度谦卑

你是为客户提供帮助的，而不是来乞求什么的。

营销事典

有一个推销员，平时谈笑自若、口若悬河，尤其是当朋友聚会时他更是当仁不让的主持人，滔滔不绝，大有“天下舍我其谁”的英雄气概。他的朋友们都认为如果他不做推销员，那可真是推销界的一大损失。

但是实际上，每次他拜访客户时，总是感觉浑身不自在。他总认为与他交谈的人有着一种让他不敢正视的气度。当他与客户交谈的时候，总是情不自禁地干笑几声。他说话的态度也极其谦卑，有时候甚至情不自禁地打起手势，还增加了一些枯燥的口头禅，例如“比方说……那么……嗯”等，有时10分钟下来，类似的口头禅可能要说出100次。

他与客户的交谈一度陷入了困境，完全没有了日常交谈时的气魄和幽默潇洒的神采，变得郁郁寡欢。于是，他就开始思考到底是什么原因，却百思不得其解。在他将要放弃这份职业时，他已经有些穷困潦倒了。于是他去向他的一位同学借钱，而就在踏进他同学家门的那一刻，他的那种谦卑无力的心态又一次升了起来。他忽然意识到原来他将他的每一次推销都当成了向客户的乞求，就像眼前这种借钱的心态，正是这种心态让自己成了一个自卑的人。

推销员在客户面前过于谦卑是非常普遍的现象。他们的潜意识里总是认为他们是在乞求客户的帮忙，而从来不会想到这是在帮助客户。他们常常这样想：如果我不对客户表示尊敬，如果我不每次都顺着客户的话来讲，如果我不跟客户谈他的兴趣爱好，客户就不会下订单。可是请记住关于销售职业的最大忠告：我们是来帮助客户解决问题的，所以要比客户更懂得如何来帮助他，因而更需要了解自己的产品或服务是如何满足顾客的需求的。我们称之为“顾问式”销售策略。你何时见过自卑的顾问呢？

推销是一种极易产生自卑感的工作。许多推销员存在着自卑感，他们往往是以“不能”的观念来看待事物，对困难，他们总是推说“不可能”“办不到”。正是这种狭隘的观念把他们囿于失败的牢笼。一些推销员在客户的大门前踌躇不前，害怕进去受到客户的冷遇。自卑感成了走向成功的最大障碍。自卑感使推销员逃避困难和挫折，不能发挥出自己的能力。松下幸之助说：“自卑感是推销员的大敌，是阻碍成功的绊脚石。”如果怀有自卑感，推销员在销售方面是不会有成功的希望的。

正确做法：

在心理学上，自卑属于性格的一个缺陷。自卑常常表现为一个人对自己的能力、品质等评价过低。

自卑感很重的推销员总认为自己这不行那不行，甚至

觉得自己不是做推销工作的“料”；要么就是有畏难情绪，“怕”字当头，怕推销干不好，怕顾客拒绝，怕商品卖不出去。自卑感和畏难情绪严重阻碍自信心的确立，必须加以消除。自卑感的产生虽然与缺乏锻炼有关，但不良的心理习惯是更重要的原因。

推销员要克服自卑感、建立自信心，就应既看到自己的缺点，更要看到自己的优点，多想自己的长处。多想自己的优点和长处，就能带来心理环境的良性循环，从而萌发和逐步强化相信自己的意识。即使看到自己的缺点和不足，也能以一种积极的心理倾向正视它。正视的目的在于改变它，而非消极地自我畏缩和自我否定。

克服自卑感的另一个重要方面，就是用发展的眼光看待自己。今天不会的，通过勤奋学习，明天就能成为内行；现在不是干推销的“料”，通过奋发努力，将来准会成为推销能手。

畏难情绪是自信心的又一大敌。心理实验表明，越是惧怕的事情就越容易发生。做推销工作，挫折与失败是难免的，向各种顾客推销商品，碰钉子也是常有的事，但如果以消极被动的心态对待挫折，在失败的面前抬不起头来，就会被挫折与失败打倒，一事无成。失败是暂时的，失败仅仅发生在某次行为或某件事情上。对于一名优秀的推销员来说，他的内心永远没有失败的阴影，只有充分的自信、必胜的信念。成功推销员的优良品格，不仅在于其取得成功后能够再接再厉、乘胜前进，更在于其遭到拒绝或失败后能够将它们转变为获取成功的因素，或直接当作攀登成功的阶梯。成功可以增强自信，失败也能从反面培植和强化自信。能否做到这一点，是衡量一个推销员是否真正建立起自信心的标志。

要克服自卑感，推销员必须正确认识以下几个问题：

1. 正确认识销售职业的意义

一些推销员具有职业自卑感，为从事推销工作感到羞愧，甚至觉得无地自容。美国某机构调查表明，推销新手失败的一个最大原因是职业自卑感，觉得自己似乎是在乞讨谋生，而不是在帮助他人。产生职业自卑感的主要原因是没有认识自己工作的社会意义和价值。推销工作是为社会大众谋利益的工作，客户从推销中得到的好处远比推销员多。因此，推销员要培养自己的职业自豪感。

2. 智商与推销成绩的关系

日本有人对推销员的智商与成绩之间的关系进行调查分析，结果发现，它们之间几乎没什么密切联系。有些智商高的推销员成绩较差，而有些智商低的推销员成绩反而好。因此，那些认为自己不如他人聪明而产生自卑感的人，必须放弃这种想法。

3. 性格与推销成绩的关系

有人性格内向，有人性格外向。一些人认为，推销员要与各类人物打交道，需要外向性格，那些性格内向的人不适合从事推销工作。这实际上是个误解。外向性格的人中有超级推销员，内向性格的人中也有超级推销员。美国十大推销高手之一的乔·坎多尔弗便是内向性格，但他同样取得了巨大的成功。

推销成绩差的人是缺乏进取精神的人。

4. 要正确认识推销失败

推销失败是不可避免的，但问题不在于失败，而是人们对失败的态度。有些推销员把失败看成是自己无能的象征，把失败记录看成是自己能力低下的证明。这种态度才是真正的失败。如果害怕失败而不敢有所作为，那就是在一开始就放弃了任何成功的可能。

5. 要正确认识客户的拒绝

推销员面对客户的拒绝，害怕了，不敢前进了。这样，与其说你是在一次一次地逃避拒绝，不如说你是在一次一次地赶走成功。推销员要从拒绝中找到客户的真正需要。

妙语点评

客户能信任你，凭的是什么呢？你过度地谦卑就意味着你对自己都没有信心，你在客户面前自然不能将你的聪明才智完全发挥出来，那么你的客户怎么相信你呢？微妙的心理差异会让你的推销走向与成功截然相反的对立面——失败。

PART 02

你在寻找和开发客户时最可能犯的 6 个错误

不能给准客户**正确定位**

要迅速准确地衡量客户的购买意愿与能力，要做最有效率的事情。

营销事典

菲利普夫妇对某房地产公司销售员迈克送上门的公寓广告非常感兴趣，这使迈克很高兴，他认为这对夫妇想要购买一套公寓。

他花了整个下午的时间向菲利普夫妇推销公寓。他们走遍了整个公寓的每一个房间，迈克将每个房间的特点都进行了详尽的介绍，而且一再强调其诱人的价格。

“这套公寓采用国际流行的灰色面砖为底色，配以冷色调的玻璃幕墙，整体建筑风格冷峻、时尚。”

“我们窗户的设计采用的是上悬挂、下开启的铝合金窗，这类窗户防雨性能好，进风比较柔和，配合有色玻璃，私密性较强。”

……

尽管这样，菲利普夫妇依然没有表现出丝毫的购买兴趣。迈克并不知道，无论他怎样努力，他们都不会购买这套公寓。因为，实际情况是他们已经在另外一个地方购买了一套公寓。他们之所以来看这处新公寓，仅仅是出于好奇，希望通过比较来分析他们购买的新房子是否划算。

迈克把时间浪费在了一直在说“不”的客户身上。

正确做法：

推销员利用各种方法，会发现许多消费者可能会购买产品，但他们的整体特征是不仅数量多，往往地区跨度也很大。这种情况下，盲目访问就得花很多时间，尤其是其中一些人可能因需求已经满足、没有支付能力、没有决策权等不会采取购买行为，这就会白白浪费时间、增加费用和耗费精力。要节省时间、提高效率，就要在寻找客户的过程中，对基本客户进行分析评价，从中选择购买量大、支付能力强、经过洽谈容易达成交易的客户，即准客户。通常情况下，准客户只占基本客户数的20%左右，而且80%的成交额来自这20%的准客户，这就是所谓的20/80法则。推销员集中时间和精力与这20%的客户打交道，才是最重要的事情。

根据这一法则，在寻找和确定客户的过程中，要对基本客户认真地进行分析和选择，以确定其中一部分作为准客户。

很多推销员花了大部分的时间向错误的对象销售，如果你正是如此，不论你在服务或产品上多么善于雄辩，你能赚到的钱还是很少。而我们要告诉你的是：专业者能确定把自己的时间投资在有购买意愿的客户上，而不是花大量时间却选错人，白白在说“不”的客户上浪费口舌。

寻找准客户在所有的销售行业中都是非常重要的一件事。那么，我们怎么才能确定哪些人是我们的准客户呢？我们可以根据NMA法则去寻找：

N——需求（Need）：发现客户特殊、迫切的需求点

为什么人们会买你的产品？你的产品究竟能满足客户什么特殊的需求？可以肯定的是，一位优良的准客户一定会对你的产品或服务有迫切的需求。他一定会有一个可以用你的产品或服务圆满解决的问题，或者他有一个能够通过你的产品或服务获得即时好处的机会。这种需求越是紧急或迫切，客户对于价格的敏感度或购买细节的要求就会越低。你若能够找到越多的对你的产品有这样清楚而迫切需求的准客户，你的产品就会卖得更快更多。

M——钱（Money）：对客户的支付能力明察秋毫

这里指的是你的准客户必须要有能够购买你的产品的基本支付能力。如果你发现一名客户非常需要你的产品，而你也费了九牛二虎之力劝说他购买，但结果是客户根本就没有能力去购买，那一切工夫不也是白费吗？保健品销售员绝不会向一日三餐都没有保证的人推销保健品，这就是在考虑客户支付能力的问题。

对客户支付能力的考察内容包括地区经济水平、居民收入情况、企业财务状况等。了解城乡居民的收入情况往往比较困难，因为多数人不愿意让外人知道自己的积蓄，银行又要为储户保密。销售员除侧面了解外，还可以根据地区的经济水平和居民职业进行分析判断。对企业财务状况的了解要容易一些，可根据企业的规模、生产条件、经营状况等进行评估。

支付能力还包括信用状况。对基本客户信用状况的了解，可以通过银行，也可以进行市场调查，或通过相关咨询机构了解。对单价高、批量大的产品，在期货交易和赊购时，对客户的信用一定要慎重了解。

A——决策权（Authority）：找对人才能办好事

你找到的准客户必须要有决策权。如果他既有钱，也有需求，但是根本没有权力做出购买的决定，那你无论花多大的工夫都是白费劲。在成功的销售过程中，能否准确判断真正的购买决策人是销售的关键。有的时候，和你洽谈的对手如果无权做出购买决定，而且这些无决策权的人又极不愿意承认这一事实，那么只会浪费你的时间和精力。他认为承认自己无权有损于自己的声誉。他表面上往往显得很欣赏你的产品，但实际上不可能与你达成交易。如果洽谈了很长一段时间，或者你已经对他进行了几次拜访，但还是没有达成交易，那就说明你一直在与一个不能做出最终决策的人打交道。

妙语点评

客户表现出兴趣并不等于客户对你的产品有购买欲望，很多情况下很可能是另有目的，如案例中所说，只是为了比较而已。所以，在与潜在客户打交道时，给客户一个正确的定位是很重要的。优秀的推销员永远着眼在准客户身上。

不了解客户的背景

推销员对客户的了解越多，成交的可能性就越大。

营销事典

推销员：“你好，杰瑞！我是××服装公司的业务代表，我叫××。”

客户：“我叫杰克，不叫杰瑞。”

推销员：“哦，对不起！我来是想向您介绍几款我公司推出的新装，它们对年轻人肯定有吸引力。”

客户：“我们店的客户主要是中年人。我们也不想吸引太年轻的客户，吵吵嚷嚷的，又没有什么购买力。”

推销员：“对了，我们也有适合中年人的，你看看这几张照片。（向客户敬烟）来一根？”

客户：“对不起！（指了指门上的一块小纸片）我这儿是

不吸烟办公室。”

由于事先没有对访问进行必要的准备，推销员很快就陷入了困窘的境地。

所谓的背景调查，是指为制订访问计划而针对某一特定对象所做的相关调查。在寻找与评估阶段也要调查潜在客户的基本情况，但那是粗线条的，是对潜在客户整体情况的了解，其目的主要是为了淘汰没有购买可能的客户。而要制订访问计划，仅仅了解潜在客户有无需求、有无购买力、有无购买决策权还不够，还必须了解其更详细的情况。推销员对客户的了解越多，成交的可能性越大。

但是，推销人员必须注意，不能使背景调查的成本过高。如果由于背景调查的时间和精力成本超过可能获得的利益，背景调查也就失去了意义，除非这种努力能换来多次重复购买。

正确做法：

背景调查的内容主要由客户的类型决定，下面介绍对个人、组织、老客户进行背景调查时应掌握的内容。

1. 个人购买者的背景调查

对个人购买者的背景调查主要包括以下内容：

（1）个人特征。姓名、年龄、性别、民族、出生地、文化程度、信仰、居住地、邮政编码、电话号码等。

（2）性格特点。如果有可能，一定要了解客户的性格特点，因为他的性格决定了他的价值取向。

（3）家庭及其成员情况。所属单位、职业、职务、收入情况和家庭成员的价值观念、特殊偏好、购买与消费的参考群体等资料。

（4）需求内容。如购买的主要动机，需求详细内容和需求特点，需求的排列顺序，可能支付的购买能力，购买决策权限范围，购买行为在时间、地点、方式上的规律等。

2. 组织购买者的背景调查

对组织购买者的背景调查主要包括以下内容：

（1）基本信息。法人全称及简称、所属产业、所有制形式、经营体制、隶属关系、所在地及交通情况、生产经营规模、成立的时间与演变经历，目前法人代表及主要决策人的姓名与电话号码、电话传真号码，近期及远期的组织目标、组织规章制度、办事程序，主要领导人的作风特点、组织机构及职

权范围的划分、人事状态及人际关系等。

（2）经营及财务信息。生产的具体产品类型、品种与项目数量，生产能力及发挥的水平，设备技术水平及技术改造方向，产品结构调整及执行状况，产品工艺加工及配方，产品主要销售地点及市场反应，市场占有率与销售增长率，管理风格与水平，发展、竞争与定价策略等。

（3）购买行为信息。推销员要深入了解关于推销对象在购买行为方面的情况。如推销对象一般情况下由哪些部门发现需求或提出购买申请；由哪个部门与机构对需求进行核准与说明；由哪个部门与机构对需求及购买进行描述以及选择供应厂家，选择的标准是什么；客户目前从哪几个供应者处购买；供求双方的关系及其发展前景如何。

（4）决策者信息。对在组织性购买行为与决策中起关键作用的部门与人物，应重点了解其有关情况。

3. 老客户的背景调查

对于熟悉的、比较固定的买主，推销员亦应在每次约见前做好背景调查。

对原有关于客户的基本情况，如有错、漏、不清楚、不确切的，应及时修正与补充。

目前，在各行业各企业都处于一种动态甚至是突变的情况下，企业的情况变化是必然的。因此，推销员应对原来掌握的情况进行核实，如发生变化，应及时更正。尤其是企业的性质、经营机制、管理体制、人事、机构的变化，更应加以关注并收集资料。

妙语点评

了解潜在客户的情况，掌握其购买动态；收集信息，做好客户背景调查。

让自己的每一次推销都是有备而来、潜心而动，减少意外变动的风险性，才是成功的业务员。

急于求成

拥有自信，顺其自然，说话点到为止，将会水到渠成。

营销事典

丹尼斯是一家幼儿园的推销员。一天，他来到一个客户家：“怀特太太，为了您可爱的小宝宝，请这个月内一定要入园。我不骗您，下个月入园的费用要提高25%，没有像这么好、这么便宜的幼儿园了。”

而怀特夫妇结婚10年才得个小宝宝，视其为掌上明珠，正想着让小宝宝进家什么样的幼儿园才放心。听丹尼斯这么一说，不免有点心动。“可是丹尼斯先生，我们说过了，想参观一下幼儿园，看看……”

"哦，怀特太太，您就放心好了，我们的幼儿园是聘请专家从幼儿心理角度进行充分研究和考察过的，不必犹豫。快送您的小宝宝来吧。"

怀特夫妇还是要求先参观幼儿园，结果并没有发现什么特别好的地方。而丹尼斯还是一个劲儿地催促。怀特夫妇不由心里生疑，怀疑这家幼儿园是否有什么内幕，左思右想，决定还是另外选择为好。

使客户处于一个能使他感到愉快的"匣子"里，双方就会以最佳的心情进行友好的交谈，并且会促成交易。这个"匣子"是由以下几部分组成的：

1. 态度

要表现出更多的热情，并把你的心思集中在完成任务而不是金钱上。

2. 诚挚

要创造出一种互相帮助的气氛来融洽买卖关系，并且聆听客户怎样回答你的问题。

3. 能力

通过你的陈述及提问来证明你是一个商品使用顾问，而不只是一个产品推销员。

4. 了解需求，建立目标

准确地了解客户需要什么，想要什么以及期待什么，这使你能够有针对性地对他进行介绍。

正确做法：

推销员不必向客户展示所了解的所有产品知识，同样，在做出购买决定前，也没有必要让客户成为相关的专家。过多的解释反而让人心里生疑。

老话说得好，“买卖不成话不到，话语一到卖三俏”，推销的关键是说服。推销员要激发客户的兴趣，刺激客户产生购买欲望，就要讲究说的艺术。而一些推销员常犯的错误是，他们的产品介绍单调、生硬、抽象，不具有鼓动的作用，客户听了之后毫无反应。让产品介绍富有诱人魅力，推销员就要讲究艺术性。

1. 讲故事

通过故事来介绍商品是说服客户的好方法之一。通过故事，推销员把要向客户传达的信息变得饶有趣味，使客户在快乐中接受信息，对产品产生浓厚兴趣。由于故事都倾向于新颖、别致，所以它能在客户的心目中留下深刻的印象。当一个推销员能让产品在客户的心目中留下一个深刻、清晰的印象时，就有了真正的优势。

美国纽约“成功动机研究”主持人保罗·梅耶在进行大量

研究后发现，优秀的推销员都会巧妙地利用人们喜欢听故事的天性去取悦客户，他们会津津有味地讲与销售有关的故事。

任何商品都有它迷人而有趣的话题：它是怎样发明的，发明的过程如何，产品是怎样生产出来的，产品带给客户的好处是什么，等等。推销员挑选生动、有趣的部分，把它们编成一个令人喝彩的动人故事，以这个故事作为销售的武器。保罗·梅耶说："用这种方法，你就能迎合客户，吸引客户的注意，使客户产生信心和兴趣，进而毫无困难地达到推销的目的。"

一位玛钢厂推销员在听到客户询问"你们的产品质量怎样"时，他没有直接回答客户，而是给客户讲了一个故事：

"前年，我厂接到客户一封投诉信，反映产品质量问题。厂长下令全厂工人自费坐车到100公里之外的客户单位。当全厂工人来到客户使用现场，看到由于质量不合格而给用户造成的损失时，感到无比的羞愧和痛心。回到厂里，全厂召开质量讨论会，大家纷纷表示，今后绝不让一件不合格的产品进入市场，并决定把接到客户投诉的那一天作为'厂耻日'。结果，当年我厂产品就获得省优称号。"推销员没有直接去说明产品质量如何，但这个故事让客户相信了他们的产品质量。

推销故事，归纳起来有10种：

（1）介绍性故事：我是谁？为什么到这里？我能怎样帮助客户？

（2）引人注意的故事：使客户对你和你的产品感兴趣并加以注意。戏剧性的故事能使他们想听你说的话。

（3）产品信息故事：不是简单地罗列产品的特点及长处，而是把它们融入故事中去讲。

（4）克服担心的故事：客户害怕承担购买风险，推销员向人们表示别的客户也有过同样的害怕，然而在你那儿他们从不担心。

（5）金钱的故事：向人们表示他们怎样买得起你的产品和服务，而你的产品和服务又是怎样让他们省钱、赚钱。

（6）自我陶醉故事：向客户表明拥有你产品的自豪，以及别人对他们的羡慕等。

（7）提高生产力的故事：向人们表明你的产品能帮助企业提高效率、降低消耗、增加产量、减少差错。

（8）家庭亲密的故事：向人们表明你的产品能使客户家庭幸福。

（9）安全故事：表明你的产品能使人心平气和、情感安全、经济安全等。

（10）成交故事：总结产品好处，获得订单。

2. 引用例证

举例说明问题，可以使观点更易为客户接受。人们在研究中发现，用10倍的事实来证实一个道理要比用10倍的道理去论述一件事情更能吸引人。显而易见，生动的带有一定趣味的例证更易说服客户。

妙语点评

一旦客户愿意坐下来跟你谈或者乐于向你咨询，这就已经表明客户对你的产品或服务产生了兴趣。但是，从兴趣到行为是需要一个过程的，要充分给予客户思考和选择的时间，并在这段时间内，通过自己的专业和服务，努力促成客户的消费行为。

不善于应付意外事故

见机行事，灵活应变，不要因一时的失误而冷场。

营销事典

有一个推销员向一大群客户推销一种钢化玻璃酒杯。他进行完商品说明之后，开始向客户作商品示范，就是把一只钢化玻璃杯扔在地上而不会破碎。可是他碰巧拿了一只质量没有过关的杯子，猛地一扔，酒杯砸碎了。

这样的事情在他整个推销的过程中还未发生过，大大出乎他的意料，他也感到十分吃惊。而客户更是目瞪口呆，因为他们原先已十分相信这个推销员的推销说明，只不过想亲眼看看得到一个证明罢了，结果却出现了如此尴尬的沉默局面。

此时，推销员也不知所措，没了主意，任这种沉默继续下去。不到3秒钟，便有客户拂袖而去，交易因此惨败。

有突发事件的情况下，沉默的时间愈长，交易愈容易失败。因此，在推销中学会随机应变是很重要的。

正确做法：

推销员在推销的过程中，会遇到千变万化的情况。这要求推销员要沉着冷静、机智灵活，把不利的突发因素消除，甚至化为有利的因素，同时又绝不放过任何一个有利的突发因素为自己的推销加码。

社会环境是不断变化的，每一个因素的变革都会对推销企业或产品产生重要的影响。如在市场经济深化发展中形成的新的推销组织、新的工商机构加入竞争等。社会环境的复杂性和企业面临情况的多变性，都要求推销员具有适应变化的能力与技巧。

推销员在日常工作中还要机警灵敏，随时应付可能发生的客户异议和突发事件。在推销实施过程中不可能都一帆风顺，有顺利发展的时候，也有遇到风险的低谷时期。面对偶发事件如何处理，直接关系到推销活动能否顺利摆脱僵局、走出低谷。

琼正在与一位新客户谈生意，一位老客户打电话来提出退保。琼立刻感到双重压力，既想向老客户挽回败局，又怕在新客户面前泄露自己推销失利的消息。她灵机一动，便在电话里客气地对老客户说："那没关系，不过我现在正在与一位朋友谈要紧事，我们明天见面详细谈谈，你看怎样？"

你看，琼这样说，老客户通常不会拒绝她，而她还有一个机会和他谈判以期维持原有的交易；而新客户呢，他一方面会因为琼重视他而感到高兴，另一方面也会因为琼为了他而拒绝一次约会感到歉意，这就非常有助于琼与他成交。

显而易见，如果琼不能临危不乱，很可能忙中出错，既失去在老客户那里挽回败局的可能，又让自己狼狈地丢失新客户，落得个鸡飞蛋打的结果。

意外的情况并不总是坏事，有时也有利于你的推销。这时，你应该抓住它，让它来帮助你促成眼前的交易。

有一次，罗斯正在向一些运输业者展示一种高质量机油，一切都很顺利，观众也都很专心。罗斯拿着两支各装不同质量机油的试管，每一支试管都用橡胶垫封住开口。当罗斯把试管倒立过来比较机油滑落的速度时，没想到两支试管的橡胶垫却同时脱落，一时间机油洒满讲台，罗斯也弄得全身上下都是机油，而他手中还高高举着两支空空的试管。

结果如何？罗斯看着他们，他们也看着罗斯，罗斯看到角落处有位观众的嘴角突然抽动了一下，接着罗斯大笑出来。罗斯站在台上大笑，全屋子的观众也跟着大笑。他们的笑声实在太吵，害得会议中心的值班经理以为发生什么意外，迅速跑来，从门缝中查看究竟是怎么回事。罗斯当时如果用很正经的态度来处理，这就会变成一场很失败的展示会。出了这么大的糗事，罗斯还能大笑出来，显示罗斯不是很在乎这个小意外，所以观众也不会觉得陷入窘境。

有时候，如果你遇到很糟糕的情况或意外时，大笑一番往往是替自己解围的好方法。观众一定知道这是意外，而且他们也可借此机会知道你是不是一个碰到突发情况便手足无措的人。

在日常工作中，推销员所接触的客户很复杂、很广泛，他们有不同的籍贯、性别、年龄、宗教信仰，有不同的文化知识、思想观念、社会阅历、生活习惯和交往礼节。在推销交往过程中，推销员首先要认真观察对手的特点，掌握多方风土人情、生活习俗，了解社会各阶层的知识水准和涵养，以适应不同客户的具体要求。

有时候，在推销产品的过程中会出现因为话题中断或无法进行导致的沉默局面。作为推销员，应尽量避免这种情形。

但当这种局面出现时，你切不可感到浑身不自在，应坦然视之，并找些你熟悉的话题向客户提问，把推销活动继续下去。或者干脆直接谈：“看来，这个问题已经谈得差不多了。

如果你有什么新的想法，待会儿咱们再补充。”“现在，你是否认为应该讨论下一个问题了？”这样直说，会让客户以为的确到了该换话题的时候了，而不会以为你没有话讲。

妙语点评

意外是不可避免的，但意外的情况并不都是坏事。面临突发事件时，你首先要做的就是保持冷静，善于应变。随机应变的技巧是没有什么定式的，主要的原则就是在突发的事情面前沉着处理，避开和化解不利因素，抓住有利因素，使意外事件不影响成交，甚至能促成交易。要知道，你的应变态度将决定客户对你的产品的信任度。一个遇事慌乱、穷于应付的推销员怎么能博得客户的好感乃至信任呢？你的推销事业又何谈成功呢？

没能激发客户的潜在需求

准客户有时是被创造出来的。

营销事典

一位办公设备推销员去拜访他的一位客户，这位客户正在机房里复印文件。推销员向他打招呼：

“您好！这么忙啊！”

客户回答：“是啊，这个破复印机，复印速度太慢，浪费了我不少的时间。”

推销员忽然眼前一亮，这不是客户表述的一种需求吗？为什么不抓住这个机遇呢？于是，他忙不迭地说：“我们公司有一种新型复印机，速度很快，一分钟能复印30页，肯定能满足您的需要。”

像往常一样，客户的态度不冷不热，一副很随意的样子：“那么，你的复印机是什么牌子？你的复印机耗材成本如何？你的复印机复印效果如何？你的复印机操作是否方便？”

推销员并不介意他的这种态度，他拿出那种新型复印机的说明书，准备详细地给这位客户介绍一下，“我们这种新型复印机——”

这时候，客户的复印工作已经结束了，于是他打断推销员的话说："我要开始工作了，谢谢你的介绍。不过，我虽然对它的速度不甚满意，可是它的复印效果还是不错的，暂时还不准备换掉它。"

推销员很沮丧，难道自己捕捉到的需求信息是错误的吗？难道他只是抱怨而已吗？难道他只是拿这个作为聊天的主题吗？最后他判断这位客户只是在抱怨，而根本没有换一台复印机的意思。

对于推销员来讲，遇到的客户80%以上是并没有明确需求的客户。所以，推销员一个很重要的工作就是引导和激发客户，让其潜在的需求变成明确的需求。

那么，首先就要明确哪些是潜在的需求，哪些才是明确的需求。

"我现在使用的××产品速度有些慢……"

"我们公司的××产品一直有些问题……"

"我现在使用的产品使我的工作效率很低……"

"我公司的××部门一直想解决××难题……"

"这里的空白令我很头疼……"

从上面的几句话中，敏锐的推销员应该能够探出客户可能需要你为他做点什么，但是此时客户心里也不明确需不需要或者需要你为他做什么。

"我想……"

"我希望……"

"我要……"

“我正在找……”

“我们对……很感兴趣。”

“我期望……”

以上几句话，客户则主动表达出要求解决问题的愿望或需要的帮助。

在分析了客户需要后，推销员要做的工作是把客户的潜在需求转换为明确需求，接下来就可以推荐产品了。但在这个时候，有些推销员往往会陷入一个误区，那就是不等弄清楚客户的明确需求时，便开始推荐产品。

前面的案例即犯了这种错误。

对有些客户而言，他们会很清楚自己到底想要什么；而对另外一些客户而言，他们并不一定清楚什么产品对自己是最合适的。例如，一个客户说：“我需要一台笔记本电脑。”他表达的是明确的需求还是潜在的需求？当然是明确的需求。但到底什么样的笔记本电脑是最适合他的，这一点他并不一定知道。所以，当专业的推销员遇到对自己的需求并不清楚的客户时，他们可以利用专业领域的知识帮助客户做出正确的选择。而这个时候，他们是在为客户创造价值。

正确做法：

1. 引导客户发现问题

当推销员获知了客户的基本需求之后，需要知道客户现在对企业产品应用方面的态度，尤其是不满的地方，这样有助于将来进一步激发客户的明确需求。

“对现有软件您最不满意的地方在哪里？”

“哪些事情使您很头疼？”

“哪些事情占用了您太多的时间？”

2. 激发客户的需求

当推销员发现了客户对现状的不满之后，通过提出激发需求的问题可以将客户的这些不满明确化，从而引起客户的高度重视，以提高客户解决这类问题的紧迫性。

“这些问题对您有什么影响？”

“您如何看待这一问题？”

“您和您的同事的工作效率因此受到很大影响了吗？”

3. 将客户的需求具体化

这时客户表达的已经是明确的需求了，推销员应尽可能多地了解客户的具体需求，同时也要知道需求产生的原因，以便有针对性地介绍企业的产品。

“我想更多地了解您的需要。您能告诉我您理想中的软件是什么样子吗？”

“我们软件的主要特点是可靠、全面、快速、易管理，您最感兴趣的是哪一点？为什么？”

“除了这一点外，您还对哪些方面感兴趣？”

“您是已经有了一个具体意向呢，还是需要我为您推荐？”

“您希望用什么样的软件？这对您为什么很重要？”

……

4. 向客户请教

推销员利用向客户请教问题的方法来引发客户的明确需求。

有些人好为人师，总喜欢指导、教育别人，或显示自己。推销员有意找一些不懂的问题，或装作不懂地向客户请教，一般客户是不会拒绝虚心讨教的推销员的。如：“在计算机方面您可是专家。这是我公司研制的新型电脑，请您指导，看看它在设计方面还存在什么问题。”受到这番赞美，对方就不会接过电脑资料信手翻翻，而他一旦被电脑先进的技术性能所吸引，推销便大功告成。

5. 向客户提供信息

推销员向客户提供一些对客户有帮助的信息，如市场行情、新技术、新产品知识等，会引发客户的明确需求。这就需要推销员站到客户的立场上，这样才能将他的潜在需求转换成明确需求。为客户着想，尽量阅读报刊，掌握市场动态，充实自己的知识，把自己训练成为本行业的专家。客户或许对推销员应付了事，可是对专家则是非常尊重的。如你对客户说："我在某某刊物上看到一项新的技术发明，觉得对贵厂很有用。"

推销员为客户提供信息，在关心客户利益的同时，也获得了客户的尊敬与好感。

妙语点评

推销员面对一位潜在客户时，必须清楚地了解自己和客户的行为方式是什么。

要使自己的行为恰如其分地适合客户的需要。推销员要学会用客户希望被对待的方式去对待他，用客户希望的方式向他们出售商品，要学会调整自己的推销风格以及时机选择、信息陈述的方式，以便使自己的行为适合对方。推销员应掌握住客户购买欲的程度，因为客户对商品欲望的高低直接影响推销员工作的成败。

不会建销售网

建推销网会让你的推销道路越来越顺。

营销事典

鲍伯准备和吉纳斯公司老总吉纳斯聊一聊投资的问题。于是，他事先做了充分的准备。他了解到吉纳斯专门从事干燥层，也就是下甲板制造和木隔墙建造。已近中年的吉纳斯事业有成，春风得意，并且很喜欢风险投资。

了解了这些，鲍伯信心十足地上门拜访吉纳斯。吉纳斯的态度很友善，但当鲍伯说明来意时，他却果断地说："您要跟我谈投资的话，我没兴趣。"

鲍伯神态自若地说："不，这不是您想要说的。大家都知道，您是个风险投资商。"

"的确如此，但是我都没听过你的名字，你拿什么让我信赖你呢？"

"我的投资评估报告。我在您之前已经为好几个人做过这些了。"

"那么都有谁呢？"

"比如米丽、詹姆斯……"

"我怎么从没听说过这些人？既然你做过很多次，那么，你帮我介绍几个人行吗？"

"那当然，您说。"

"银行家斯柯、金融界的杰克、纽约证券所的葛莱……"

"等等，先生，我想我弄错了什么，我们不是谈这些，我们应该谈……"

吉纳斯打断他，语重心长地说："小伙子，你没有自己的交际网络，怎么做投资呢？"

乔·吉拉德说："买我汽车的客户都会帮我推销。"

在生意成交之后，吉拉德总是把一套名片和"猎犬计划"

的说明书交给客户。说明书告诉客户，如果他介绍别人来买车，成交之后，每辆车他会得到25美元的酬劳。以后至少每年他会收到吉拉德的一封附有“猎犬计划”的信件，提醒他吉拉德的承诺仍然有效。

如果吉拉德发现客户是一位领导人物，其他人会听他的话，那么，吉拉德会更加努力地促成交易，并设法让其成为“猎犬”。

吉拉德说，银行的贷款员、汽车厂的修理人员、处理汽车赔损的保险公司职员，这些人天天都能接触到有意购买新车的客户，他们是有价值的介绍人。

吉拉德绝对讲信用，只要有人介绍生意给他，他一定要付给他25美元。他的原则是：宁可错付50人，也不要漏掉一个该付给他钱的人。

有些介绍人不愿意赚这25美元，坚决不收这笔钱，认为收了钱心里就会不舒服。这时，吉拉德就会送他们一份礼物，或者请他们吃一顿。

1976年，“猎犬计划”为他带来了150笔生意，约占他总交易额的1/3。吉拉德为“猎犬计划”付出了14000美元的费用，收获了75000美元的佣金。

正确做法：

1. 连环式推销，后劲无穷

连环式介绍是成功销售的关键。当然，对于新手来说，由别人介绍来的生意不会很多，这就意味着你要花许多时间

向不是他人介绍来的潜在买主进行推销。但到了一定的时

间，给你介绍生意的人会逐渐多起来。

建立起一个满意的客户网要付出很大的努力。但是，如果你有个很好的计划，并坚定地执行这个计划，那么你的连环式推销网不但会形成，而且会比你预想的要快。比如你将你的产品推销给一个客户之后可以问上一句："您的朋友也许需要这件产品，您能帮助联系或者推荐一下吗？"

2. 主动提出推荐要求

如果你的客户很满意，那就是你请他帮你推荐买主的好时机。

你应当问他，是否认识其他对该产品感兴趣的人，问他你是否可以利用这些关系。

"你说你每个星期三晚上要去打保龄球，你觉得你那些伙伴会不会对这样的机会感兴趣？"

如果你有礼貌地提出请求，他们总会提供给你一两个名字；但如果他们不肯，不要一味坚持，换个时间再谈。

你应当趁客户的热情仍然存在时，在同一天或第二天拜访他提供给你的客户。

你的朋友向你介绍了新客户后，无论结果如何你都要告诉朋友一声，这是最起码的礼貌。朋友相信你，你应该有个回音。如果成功了，你告诉他，他会为你高兴；如果失败了，你告诉他，他会帮你再想办法。

如果你连这点起码的礼貌都注意不到，那就会得罪人。人家可能永远都不提此事，但会把这事搁在心里。有人给你介绍新客户，你就处于两个人之间，弄不好你就会得罪两个人。

3. 赢得推荐的技巧

如果你问："你有没有朋友想买汽车或电脑？"对方最可能的回答是"没有"或"目前没有"。

你问得太笼统，让他一时想不起来所有认识的人，更别说那些人对你的产品是不是有需要。

你必须引导他去想。

推销员："汤姆，你一定想赶快试试（我卖给）你的新滑雪装备吧？"

汤姆："嗯，我和朋友约好了周四去滑雪，我想它一定很棒。"

推销员："你的朋友拥有自己的滑雪装备吗？"

汤姆："不，他用租的。"

推销员："你觉得他很快就会有兴趣买一套吗？"

汤姆："我想会的。他虽然才学，却已经很入迷了。"

推销员："你介意我记下他的名字吗？我想打电话给他，

看看我能否为他做点什么。”

汤姆：“没问题，他叫××。”

推销员：“你有他的电话号码吗？”

汤姆：“我一时记不起来。不过，他就住在小镇上的枫树街。”

推销员：“（写下资料）谢谢。其他的朋友怎么样，他们的滑雪装备都还行吧？”

妙语点评

为什么有人说推销是先难后易的事呢？因为当你的人脉建立以后，好多人就会帮你了。这是你成为顶尖推销员的关键。建立你的人脉推销网络，是你一开始就应该做的工作，而且在你的整个推销生涯中都要去做好这件事。

PART 03

你在说服沟通中最可能犯的5个错误

没能赢得客户的好感

情感推销是最高超的推销术，赢得了客户的好感，你的推销也就成功了一半。

营销事典

弗兰克第三次去这位老教授家了，他们的前几次接触双方都感觉很好。

这一次，当弗兰克问能不能去拜访他时，老教授很痛快就答应了。对于接下来的谈话弗兰克充满了自信。

他哼着小曲很随意地进了老教授的房间。老教授今天的脸色好像不太好，弗兰克关切地问：

“您身体还好吧？”

“还好，还没有死呢，还有一些架没吵完呢。”

“是谁这么没素质，和您这样文雅的老教授吵架？太过分了，您告诉我，我可以帮您出气。”

“我那老伴。哎，我这日子可没法过了。”

“是您老伴啊，不用搭理她，女人没什么正经事。”

正在这时，老教授的老伴出来了，她愤怒地说：

“你说谁呢？你是谁？我们之间的事不用你来说，你出去。”

说完将弗兰克推出了门外。老教授的门永远地向弗兰克关闭了。

弗兰克在与老教授的交谈中，忘了最重要的细节——老教授的家事，自己怎么能随便发表看法呢？即使在不得不面对这一类问题时，也只能从中劝解，既要从老教授的角度考虑，也要照顾到老教授的老伴。

一般来说，客户既然已经和弗兰克接触了3次，应该是对他很有好感。他能痛快地答应弗兰克，也许只是想和他聊聊天。这时候弗兰克只要将老教授从这个苦恼中拉出来，换一个轻松愉悦的话题，那么什么问题都迎刃而解了。弗兰克不但没这样做，反而将自己也陷了进去。

推销员有两个目标：一是达成交易，二是与客户建立关系。前一个目标是关心销售，后一个目标是关心客户。不同的推销员对客户和销售的关心程度不同，从而可把推销员分成5种类型：一是事不关己型，推销员既不关心销售，也不关心客户；二是客户导向型，推销员只关心客户而不关心销售；三是强销导向型，推销员只关心销售而不关心客户；四是推销技术导向型，推销员对客户和销售保持适度关心；五是解决问题导向型，推销员对客户和销售保持高度关心。实践证明，既关心销售又关心客户的推销员，其销售效果最好。在推销效果上，解决问题导向型比推销技术导向型高3倍，比强销导向型高7.5倍，比客户导向型高9倍，比事不关己型高75倍。

正确做法：

1. 认真准备与客户交往的话题

推销员要与形形色色的客户打交道，就必须要有适合多种多样客户的丰富话题。推销员反复拜访某一位客户，每次都提供一个具有魅力的话题并非易事。如果准备不充分，就会出现冷场。所以，日本一位销售专家提出，推销员应准备30种左右的话题。

话题可以是多种多样的，以下话题在推销场合比较合适而且有效：

气候、季节、节假日、近况、纪念、爱好、同乡、同学、同行、新闻、人性、旅行、食物、生日、经历、传说、传统、

天灾、电视、家庭、电影、戏剧、公司、汽车、健康、经济、艺术、技能、趣味、姓名、前辈、工作、时装、出身、住房、家常。

2. 选择令客户愉快的话题

推销员谈一些令客户愉快的话题，从而创造出一种有利于推销的融洽气氛，是一个十分有效的策略。推销员在选择话题时，必须要选择对方感兴趣的话题。在推销中，最重要的是客户而不是推销员自己，自己感兴趣的事不能提，而客户感兴趣的事不能不提。

3. 认真倾听客户谈话

就推销而言，善听比善说更重要。

推销员成为客户的忠实听众，客户就会把你视为知己。反之，推销员对客户谈话心不在焉，或冒昧打断客户谈话，或一味啰啰嗦嗦，不给客户发表意见的机会，就会引起客户的反感。推销员可以从客户的述说中把握客户的心理，知道客户需要什么、关心什么、担心什么。推销员了解客户心理，就会增加说服的针对性，减少或避免失误。话说得太多，总会说出蠢话来。少说多听是避免失误的好方法。

妙语点评

在推销实践中，优秀的推销员都十分强调与客户建立良好的感情关系的重要性。客户是人而不是机器，推销员应对“人”字抱有无限的敬意。一个不重视人际关系、不被客户喜欢、不善于与客户沟通感情的人，是无法在推销行业中生存的。

被客户的问题套住

善于利用客户的问题来制造自己的销售机会。

营销事典

一群挪威商人向世界上第一位女大使柯伦泰推销挪威鲱鱼。挪威商人要价高，她出价低。挪威商人深知贸易推销的诀窍，卖方喊价高得出人意料，买方往往不得不水涨船高地调整出价，再和卖方讨价还价。柯伦泰也深深懂得这一“生意经”，于是先承认对方，而后顺水推舟，她说出了两句十分关键的话：“好吧，我同意你们提出的价格，如果我们的政府不批准这个价格，我愿意用我自己的工资来支付差额。但这自然要分期支付，可能要支付一辈子。”这两句话在价格问题上起到了决定性的作用，挪威商人面面相觑，然后一致同意将鲱鱼价格降到最低标准。

有时候，客户为了以最低的价位获得你的产品，总是想尽办法提出各种问题，要么是探询你的价格底线，要么是顾左右而言他，指出你的产品存在各种缺陷。

这时候，推销员要发动每一根神经，观察、思考其问题的意图何在，巧妙地击破客户为自己设下的陷阱。

当然，能随机应变的推销员需要思维敏捷，善于察言观色，更需要经验的积累和不断地总结。

正确做法：

1. 尊重对方的“自我”

每个人都希望自己被重视、被尊重，都有“人敬我一尺，我敬人一丈”的心理。因此，推销中要注意，不论对方说什么，都先予以承认，即使对方说的不是事实，只是他个人的误解，也不必一口加以否定。倾听别人谈话时，脸上应该挂着微笑。

承认对方是一种礼仪，在承认之后，一句“但是”便可以扭转话题，提出你自己的立场，所以不必担心“承认”的后果真如你所“承认”的那样，这便是“承认”的妙处所在了。

2. 接下客户的问题

（1）检验问题是否真的存在。一般来讲，预算总是有弹性的。

（2）在推销之前，多准备几套计划，以备不时之需。

（3）如果你不能立即回答对方的问题，可以告诉他“让我想想”。

（4）弄清客户的意图。

别忘了，推销员在接住“问题球”时，实际上也逮住了一个机会，因为他大可借此向客户推销另一种符合他们需要，并且利润较原先更高的产品。不过，若想两全其美，推销员最好在推销开始之前扪心自问：“万一客户把问题丢给我，我该怎么应付呢？”如果应付得当，那买卖双方就能顺利地达成协议了。

3. 顺着客户的问题进行诱导

下面是推销卡车的例子。

卖方：“你们需要的卡车，我们有。”

买方：“吨位多少？”

卖方：“4吨。”

买方：“我们需要两吨的。”

卖方：“4吨有什么不好呢？万一货多，不是挺合适吗？”

买方：“我们也得算经济账啊，这样吧，以后我们要时，再通知你……”

于此，双方只能说“再会”了。

但如果改用下面的诱导方法，结局会大不相同。

卖方：“你们运的货平均每次重量是多少？”

买方：“很难说，大致两吨吧。”

卖方：“有时多，有时少，是吗？”

买方：“是的。”

卖方：“究竟需要哪种型号的卡车，一方面要看你运什么货，一方面要考虑在什么路上行驶，对吗？”

买方：“对，不过……”

卖方：“假如你在坡路上行驶，而且你那里冬季比较长，这时汽车的机器和车身受的压力是不是比正常情况大一些？”

买方：“是的。”

卖方：“你冬天出车的次数比夏天多吧？”

买方：“是的。我们夏天生意不太好。”

卖方：“有时货物太多，又在冬天的坡路上行驶，汽车不是经常处于超负荷状态吗？”

买方：“对，那是事实。”

卖方：“你在决定车的型号时，是不是留了余地？”

买方：“你的意思是？”

卖方：“从长远利益看，怎样才算买了辆值得的车？”

买方：“当然需要看它能使用多长时间了。”

卖方：“一辆车总是满负荷，另一辆车从不过载，你觉得哪一辆车寿命长些？”

买方：“当然是马力大、载重量大的了……”

卖方：“我们的4吨卡车正符合这个要求。”

于是，一步一步诱导对方同自己成交。

4. 说明你的利益

你可以强硬地说明你的利益。事实上，在利益方面还是强硬一点好。固守自己的立场并不明智，但坚持自己的利益则是明智之举。对方由于关注他们自身的利益，常常会对达成协议的可能程度抱过于乐观的期望。最明智的解决方法——以对方最小的损失换来你最大的收获——往往都是在你坚持自己的利益时达成协议。推销者如果能强烈追求自己的利益，常常可以激发出创造性思维，从而提出对双方都有利的解决方法。

妙语点评

在推销过程中，什么情况都可能出现，有时对方为你设置了各种难以逾越的鸿沟，再进攻必然受挫，这时最好的策略就是放弃正面作战，通过回答客户的问题，将问题抛还给他，设法找到对方其他方面的弱点。然后针对其弱点，逐步展开辩论，使对方认识到自己的不足之处，并对你产生信服感。之后你再层层递进，逐步把话引入主题，摆脱掉他的追击，反过来展开全面进攻。对方就会冷静地思考你的观点，因而易被说服。

不敢拒绝客户的要求

拒绝是推销员的权利，但更需要勇气和技巧。

营销事典

一次，一家汽车公司的推销员在向一个大买主推销，突然这位客户要求看该汽车公司的成本分析数字，但这些数字是公司的绝密资料，是不能给外人看的。而如果不给这位客人看，势必会影响两家和气，甚至会失掉这个大买主。

这个推销员一下子僵在那儿，他支吾了半天，说："那，那好吧！……可是，这样不行……"

客户看到他犹豫不决的样子，以为他毫无诚意，拂袖而去。

推销员最终失去了这个大买主。

有人在推销中不肯轻易对对方说“不”，怕伤了双方的感情，也怕推销失败。尤其对那些急于从推销中获得一点什么的推销者来说，说“是”都来不及，哪里有说“不”的勇气。但是这样小心谨慎的结果，往往会使推销失败。因为对方一旦发觉你不敢说“不”，马上就会勇气百倍、信心十足，甚至得寸进尺。

一个推销专家说过：“推销是满足双方参与彼此需要的合作且利己的过程。在这个过程中，由于每个人的需要不同，因而会呈现出不同的行为表现。虽然我们每个人都希望双方能在谈判桌上配合默契，你一言我一语，顺利结束推销，但是推销中毕竟是双方利益冲突居多，彼此不满意的情况时有发生。因此，对于对方提出的不合理条件，就要拒绝它。”

正确做法：

前面那位汽车公司的销售员可以不用“这样不行”之类的话，只要在他的话中婉转地说出“不”的意思就行了。如：

“对不起，连我也无法得到这些数字呀！”

“公司是不容许这样做的，否则我会丢掉饭碗的。”

“公司还未做过此类分析，倘若要做的话，恐怕也得一阵子。”

不论他的话是上述哪一种，知趣的买方听过后就不会再来纠缠他了。

可以说，一些失败的推销者都忽视了这样一个基本推销准则：说“不”是推销当中的一项权利，对谁都一样！记住，要想在谈判桌上赢得利益的筹码，就绝对不要放弃说

"不"的权利！

那么，怎样才能既不违背你的原则，又能让客户接受你呢？

1. 敢于拒绝

说"不"是需要勇气的，哪怕是在针锋相对、寸步不让的谈判桌上。就像士兵上战场一样，没有牺牲的勇气就不要上！

当然，这并不是说推销者一定要具备好战精神。过于好战和希望受人喜爱一样糟糕。在推销过程中，买卖双方不但要互相竞争，也需要彼此合作。过于好战的人不懂得怎样与人合作；希望受人喜爱的人则尽可能逃避竞争，因为他们不知道怎样开口拒绝他人。

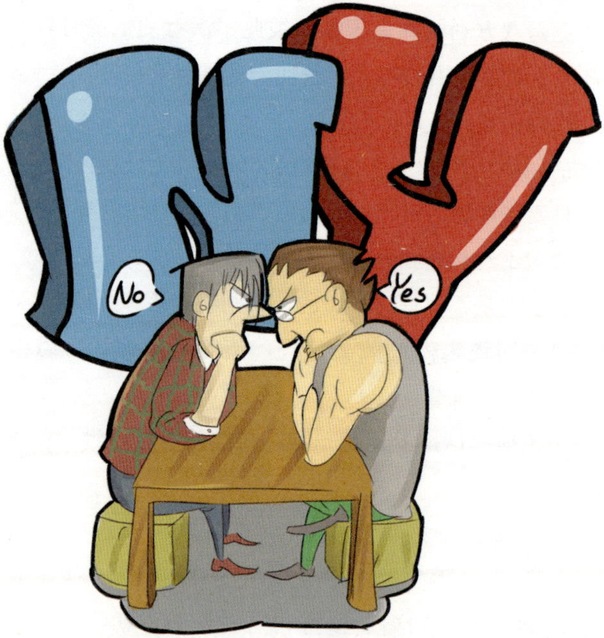

2. 委婉地拒绝

巧妙地说“不”，还有以下几种建设性的做法：

用沉默表示“不”；用拖延表示“不”；用推脱表示“不”；用回避表示“不”；用反诘表示“不”；用客气表示“不”；用那些韵味十足的语句：“无可奉告”“天知道，你不知道”“事实会告诉你的”……

3. 选择适当的时机

时机选择得不好，不但达不到说“不”的效果，有时甚至会带来反作用，比如使对方恼羞成怒、拂袖而去放弃成交，这就得不偿失了。

一位律师曾经帮助一名房地产商人进行出租大楼的谈判，由于他知道在何时说“不”以及怎样恰当地说“不”，从而取得了不俗的效果。

当时有两家实力雄厚的大公司对此表示出了浓厚的兴趣，两家公司都希望将公司迁到地理位置较好、内外装修豪华的地方。

律师思考一番后，先给A公司的经理打电话说：“经理先生，我的委托人经过考虑之后，决定不做这次租赁生意了，希望我们下次合作愉快。”然后，他给B公司的老板打了同样的电话。

当天下午，两家公司的老板就同时来到房地产公司，一番讨价还价之后，A、B两家公司以原本准备租用8层的价码分别租用了4层。很显然，房地产公司的净收入增加了一倍，相应地，律师的报酬也增加了一倍。

只要你在恰当的时间说“不”，你就更有可能在成交之际让客户说“是”。

妙语点评

推销中的拒绝并不是一个简单的“不”字所解决得了的，你首先要考虑到如何拒绝才能不影响推销的顺利进行。此外，在推销中知道如何说“不”、知道何时说“不”，还将对你在推销中所处的地位起到调整作用。如果你善于运用此道，就能给对方一种深不可测的感觉，从而对你望而生“畏”，使你在谈判桌上占尽“地利”。

推销时机不当

细心观察、捕捉正确的时机是推销成功的前奏。

营销事典

某商场在夏初进了一批空调器，但到夏末还未卖完。为了流动资金的周转，商场决定派出推销员以每台不低于3200元的价格挨家挨户推销。

有一位叫罗杰斯的推销员积极奔走，以极大的热忱投入到推销工作中。

所到之处，他都热情地把空调仔细向买方介绍一通，乐此不疲。开始这一招也起点作用，但后来遇上一位客户——帕克，情况就不一样了。

帕克静静地听完了罗杰斯的介绍，起初一言不发，但后来他针对空调的优点大谈起来：“这种空调确实有不少优点。但是，由于它是新产品，质量是否可靠、性能是否优越还很难说。虽说噪音低，但比名牌的噪声大多了，我家有老人，噪音大了会影响休息；虽然不用换电表，但我住的是旧房，电的负荷已经够大的了，若再用这么大功率的空调，会引起麻烦的。

而且天气已经降温了，可能这个夏天不会再有高温了。如果买了不用，半年的保修期很快过去了，等于没有保修。”听了这番吹毛求疵的挑剔，一向善辩的罗杰斯竟一时哑然，在受到“突袭”的情况下只得降价出售。

原来帕克早就发现了这家商场的空调滞销，一直等待时机准备低价买进。

一次推销需要花费的时间可以是几小时，也可以是几天、几个月甚至几年。每一阶段的时机选择——什么时候和延续多久——通常是显而易见的，正确的时机选择就是依计行事，该做什么就做什么，该怎么做就怎么做。

曾经有一个专门的销售组织通过对几千名推销员的研究，发现好的推销员所遇到的客户严重反对的机会只是差的推销员的1/10。这是因为，优秀的推销员对客户提出的异议不仅能给予比较圆满的答复，而且能选择恰当的时机进行答复。懂得在何时回答客户异议的推销员会取得更大的成绩。

选择时机在推销中比其他任何因素都重要，它的作用贯穿于整个推销过程：我们应该何时向对方推销？我们在什么时候向对方提出这个要求才合适？在这个阶段向对方施加压力合适吗？推销到了现在我们是否可以结束了？推销的每一个进程都要在良好的时机下推进，时机把握不得当，你可能还没开始向对方推销就已失败；也许本来你很快就可以与对方达成协议了，但因为你没有把握住时机，你不得不继续讨价还价，由此你的利益又受到损失……所以，时机有可能帮助你赢得推销，也可能让你把整个推销搞得很糟，一切就看你如何把握了。

正确做法：

1. 搜集信息

几乎任何一项交易，不论是一笔简单的买卖还是一系列历时多年的复杂行为，都会发出它特有的信号，任何人都可以摄取。

每次推销，它的实际情况、性质、复杂性以及在进行中所获知的某些信息，都能帮助你了解什么是时机。这个信息要与常识一起应用。

假如你对你的对手一无所知，那么，进行一笔交易的谈判所要花的时间显然会长一些。

2. 从客户那里探询

如果你有一项建议，并且相信这项建议对某位特定客户应该是有意义的，那你就去访问他，告诉他你的建议。但要在一个比较有利的时间提出来，你会因此取得成效。

3. 要有耐心

对于推销者而言，有关时机选择的各个方面，实在没有比耐心更为重要的东西了。正如通常所理解的那样，推销的数字游戏在于你向对方提出了多少个要求，又多少次耐心地向他们重复要求。耐心和坚持不懈是你推销的基本信条。

4. 对形势发展作适当的引导

有些人在了解了推销的必需程序后，就想寻找捷径。因为急于成交，他们总想压缩时间或删掉某些程序，对形势作不适当的诱导，他们必然会给推销留下不愉快的结局。

5. 利用时机

在非上班时间、深夜或周末期间打电话，往往会有较好的效果。你一定要这样开头：“这件事太重要了，所以我要在周末告诉你。”

最好的推销时机找到了，接下来的问题是如何用好它，利用它摧垮对手，在最后签字的推销协议上获得最大的利益。

切记：不要把最好的时机弃之一旁，让它无用武之地。

那么，都有哪些时机是推销员可以利用的呢？

（1）利用竞争对手推销失利的时机

别人推销失利时，能为你创造各种各样的机会，你就应该在这个可能成为买主的人对你的竞争对手最感不满时跟他签订一份合同。

（2）利用客户愉快的时机

延长、续订或重新签订合同时，千万不要在这份合同即将期满的时候去做，就如同要与对方达成于己优惠的交易要趁对方高兴时一样，你应该选择对方愉快时去延长或者续订合同。

如果对方得到某个好消息，即使它与你无关，但这也为你提供了一个良好的时机，这时去向他提要求，大多会畅通无阻。当然，你的要求不能过分。

（3）花点时间来缓和做决定的难度

时机的选择可以用来缓和要求做出决定的气氛。我们可能希望迫使对方给出一个答复，而又不能做得使人听起来像是“要么接受，要么放弃，不许讨价还价”。

（4）利用忙人的注意力

比较繁忙的人的注意力持续的时间短促，所以你必须直截了当。你应该少说几句，否则你只会让别人恼怒或心不在焉。

妙语点评

要在推销过程中选择适当的时机并不是一件容易的事。其实，每天都会有许多意想不到的时机出现在你面前，你并不一定要成为能预知这些良机的先知，但你却必须敏感地捕捉到这些良机。

没有回应客户关注的事项

倾听客户的问题，予以适当的回应。

营销事典

一位推销员正在向客户推销一种跑鞋。客户：“我需要考虑一下，不过我希望看看你们这种产品有没有价格比较便宜一点的。”

推销员：“我们的产品在性价比上都优于市场上其他产品。你看××跑鞋，价格虽然便宜，但是据消费者反映，质量特别差。”

客户：“我觉得你们的产品价格还是高了点。”

推销员：“但是我们的质量是一流的。”

有多个方法可以回应客户关注的事项。记着，要针对个别客户调整你的推销方式：如果客户看起来需要详细资料，尽量给他好了；若是价格问题，就直接和其他同类商品的价格比较一下。如果价格是唯一问题，你可以提出一些方法让客户可以轻易地购得他选择的产品，或者协助客户找出其他较便宜的产品。但你首先要确定客户拥有足够的资料，并根据他自己的需求做出最好的选择。

一般说来，客户所关注的事项无非是产品的质量和价格，还有一些服务问题。对这些问题，推销员千万不要置之不理，而应针对这些问题给出合理的解释，否则你很难说服你的客户。当客户提出的异议有事实依据时，你应该承认并欣然接

受，强力否认事实是不理智的举动。但你要给客户一些补充说明，让他取得心理上的平衡，也就是让他产生两种感觉：

（1）产品的价格与售价一致。

（2）产品有的优点对客户是重要的，产品没有的优点对客户而言是较不重要的。

当然，有的客户提出一些异议，他的目的并不在于关注的事项上，而在于产品的价格或单纯是一种推脱之辞，这时就要区别对待。

正确做法：

1. 倾听

对待客户所关注的其他事项一定要有一个好的态度，这一点无论怎么强调都不过分。当客户谈起商品的缺点时，要认真地听，表现出对他们的意见十分关注的神情。

推销员对客户意见的倾听态度越积极，客户对推销员的信任程度就越大；客户的信任程度越大，客户就越乐于接受推销员，推销员推销成功的概率就越大。

2. 在客户异议尚未提出时解答

“防患于未然”是消除客户异议的最好方法。推销员觉察到客户会关注某一事项或某一方面，最好在客户提出之前就主动提出来并给予解释，这样可使推销员争取主动，先发制人，从而避免因纠正客户看法或反驳客户意见而引起的不快。

推销员完全有可能预先揣摩到客户异议并抢先处理，因为客户异议的发生有一定的规律性，如推销员在谈论产品的优点时，客户很可能会从最差的方面去琢磨问题。有时客户没有提出异议，但他们的表情、动作以及谈话的用词和声调却可能有所流露，推销员觉察到这种变化，就可以抢先解答。

3. 分析客户真正的需要

你需要小心聆听客户想要的东西，提出问题以确定你真正明了他们的期望是什么，他们的真正意图又是什么。如果他们确实对产品或你的推销存在异议，那么就要认真对待。

4. 回应客户

客户：“其实，这正是我要寻找的东西，不过我没有料到它是这么昂贵。”

推销员：“我同意，这是个不小的数目，我们还有另外一种跑鞋相对来说价格比较便宜，因为做那种鞋的料子不需要进口，只用当地材料，质量也不错，要不您试试？”

5. 解决客户的忧虑

客户：“我相信妹妹会喜欢这个花瓶。不过，我需要考虑一下。谢谢你的帮忙。”

店员：“噢，当然，我明白。其实你不一定要找一个花瓶，还可以考虑其他的选择作为礼物。”

客户：“她喜欢收集玻璃艺术品，但我想找一些容易包装的东西，因为我是来旅游的，明天便要乘飞机回家。”

店员：“物品可以免费替您包装和安排货运，而且保证它抵达时完整无缺。若有破损，我们可以免费更换。”

客户：“下个星期六可以送到吗？那天是她的生日。”

店员：“一定可以！其实今天就可以送去，下午会有人来运货……”

妙语点评

客户对产品介绍及建议等都有可能因关注一些问题而提出异议。对这些不能置之不理，应给予关注和回答。愈是懂得处理的技巧，你愈能冷静、坦然地解释客户关注的事项。每化解一个异议，就摒除了你与客户之间的一个障碍，你就愈接近客户。

PART 04

你在产品介绍展示中最可能犯的 5 个错误

不强调关键的利益点

让客户明白他在这次消费中的利益点是什么将有助于你的营销成功。

营销事典

亨利拿着一种新上市的电动剃须刀走进了客户的家门。他仔细地将这种新式电动剃须刀的优良性能都做了介绍。

“剃须刀不就是为了刮掉胡须吗？我的那种旧式剃须刀也可以做到这些，我为什么还要买你这个？”很显然，客户希望清楚地了解这些产品或者亨利的这种销售主张能够带来什么样的好处。

“我的这种剃须刀要比以前的性能优良，你从包装上就能看得出来。”

“你的包装精美跟我有什么关系？包装精美的产品有的是，我为什么要选择你的产品？”

“这种剃须刀很容易操作——”

“容易操作对我有什么好处？我并不觉得我原来的很难操作。”

案例中，“对我有什么好处”就是客户的利益点。

客户最在意的显然是利益而不是特征，特征是利益的支持基础，利益才是客户追求的根本东西。根据对实际的销售行为的观察和统计研究，60%的推销员经常将特征与利益混为一谈，无法清楚地区分；50%的推销员在做销售陈述或者说服销售的时候不知道强调关键的利益点。推销员必须清楚地了解特征与利益的区别，这一点在进行销售陈述和说服销售的时候十分重要。

亨利一味强调这种新式剃须刀好用、性能优良，但是对于客户的信息反馈却不重视，客户一直在问“这跟我有什么关系”，而亨利却对此置若罔闻。这样的营销怎么能赢得消费者的满意呢？当客户明显希望清楚地了解这些产品或者生意主张能够带来什么样的好处的时候，他却喋喋不休地讲述自己的产品包装如何漂亮精美、产品多么容易操作。

正确做法：

1. 清楚认识自己的产品

训练有素的推销员能够清楚知道自己的产品究竟在哪些方面具备优良性能，而不是一味地在一些并不重要的环节上浪费时间。为了能够清楚解释产品或销售计划是如何满足客户的需要，推销员应该十分熟练地掌握产品的特征可提供的利益。

向用户介绍产品，关键点是使用该产品能给他带来什么好处，哪些好处是他现在正需要的。著名的FAB法（功能、特点、利益）广为采用，也就是先向用户介绍某类产品的功能，再介绍产品的特点、优势，接着将产品特点与消费者关注的利益点连起来，最后解答一些技术问题与售后服务问题。

2. 了解客户的关注点

与客户交往中，最难判断的是他们的关注点或利益点。一个好的推销员应该首先弄清楚客户关注什么，你可以通过你的眼睛、嘴巴、耳朵来掌握这些信息。观察客户，一眼识别客户的层次、素质、需求、喜好等；听客户的叙述，必须给客户表白的时间，要耐心地听——客户没有耐心为你多讲几遍，他们也不会反复强调重点，甚至有些时候他们会隐藏自己的真实需求，这就更需要细心地听；客户只知道他目前需要购买东西解决问题，却不知买什么与怎样做，这就需要推销员担当策划师的角色，为他提供全面、准确、适合的策划方案。推销员要掌握客户的需求，就需要通过提问、回答反复深入地了解客户的真实想法，从而给出客户最需要的购买建议，完成销售。

客户的表述、回答都不一定正

确，适当的时候，推销员需要实地考察客户状况。比如装修，就需上门考察，再为客户制订装修方案。

3. 主动展示产品的利益点

推销员直接告诉消费者他们接受产品或促销计划所能带来的利益，当利益能满足该客户的需要时，他多半会同意购买产品或接受提议。

推销员必须明白，你自己对产品或者促销计划的了解是远远超过采购人员的，因此你不能因为自己对利益有足够的了解，就想当然地推想客户也有同等程度的了解。

4. 运用各种方法强调利益点

推销员在实际谈判中需要经常用到的产品的特征主要有品质、味道、包装、颜色、大小、市场占有率、外观、配方、成本、制作程序。这里面的一些要素可以直接展示给消费者——你的客户，比如说味道，你可以直接让他来闻一下，让他自己感受比你告诉他要直接可信。另外一些他不能体会到的，推销员一定要给他展示，让他有一种豁然开朗的感觉——我就是想要这样的东西。这样，你离成功也就只有一步之遥了。

有些客户直接就告诉你他需要这种产品的哪方面的利益点，比如说，上面的案例中，如果亨利能够告诉客户他的这种剃须刀节省时间，并且无论怎么样操作都不会划伤脸，那么这位客户就应该能够接受了。

妙语点评

推销员的谈判应该紧紧抓住能够影响客户做出决定的利益点进行集中阐述和重点强调。客户在选购各类产品时，都会有其不变的大方向，顺着大方向去满足客户的要求，能使推销员的展示、介绍更加打动客户的心。

不了解市场行情

了解市场行情，推销员才能永久地保持自己的竞争力。

营销事典

一位推销员在推销一种新型洗衣粉，他向客户介绍："这种洗衣粉不含杂质和膨胀剂，只凭很少的用量即可洗净衣物，同时洗过的衣物上不会留下洗衣粉的残留物，是货真价实的好东西！"

同时，他还动手作产品示范，来证明他的洗衣粉不会在衣服上留下残留物，并解释说这种残留物即是衣服晒太阳会泛黄的主要原因。

但是他不知道，市场上已经出现了一种洗衣粉，功能类似于他正在推销的这种。

他的客户告诉他："你强调自己的产品不需大量使用就有效，这是省钱，可是××洗衣粉也省钱；你说你的产品不含杂质，洗衣轻松，这是省力，可是××洗衣粉也省力；你说你的产品不留残留物，不会损伤衣服，这是品质好，可是××洗衣粉的品质也不错。既然如此，我为什么买你的？"

推销员首先要洞悉市场行情，如市场上最低价和最高价是多少，你的买方对所要做的交易有多少热情等。对自己的情况更要胸中有数，如衡量一下自己产品的质量和成本水平，生产能力有多大，次品将怎样处理……

“知己不知彼，一胜一负”，为了立于不败之地，你就应去了解一下竞争对手的企业背景、对手推销队伍的组织情况等。

正确做法：

在商务推销中，“眼观六路，耳听八方”非常重要。注意观察同行中谁来抢夺你的生意，收集他们的情报，问问自己：“如果客户不和我做生意，那么他会去找谁呢？是什么吸引他的呢？”

了解竞争对手，也要了解自己的产品在市场上的独占性如何。如果你掌握着垄断权，那就可以说是实力雄厚了，相对抬

高卖价或压低买价，对方也只有忍痛服从。但是要注意本着互利的原则，不要漫天要价，否则你可能会遭到严重的报复，只做“一锤子买卖”的想法会使你名誉扫地。

假如你的产品不具垄断性，在市场上必定有激烈的竞争等着你去应付，那么就要收集信息，了解竞争对手的报价，研究其产品性能、应用性能、信誉情况，然后突出你的强项，以清晰的利弊对照让你的买主树立一种信念——只有和你做生意，才是最明智的选择。

当客户知道市面上还有其他同类型产品而产生比较心理时，推销员多半会借贬低别人的产品顺势提升自己，但切记在批评别家商品时，千万不要显现出不屑与轻视的神态，否则可能引起客户的反感，直觉你是个主观偏激的人，也就是说，你的批评一定要非常客观而且合理才行。采取公正的数字或者可靠的分析方法加以说明解释，让客户轻易地比较两种商品并选择你的商品，这才是高人一等的说服技巧。

只要在对方的心目中你比你的竞争者更有优势，那么再多几个竞争者也无所谓了。

在市场中，怎样才能突出自己产品的特性，这是推销员最需要做的。

每一样产品皆有其独特之处，这便是它的特性。产品特性包括一些明显的东西，如尺码和颜色，或一些不太明显的东西，如原料。最常见的产品特性有：尺码——体积、重量和容量，颜色和光暗面，款式或型号，出产季节或年份，成分——原料或组成部分，功能——产品做什么或怎样运行，品牌——

制造商、生产线或设计师，价格。

就是因为产品的特性，才可以让客户把你推荐的产品从竞争对手的产品或制造商的其他型号的产品中分辨出来。

妙语点评

没有竞争的产品，推销员不会有什么价值。正因为竞争非常激烈，推销员在自己的推销生涯中始终保持竞争力，不断提高竞争力，才更有意义。所以推销员要了解市场行情，做到知己知彼。

无端夸大产品的优点

推销最不好的习惯就是夸大产品的优点，你往往会为此付出代价。

营销事典

有一位医生近几年来一直都使用某家药厂的产品。但突然有一天，他完全不再使用该药厂研制的产品了。为什么？因为有一位推销员到他的诊所丢下一瓶药丸说："这是你所有气喘病人治愈疾病的良药。"医生很生气地说："你还真有胆量对我这样说。我有一些病人已使用过，一点都没效！"

后来有人问医生："是不是真的完全无效？"

"也不全如此，就解除症状而言，它是蛮有功效的，但是气喘是无法根治的，有太多的因素会使它发作，心理受到影响也可能是发作的因素之一。"

"你希望那位推销员怎么说呢？"

“如果他对我说：‘布雷克医生，在病人不知情的情况下所做的大规模实验显示，这种药物对80%的气喘患者能有效减轻症状。’我就会阅读那份报告，并增加处方量。老实说，那还算是不错的产品，但为什么他要向我过度吹嘘？”

俗话说得好，“老王卖瓜，自卖自夸”，没有人会说自己的产品不好，就算客户察觉到产品的缺点，也要想办法把商品销售出去。

销售最怕的是被客户找到商品的致命缺点，推销员为了避免客户抓住商品的缺点，必然为商品说好话，但是过度夸耀自己的产品会让客户反感。一方面，对产品市场比你还了解的客户会因此永远不信任你；另一方面，不知情的客户购买后发现商品达不到你所夸耀的程度，会出现抗拒、厌恶的情绪，甚至会因此而投诉你。

在介绍产品的实质性功能方面，一定要实事求是。

推销员不仅要对自己的产品和经营状况了如指掌，而且应该清楚自己提供给对方的建议书各项条款是如何成为对方所需要的而又不是言过其实的，并要把这些用具体的数字清晰地摆出来。“您购买我们公司的产品将为您带来10万元的利润”，并随之送过去一张明细分类的数据表来加强你的说服力，如此这般，估计没有哪个购买者会抵抗得住这样的诱惑力。但是你得让你的话经得起考证，而不是让对方抓住把柄。

有些推销员认为只有夸大其词的宣传才能真正打动客户。这种宣传将自己的产品或服务同其他商品或服务进行比较，强调并夸大自己的优点，满足了客户的主要需要。

推销宣传是用来促成交易的，它主要是宣传产品或服务的功能，而不仅仅是对产品做浮夸的介绍。客户更在意的是你的介绍是否真实可靠。

也有的推销员为了掩盖产品缺点而采用浮夸法介绍，这些都是错误的。

正确做法：

我们看一下推销员对一种复印机的介绍。

“我们一次可以印出25份好的复印品。如果你对复印机的加热系统有所了解，而且控制良好，也许可以再多增加几份，但是不能每次都这样，还是以25份为标准。如果你的印量不是很大，这会是很理想的产品。在一般情况下，一次复印25-30份，它都能维持高质量的状态，保证在25份内都能有高质量的结果。”这样很好，客户得到25份的良好复印品，偶尔还可以30份，他很高兴。

但是，有些推销员大概会这么说：“这是非常了不起的产品，一次可印30份以上。”客户买了以后，他的印量虽也维持在25-30份之间，但请注意，这位客户却很生气，因为他被推销员的过度吹嘘欺骗了。

如果你不想拿起石头砸自己的脚，就千万不要过度吹嘘。

推销员的介绍应该遵循如下原则：

1. 客观而简单明了

例如：

“这个控制杆可以将窗户打开。”

“这种靠背是尼龙制的，经久耐用。”

“通风系统是由简单的手动操作来控制的。”

这些介绍简单明了，又一下子突出了产品的特性，让客户容易接受。

你也不可能仅靠几句好话就能说动客户来买你的产品，产品资料介绍要真实可靠，主要是向客户介绍该产品的特性及功能。

2. 扬长避短

强调自己商品的特色与优点是提升客户认同的主轴，没有商品是十全十美的，对于商品的缺点，推销员要懂得去掩饰，而不是欺骗客户，掩饰只是一种转移注意力的技巧。销售的基本原则是，对方没有提到或强调商品缺点就不要画蛇添足地多说话，否则会令自己商品的缺点更突出，影响销售成效。

3. 侧重于客户的受益点

一般来说，客户希望产品或服务可以提供以下一项或多项功能：

（1）提供基本的卫生需求。

（2）替他们节省时间、力气和金钱。

（3）改善他们的个人形象和身份象征。

（4）提升或保持他们的财物价值。

你首先要知道产品特性能够如何使整体客户受益，然后集中注意那些受个别客户重视的特性。

妙语点评

有些推销员认为他们必须解释产品的一切优势，越详细越好。殊不知，他们简直是在阻止别人买自己的产品。一些推销员在做完推销介绍，客户也快表示同意购买的时候，却又浮夸地谈起产品的琐碎细节来，结果可想而知！

不了解客户

以客户的兴趣来引导他的购买意愿。

营销事典

甲公司需要一套计算机软件程序，而此时乙公司正好有这种软件程序。当两方代表坐下来准备谈这项协议时，乙公司代表显然有些趾高气扬。

“坦率地对你们说吧，这套软件我们打算要24万美元！”

此时甲方代表突然暴怒了，脸发红，气变粗，提高嗓门厉声喝道：“你们开什么玩笑！简直疯了，24万美元，简直是天文数字！你认为我是白痴吗？”

这样，双方再没有在谈判桌上讲第二句话。

最难打交道的客户大致有以下几种类型：

1. 强硬型

这种类型的客户总是咄咄逼人，不肯示弱，要么什么也不说，要么干脆一口回绝，绝无回旋余地。即使有时他们口气并不十分坚定，并申明他们会认真考虑你的建议，但事实上，他们一转身就忘。

客户之所以采取如此强硬的态度，一方面是他们还没有对产品产生兴趣，一方面也可能是其性格原因造成的。

2. 逼迫型

这种类型的客户通常会采用各种各样的方式威胁对方，使对方就范，如利用期限进行逼迫、利用对方的竞争对手进行逼迫、利用拖延战术甚至还会用无中生有的方式进行逼迫。

3. 攻击型

这种类型的客户最大特点是以攻为进和以攻为守，通过猛烈的攻击使对手就范，做出让步，达到自己的目的。

在推销中遇到攻击型客户，最好的方法就是避其锋芒，打其要害。

4. 防御型

这种类型的客户一般比较善于回避焦点问题，在经过一定的忍耐和等待之后，会寻找机会一举反攻。当你走上谈判桌，一旦遇上防御型客户，非常有必要搞清对手采取防御手段是出于何种原因。

正确做法：

1. 收集情报

在推销中，那个最有资格说“是”或“不”的人往往看上去和其他人没有什么两样。作为一个推销员，必须确认对方的地位、力量及权威。一旦掌握了谁是中心人物，就紧紧地抓住他，了解他的权力范围有多大，然后把这个权力从他那儿拿过来。

这就需要去收集一些情报，提出几个问题，诸如该人的年龄、爱好、兴趣、个人品质，对我方产品的态度，对其他竞争者的态度等。

你还可以采取迂回策略，从他的下层或他的上层人员进攻，“堡垒最易从内部攻破”，让他受到来自自己组织内部的压力。

2. 评估对手

利用你收集来的情报，试着估计一下对方的压力点之所在，如他们不和你做这笔生意，会有什么损失。也分析一下你自己的推销实力，并且针对竞争对手把它再增强一点。这包括对方企业的发展计划、对方企业面临的压力与问题、对方企业对我方特定业务的需求、对方企业的竞争对手情况。

3. 提出自己产品能打动客户的功效

例如：

（1）象征地位的效用

譬如身为董事长，坐的汽车大都是高级的，自己一般拥有别墅；身份是总经理的人，或许他办公桌上要放一个高级的笔记本电脑，如此才可以显示出其地位的不同。达到上述“水准”之后，才会像平常所说的“这才合乎他的身份”或“这才能衬托出他如今的身份和地位”。

（2）衍生利益的效用

譬如买入防范公害、天灾的机械或设备，农耕操作的机器，或零售贩卖器（如销售冰激凌的机器、自动果汁贩卖机等），买主的愿望是：以数字计算出盈亏之后，若按正常情形进行，预期有增值的利益；换言之，从成本、效益的衡量来说，才是合算的。

客户若从可达效益方面来思考商品，较愿意付出代价。

（3）责任感或成就感的效用

例如期望用低价格购入品质优异的机器或零件、材料等，便能对公司利益、降低成本有所贡献，从而有升迁的机会，这就是希望满足成就感。至于各种保险，也因为要获取责任、成就感，所以才订契约的——保险的要求无非是为了家属或公司着想。

妙语点评

你的客户是你的交易伙伴，同时又是你推销工作的“敌对”势力。你要比他自己更详细透彻地了解他，强化他的利益，而弱化敌对利益。

过多地泄露自己的秘密

推销需要高明的“掩藏术”，切忌凡事实话实说。

营销事典

经营房地产推销的吉拉德先生有一次承担了一项艰巨的工作。他要推销的那块土地虽然有火车通过，交通便利，却紧邻一家木材加工厂。虽然电动锯木的噪音很大，但是并没到难以忍受的地步。

吉拉德先生想起有一位客户想买块土地，其价格标准和地理条件与这块地的情况大体吻合，而且这位客户以前也住在一家工厂附近，整天噪音不绝于耳。于是，吉拉德先生前去拜访这位客户。

“这块土地处于交通便利地段，比附近的土地价格便宜多了。当然，之所以便宜自有它的原因，就是因为它紧邻一家木材工厂，噪音较大。如果您能容忍噪音，那么它的交通地理条件、价格标准均与您希望的非常相符，很适合您购买。”吉拉德先生如实地对那块土地做了介绍。

那位客户立刻摇头道：“那不太好，我已经饱受噪音之苦，想清静一下子。”

“其实，情况并不像您想的那样糟。”

“不行，我不会考虑这样的地方。”

推销员在确认客户不反感商品的某种缺陷后，应委婉地表述，而不是直言泄露自己的秘密。

常识告诉我们：对方知道得愈少，对自己就愈有利。因此，在了解客户的同时，我们还有一件很重要的工作要做，那就是保守自己的某些秘密，不要让它泄露或过早地泄露，以免让对方知道自己的全部实力。否则你会像穿着新装的皇帝一样，在你的客户面前一览无余！

到了今天，几乎每一个企业都被商业间谍所包围。

在推销中商业刺探的诱惑力极大。恐怕没有什么能比这方面产生的利害关系更大、收益更快的了。你可以设想如果买方能刺探出卖主可接受的最低价格有多么重要，对巨额交易来说，这种情报可能值几百万元，而往往获取这一情报的投资不过才几元钱。

所以，我们也要时时警惕自己的推销机密被竞争对手窃取。

正确做法：

1. 资料保密

安全措施要始于资料的保密。资料的收集、分析和保管要建立起严格的程序；资料要在严格的规定下才可以调阅；工作的地方也要在严格控制下才可以接近。合理的安全措施能够防止任何形式的渗透。

2. 言谈保密

（1）不要和性格浮躁、嘴不严的人谈及你的推销情况；

（2）不要多嘴多舌；

（3）不要让不必要的人了解你的推销情况；

（4）让那些需要知道的人只知道他应该知道的部分，不要超出这一范围；

（5）不要向对方提供太多数据，除非为了战术上的考虑才显得大方；

（6）不要让太多人知道最终标价。

妙语点评

把实力摆在脸上的人，不是自大狂就是因为过度自卑。在推销中泄露实力是最不可原谅的错误。有一种说法：推销=智力+眼力，其关键在于用两种力量掩护自己实力的极限。泄露实力即把自己的一切像个透明人似的展现在对手面前。

PART 05

你在签订合同时最可能犯的5个错误

不能掌握成交的主动权

成交是营销的关键，推销员要能够诱导客户达成交易。

营销事典

“你也看到了，从各方面来看，我们的产品都比你原来使用的产品要优良得多。对此，你也试用过了，你感觉如何呢？”推销员乔治试图让他的这位客户说出购买欲望。

“你的产品确实不错，但是我还是要考虑一下。”

“那么你再考虑一下吧。”乔治没精打采地说道。

当他走出这位客户的门口后，恰巧遇到了他的同事怀特。

“不要进去了，我对他不抱什么希望了。”

“怎么能这样，我们不应该说没希望了。”

“那么你去试试好了。”

于是怀特满怀信心地进去了，过了几分钟时间，怀特就拿着签好的合同出来了。怀特对满脸惊异的乔治说：

“其实，他已经跟你说了他对你的产品很满意，你只要能掌握主动权，让他按照我们的思路来行动就行了。”

上面的案例中，乔治抱有不良的心理倾向，阻碍了成交。具体说，有这么几点：

1. 没有发现成交的信号

当客户说出对产品很满意时，就说明他是非常有希望购买的，只是可能存在这样那样的阻碍，比如说他可能希望再优惠一点，或者说可能需要说服家人等。这时，乔治应该继续跟进，对于客户的要求或者难处做到心中有数。

2. 不能主动地向客户提出成交要求

一般来说，客户不会主动提出成交要求，因此，不要等待客户先开口。乔治就是因为等待客户先开口而错失了一次到手的销售机会。有这样一位推销员，他多次前往一家公司推销，一天该公司采购部经理拿出一份早已签好字的合同，推销员愣住了，问客户为何在过了这么长时间以后才决定购买，客户的回答竟是：“今天是你第一次要求我们订货。”这

个故事说明，绝大多数客户都在等待推销员首

先提出成交要求。即使客户主动购买，如果推销员不主动提出成交要求，买卖也难以成交。

3. 把客户的一次拒绝视为整个推销失败，放弃继续努力

一次成交失败，并不是整个成交工作的失败，推销员可以通过反复的成交努力来促成最后的交易。在上面的案例中，乔治并没有失败，他只要再跟紧一步就可以了，可是他却将自己的劳动果实拱手让给了怀特。

正确做法：

1. 仔细体察客户的意向，掌握成交信号

成交信号指客户通过语言、行动、表情泄露出来的购买意图。客户产生了购买欲望常常不会直言说出，而是不自觉地表露其心迹。客户的购买信号有：

（1）语言信号：客户询问使用方法、售后服务、交货期、交货手续、支付方式、保养方法、使用注意事项、价格、新旧产品比价、竞争对手的产品及交货条件、市场评价等。

（2）动作信号：客户频频点头、端详样品、细看说明书、向推销员方向前倾等。

（3）表情信号：客户紧锁的双眉分开或上扬、深思的样子、神色活跃、态度更加友好、表情变得开朗、自然微笑，客户的眼神及表情很认真等。

2. 主动提出成交，不要害怕拒绝

乔治就是因为害怕提出成交要求后被客户拒绝，才致使他的这次销售以失败告终。一些新推销员甚至对提出成交要求

感到不好意思，他们失败的原因仅仅在于没有开口请求客户订货。不提出成交要求，就像你瞄准了目标却没有扣动扳机一样，这是错误的。没有要求就没有成交，客户的拒绝也是正常的事。美国的研究表明，推销员每达成一次交易，至少要受到客户6次拒绝。

推销员学会接受拒绝，才能最终与客户达成交易。

3. 把握成交机会

客户产生购买意图之时就是良好的成交机会。成交信号是成交时机的表现方式。推销员一旦发现客户有购买意图，就要迅速地诱导客户做出购买决定，实现交易。当客户对产品感兴趣之时，也就是适当的成交机会。

4. 遭拒绝后寻找别的机会

如果客户拒绝，推销员还可以利用与客户告辞的机会，采取一定的技巧来吸引客户，创造新的成交机会。如一位推销员到一家日化厂推销塑料垫片，眼看客户就要下逐客令了，他有意将自己发明的国际时差钟露出来。这座用各国国旗替代常见的时针分针的挂钟立即吸引了客户，尤其是当客户得知这座钟的设计曾多次获奖并已申请了专利时，顿时对他热情起来，最后这位推销员终于叩开了成功的大门。

妙语点评

推销的目的就在于赢得交易成功。成交是推销员的根本目标，如果不能达成交易，整个推销活动就是失败的。美国施乐公司前董事长彼德·麦克考芬说，推销员失败的主要原因是不要订单。

没有成交策略

成交方法有很多，推销员一定要掌握其中一些最基本的方法。

营销事典

一位推销浴室设备的推销员正在与一家浴室装饰设计公司的负责人进行谈判。

“我们这套浴室设备是很受消费者欢迎的。我看到您也很喜欢。”

“还好，它的造型还比较让我满意。”

“另外，我们还为客户提供安装设计，根据屋舍的布局、结构，根据您的需要，设计成高雅的风格。”

“那我暂时还不需要，因为我们有设计师。”

“没关系，您可以看看我们的成功设计图，您看，这正是我们的神奇浴室设计可以做到的，用这种设计方法可以让80%的最终消费者为他们的浴室设计支付比预计更多的费用。您可以想象，借助它也能帮您取得更大的成功。”

客户：“这个嘛，现在还很难说。这个设计的价格如何？”

销售员：“客户先生，在您按它设计了第一个浴室后，最迟第二个，您就可以收回投入的资金了。神奇浴室设计，加上我们的全套产品和测量工具，只要635马克。”

“是这样啊，那我去别处再看一看吧！”

推销员应该讲究成交策略，多留几手绝招，除非万不得己，绝不轻易亮出底牌，既要及时提示推销重点，又要充分留有成交余地。例如，在成交关头，推销员可以进一步提示推销重点，增强客户的购买信心，如“还有3年免费保修服务呢”“还有两样赠品呢”“还有这个特点呢”，等等。

在成交过程中，推销员应该讲究一定的成交策略，坚持一定的成交原则。也就是说，推销员应该密切注意成交信号，灵活机动，随时准备成交；推销员应该培养正确的成交态度，消除各种成交心理障碍，谨慎对待客户的否定回答；推销员应该充分留有成交余地，利用一切可以利用的成交机会，有效地促成交易。当然，在实际推销工作中，推销员既要讲究成交策略和原则，也要讲究技术和方法。只有适当运用有效的成交技巧和成交方法，推销员才能成功地促进交易，完成推销任务。

一般来说，即使在正式面谈中多次成交失败，在面谈结束时也可能最终达成交易。从推销心理学讲，谈判结束时的最后一刻往往是最佳的成交时机。这时客户没有成交的心理压力，变得轻松愉快起来，他们开始对“可怜的”推销员产生了一点点同情心，并且又产生了成交的念头，生怕错过这个好机会。“告别的客人是最受欢迎的客人”，许多生意就是在这告别前的一刹那成交的。在推销员忙着收拾推销工具、重新包装产品样品时，眼看推销员就要起身告辞了，这时推销气氛达到了高潮，是成交的最好时机。有的推销员很善于利用这一时机，每到告别客户时便慢慢收拾东西，有意无意地露出一些客户未曾见过的产品样品，引起客户的注意和兴趣。在实际推销工作中，许多推销员忽视了这一最后的成交机会，这是很大的损失。

在正式面谈过程中，推销员应该及时提示推销重点，开展重点推销，告诉客户，吸引客户，说服客户。在处理客户提出的问题和要求时，推销员也应该提示有关推销要点，补偿或抵消有关购买异议。到了成交的阶段，似乎该说的都说了，该看的都看了，客户已经明确了推销要点，不用再做更多的说明了。但是，为了最后促成交易，推销员应该讲究成交策略，遇事多留一手，等到即将成交时再一一提示有利于成交的推销要点和优惠条件，促使客户最后下定购买决心，有效地达成交易。

正确做法：

下面介绍几种成交方法供推销员参考。

1. 排除成交法

设法排除客户回绝的理由，让客户的回答成为明确的需要。

用一种干脆的提问方式十分有效：“您只有这一个顾虑

吗？”或是用一种较为含蓄的方式：“恐怕我还没完全听明白您的话，您能再详细解释一下吗？”

2. 假定成交法

也叫作假设成交法，是指推销员假定客户已经接受推销建议而直接要求客户购买推销品的一种成交技术。这是一种基本的成交技术。在整个推销面谈过程中，推销员随时都可以假定客户已经接受推销建议。假定成交法的力量来自于推销员的自信心，推销员应该认真做好接近准备，认真进行客户资格审查工作。一旦成交时机成熟，推销员应该坚信：“这位客户一定会购买的。我知道他是一位客户，他有钱，他需要。这笔生意做定了，我的产品是最好的，我们公司是第一流的。他没有任何理由失去这一次有利的购买机会。他一定会买，一定会买。”

3. 比较成交法

同有竞争能力的产品进行比较。将产品的优点与其他有竞争能力的产品进行比较，用实例说明自己的产品优于其他同类产品。

客户：“在这本杂志刊登广告似乎太贵了点！”

出版商：“我们每周均售出10万本以上的杂志，是同类杂志销量之冠。考虑到销售量，广告费还是很低的。您愿意与我们合作吗？”

通过对比，突出自己的优点，客户就很容易喜欢你的产品，最后达成交易。

4. 选择成交法

是指推销员直接向客户提供一些购买决策选择方案，并且要求客户立即购买推销品的一种成交技术。一般说来，选择成交法是假定成交法的应用和发展。推销员在假定成交的基础上向客户提供成交决策比较方案，先假定成交，后选择成交。选择成交法的理论依据是成交假定理论，推销员假定客户一定要购买推销品，问题只在于客户要购买什么、购买多少、如何购买，等等。从推销心理学讲，选择成交法运用了客户成交心理活动的一般规律，有利于减轻客户的成交心理压力，消除成交心理障碍，直接促成交易。在实际推销工作中，选择成交法用途广泛，具有明显的成交效果。选择成交法成功地运用了选择的提示原理，可以产生理想的成交心理效应，有效地促成交易。

5. 小点成交法

也叫作次要问题成交法或避重就轻成交法，是指推销员利用小点成交来间接促进交易的一种成交技术。一般说来，重大的购买决策问题能够产生较强的成交心理压力，而较小的成交问题则产生较小的成交心理压力。在重大的成交问题面前，客户往往比较慎重，比较敏感，比较缺乏购买信心，不轻易做出明确的决策，甚至故意拖延成交时间，迟迟不表态。而在较小的问题面前，客户往往比较具有购买信心，比较果断，比较容易做出明确的决策。小点成交法正是利用了客户的这一成交心理活动规律，避免直接提示重大的成交问题而直接提示较小的成交问题，即直接提示客户不太敏感的成交问题。先小点成交，后大点成交；先就成交活动的具体条件和具体内容与客户达成协议，再就成交活动本身与客户达成协议，最后达成交易。

6. 所有权成交法

为了说明这种成交法，我们举例来说。

当客户走进了玻璃屋顶的侧厅，售楼小姐珍妮热忱地介绍道：“看看这侧厅的采光，你不觉得透下来的光很灿烂吗？”

不等客户回答，她又继续说，“注意‘你’的壁炉，还有，在它两侧的书架可以用来装‘你’的书。看看这个房间的大小，有许多空间可以放特大号尺寸的床，另外也可以在这个位置放两张椅子与桌子。这样太完美了，因为你会喜欢早上起床时享受咖啡和安静。除此之外，再看看衣橱吧！为什么呢？因为即使你忙得没时间整理衣物，这边的空间也足够堆放。”

妙语点评

推销员应具备一定的成交经验与判断能力，以选择适当的成交时机，不断地磨炼自己，总结经验，掌握常用的成交方法，因时而动，巧妙地运用种种策略促使交易成功。

陷在价格争议的旋涡中

自己掌握讨价还价的尺度。

营销事典

一位推销员在推销一种能促进血液循环、调整脊椎、按摩内脏的健康器材时遇到了这样的问题。

这项产品是医学博士汉森发明的，由于受用者不少，刚推出时就掀起了一阵热潮。推销员的工作也很好做，售价18800元，虽然很贵但非常好卖。但后来许多公司都照同样的原理制造出一些次等品进行销售，每台只卖6000-7000元，其中最粗糙的一种牌子仅卖250元！相差18000多元！

如此一来，产品便开始有了竞争。有趣的是，该公司推出的正牌产品由于采用直销的方式推广，受用者尽管不少，但不知道的人仍然很多。而次等品的商家居然天天到大报纸及电视上大登广告，还注明“原价18800元”，并在价格上打个大叉，再写上“特价期间，仅售6800元”，简直可以以假乱真！

推销员的工作简直艰难到了极点，每当与一个有购买欲望的客户谈到关键时刻，客户总是拿出这些次等品的低价来杀价，弄得推销员一筹莫展。

价格是成交阶段最棘手的问题。在产品成本已定的情况下，价格的高低决定了销售企业的经济效益，亦决定了购买企业的初始成本。所以，价格问题的实质是买卖双方经济利益的分配。价格往往是能否成交的一个主要因素，是推销员与客户洽谈的主要内容，因此有必要专门加以讨论。

由于有些客户对产品的性能和使用价值缺乏合理的评价标准，对产品的成本缺乏了解，很容易怀疑产品价格的合理性。

此外，由于客户只掌握过时的价格信息，或者只掌握一般低档品的价格，因而很可能对近期价格的上涨表示怀疑，对优质产品相应高价不理解。

由于各种原因，推销员缺乏自主作价的权力与能力。当客户要求调整价格时，推销员需要向企业领导进行汇报与请示后才可以答复，因此往往贻误成交时机。

由于客户有不同的价格观念，对产品的使用价值与价格的关系有不同的看法，对于同一报价的产品，不同客户做出不同的选择。当客户认为价格高于产品使用价值时，就会提出价格异议。

在推销谈判中，推销员有其推销策略，客户也有其购买策略。购买策略更多地表现在价格上。讨价还价策略的运用，有时确实给成交带来困难。在实际推销活动中，客户常用的购买策略有：

1.“就地还钱”策略

一些客户由于成见或是其他原因，往往认为推销员在使用漫天要价的策略。为了防止上当受骗，客户在推销员报价后就会还个很低的价格。一些对产品缺乏认识、对成交无诚意、对推销员有成见的客户往往也使用这类购买策略。而另一些客户也许想通过压价向领导或其他同事显示自己的能力，也许是想向推销员显示自己的谈判经验。如果推销员让价，客户就会觉得他胜利了。当然，很多客户根据自己的经验，知道讨价还价总是有好处的。因此，即使是有诚意成交的客户，有时也会通过“就地还钱”策略给推销员一个“下马威”。

2.“抓住商品缺陷”策略

指客户在推销活动过程中，抓住推销产品某一并不重要的缺点任意夸大并借以压价的策略。在实际推销过程中，有经验的客户会抓住产品确实存在的一个小小的缺点大做文章。如抓住产品的包装、款式、说明书上的欠缺等，先贬低产品，使推销员丧失信心与意志力，最后接受客户提出的低价。这种谈判策略一般是具有专业性知识或有经验的购买者所经常使用的。由于客户指出的产品缺点确实存在，所以往往会令推销员很为难。

正确做法：

1. 寻找客户的衡量尺度

许多客户常常用预先确定的价格标准去衡量产品价格。客户的价格标准也称为客户的参考价格，一般是客户在实施购买谈判前事先确定的。谈判中，如果推销员报出的价格与客户的价格标准比较接近，客户就易于接受。相反，无论产品的功能与质量如何，如果报价比客户的参考价格高出很多，客户就会提出价格异议。因此，在推销洽谈中，推销员应尽量了解客户的参考价格标准，以便提出一个客户可以接受的报价。

有些客户会片面看待产品价格与产品质量之间的关系。一些对产品不甚了解的客户，有时把产品价格的高低看成是产品质量高低的一个指标，认为“一分钱一分货”的说法总是正确的。

2. 分析客户的经济状态

客户可能认为产品价格高于他的经济承受能力。客户说产品太贵了，是将产品价格及所需款项总额与自己的经济状况进行对比后得出的结论。

客户总体经济状况不好，如其经销的产品因为不适销造成积压，因信誉不好而借贷无门，甚至已到了破产的边缘等。对于这种情况，推销员就要慎重行事，以免遭受更大的损失。但由于客户经济状况不好是一个令客户感到难堪的事，一般是不公开说的，尤其不会对推销员说。因此，推说经济状况不景气也许是客户的一种托词。

3. 投其所好

有些客户把购买价格的高低看成是衡量企业或个人价值高低的尺度。如有的企业认为自己是有名望的、有影响的、有一定社会地位的企业，所购买产品的价格应与企业的名望、影响及社会地位相符。一些个人也会把他所购买产品的价格与自己的身份、名望等联系起来。他们实质上把购买当作显示自身价值的机会，为了提高名望或地位，他们乐于以比较高的价格购买产品。

4. 把让价作为争取成交的手段

在某些情况下，推销员应该采取灵活的措施，把让价作为争取成交的手段之一。但在让价过程中必须坚持：一是让价不可太大，不能认为让价越多，客户越可能购买，在很多情况下是恰恰相反的；二是每次让价必须要求客户做出相应的让步，或者说每次让价都要有条件，这些条件可以是客户多购、签订长期合同、增购其他产品等。

妙语点评

价格争议是客户购买商品的最后一道防线，突破了它，你的交易就水到渠成了。但是好多推销员都不能准确地把握这种争议的尺度，要么价钱太高与客户谈不妥，要么价钱太低弥补不了自己的成本。推销员应该掌握一些讨价还价的技巧，不要让自己左右为难。

顾小利失大利

要赢得胜利，不妨在小处让利。

营销事典

这是两个公司的推销员的推销事例：

推销员A：“经过比较后，您一定看得出来，A品牌的传真机无论是传真质量、传真速度还是其他功能，都比B品牌好。”

客户：“您说得不错，只可惜它的外形设计较奇怪，颜色也不是我喜欢的，我喜欢象牙白！”

推销员A：“外形怎么会奇怪，现在的传真机大都是这样的；黑色最大方，大家都喜欢黑色，您买回去，我保证您喜欢。”

推销员B：“目前的个人电脑销售竞争非常激烈，我们为了业绩已经降低了售价，给您的价格已是最低的了。”

客户：“好吧！电脑我不跟您还价，就1.3万元。您刚才说那个电脑桌要110元，就算100元，凑个整数可以吧！”

推销员B：“这个电脑桌我们是以服务为主，根本没赚钱，若是有钱赚的话，少10元也没关系，实在不能给您打折！”

前面的客户对购买商品的主要因素如传真机的传真质量、

速度、功能都已认同，后一位客户对电脑主要部分的价格都已同意了，可以说他们已有九成以上的购买意愿。而他们提出的一些自己的看法，如外形、颜色及电脑桌的价格，都只是一些次要的小问题。懂得推销技巧的推销员应该知道，在这些小地方应该顺着客户，略作让步，不要对客户提出的任何问题、想法都咄咄逼人，尖锐地反驳回去，抱着一定要在说理上赢了

客户的心理。千万不要以为说赢客户，客户就会购买。抵抗愈大，反弹就愈强。

顾小利的推销员可能会获得短期的交易或者短期的利益，但是非常有可能使你的交易仅此一次。适于短期交易的策略，不见得适合长期发展的需要。谈判中最大的挑战之一便是维持短期交易和长期目标间的平衡。客户有可能在你的强迫下做你希望他做的事，但是，即使客户碍于情势做了这样的让步，他对你的态度也会是敌对的。

正确做法：

1. 要赢得胜利，小处不妨忍让

客户购买东西，并不一定非要所有的条件都完全满足才购买，往往只要是最重要的几项需求能被满足就会决定购买。就如每一个人都有他的优点及缺点，你欣赏一个人的才气，绝不会因为他有一两样缺点就否定了他的才气。因此，你实在没有必要试图说服客户提出的任何异议，不管有无道理，不妨在小的地方顺从客户。

2. 利用客户的制胜意识

人的制胜意识是天生就有的，在购买商品时，客户也有制

胜意识，即总是想以最低的价钱买进最高的服务，推销员可以利用此点达到推销的目的。只要掌握好尺度，并恰当地利用这种制胜意识，一定会收到较好的推销效果。

3. 给予补偿

给客户适当的补偿时，你得注意态度真诚而不贪婪。要是赚得太狠，客户就不会与你再度合作。贪婪很可能毁掉信誉，使你失去更多的生意。你需要的是长期的、多次的合作，而只有在双方都感到满意的时候才称得上是好的合作。

4. 运用长远策略

如果与对方存在合作的可能性，你应当尽量把伙伴关系延长，不要急于同意眼前的交易，而是告诉对方，你做成这笔生意，只是因为你仅对长期交易感兴趣，才去按非正常价格成交。询问一下对方可以在这方面给你帮什么忙，然后在同意为

对方提供急需的东西、优惠的价格之前，把关于这种长期交易的协定先确定下来。如果你不能从对方那里取得相应的利益作为回报的话，就不要给予对方特殊的优惠条件；而当你终于有可能达成一笔大得多的交易时，就不要急于利用眼前的短期获利机会。

妙语点评

只有知道自己的目标是什么以及如何达到的推销员，才是好的推销员。好的推销员不会为了眼前的小利而做出重大的牺牲，为日后种下失败的苦果。如果推销员一味顾小利，那么就会永远失去对大局的控制权。站在高一点的角度看待问题，适当地予以客户一些利益，会为推销员赢得更多的机会。

对客户做出无法兑现的承诺

永远不要对你的客户做出你无法兑现的承诺。

营销事典

莘蒂是一位摄影器材推销员，她与客户亚当斯已经打了很久的交道。这天，她又来到亚当斯的工作室。

“亚当斯先生，今天的客人（摄影者）没有以往多？”

“有些预约今天的电话我都推掉了。”

“为什么？今天有什么活动吗？”

“有一个大客户需要我们到他们的场地去拍摄。对不起，我马上就要收拾东西走了。”

“亚当斯先生，”莘蒂见此有些着急，“我们谈的关于您引进摄影器材的问题不知您能不能定下来？”

“你也看到了，我今天没时间。”

“亚当斯先生，您若购买我们这种器材，我还可以为您提供几个大客户。我在销售场这些年，认识了各行各业的人，其中有两个人就提到了要请一个专业的摄影师为自己的婚礼摄影，还有为公司开业做录像的。”

“是吗？那么我倒是可以考虑。”

“那就这么说定了。”

“好，我现在可以和你签购买协议。”

拿了订单的苹蒂立刻就把自己的承诺扔到了九霄云外，满心希望的亚当斯既等不来苹蒂的电话，也等不来苹蒂介绍的客户。终于，他怒不可遏地拿起电话打给苹蒂。

“你这个骗子，为了获得订单就骗人说你有客户，你这样做还会有哪个客户信任你！”

苹蒂这才想起她的承诺，其实她哪有什么想找摄影师的朋友呀，那只不过是她为了尽早拿到那笔订单而信口找来的理由罢了。

不要为了让你的客户一时做出购买的决定，而向他们做出你根本无法实现的承诺。因为这种做法到最后只会让你失去客户，让客户对你失去信心，是绝对得不偿失的。

许多推销员在成交的最后关头，为了能使客户尽快地签单或购买产品，无论客户提出什么样的要求他们都先答应下来，而到最后当这些承诺无法兑现的时候，发现大多数的情况会引来客户的抱怨和不满，甚至会让客户取消他们当初的订单。每当这种事情发生时，推销员所损失的不只是某个客户，而是这个客户以及他周边所有的潜在客户资源。

正确做法：

1. 及时结束

到了推销的结束时期，最重要的事情就是要正确地把握结束的时机，及时刺激客户决定购买的意志，从而彻底结束推销。不过，假如在某个时机里客户未能做出决定，应退而把握下一个时机。有时候这种时机很可能在当天就会再度出现，有

时候则可能等待两三天都不一定会再出现。因此，推销员必须随时仔细观察客户。假如认为应该推后几天再来结束推销才比较有利，即应向客户取得预约接见的日子，把目标放在下一个结束的有利时机。

2. 当客户提出要求时，从其他你能够兑现的方面予以满足

当客户表示，他确实很有诚意想买下你的产品，可是因为预算有限，无能为力，所以想要你在支付时间上给予宽松的余地。这时如果你因自己或企业的问题不能答应，要与客户商量是否有其他办法可以做成这笔生意。

3. 礼尚往来

如果客户提出了他的需要，你想让他明白你不能答应他，就采取一种“礼尚往来”的策略，提出他不能接受的条件，这样他能够迅速理解，容易与你达成共识。

4. 二选一

即在另一你能实现的方面给予客户优待，这样他既喜欢你，又不致因你不能满足他提出的要求而失信。

5. 无奈地拒绝

盖克先生在一次向保险公司索赔的谈判中充分运用了这一妙招。

理赔员：“盖克先生，我知道，像您这样的人是处理大数额的，恐怕我这里没有大数额，我的出价只有100元。”

盖克先生沉吟了一会儿没说话，但是脸上的血色全没了。

他也没有说“不”，只是哼了声。

理赔员嘟囔道：“对不起，好吧，忘掉我刚才的话吧，再多点，200元吧。”

盖克先生说道：“再多点！根本没有多多少。”

理赔员接着说：“那么好吧，300元怎么样？”

盖克先生稍微顿了一会儿，“300元，唉，我不知道。”

理赔员咽了口唾沫：“好吧，400元。”

“400元，唉，我不知道。”

“好吧，500元。”

“500元，唉，我不知道。”

“好吧，600元。”

盖克先生一直是那句“唉，我不知道”。

索赔额最后签订的是950元，而在索赔之前，盖克先生的代理人只是要求得到350元。

要像盖克先生这样赢得谈判的主动并不难，只需多一点点勇气。

这个案例中盖克先生并没有直接拒绝，而是运用一种无可奈何——“我真的做不到你说的那样”的战术赢得了胜利。

妙语点评

有时候客户会提出一些让推销员无法兑现的条件，推销员应本着“诚信为本”的原则予以拒绝，并能获得对方的信任和同情，使你们的成交顺利进行。推销员切不可为了推销成功而做出一些无法实现的承诺。

PART 06

你在客户服务中最可能犯的5个错误

服务承诺成为一纸空谈

为客户着想不是说说而已，而是在售后服务时的实际行动。

营销事典

夏天，又到了游泳的季节。如果一个孩子还没有独自在泳池里安全游泳的能力，就可以套着充好气的游泳圈在泳池里玩耍。而塔德就是一位游泳圈的销售者。有一天，他接到一个电话，是一位老太太打来的。她说因为自家的游泳圈坏了，而自己的小孙女又要下池玩水，问有没有充气的游泳圈，并问把游泳圈充好气送到游泳池要多少钱。

“游泳圈是99美元，而充好气的则要加45美元（很明显应该是一个商业承诺）。”塔德干脆利索地说。

“为什么这么贵？”

“因为充气和送货是另外加的服务，当然要收额外的报酬。”

“可是，你们不是承诺给客户最好的服务吗？”

“那当然，我们的服务是以让您满意为准。”

"不必了，我还是找另外一家吧！"

100年前，意大利的爱国志士马志尼曾经说过："胜利的明天要比胜利的前夜更为艰险。"当你获得了一张签了字的订货单，这不过是表示你完成了推销的初步工作而已。从此以后，你公司中处理这笔交易的人员包括你自己，或是一位助理业务员，或是一位修理师，还要开始一个冗长的连续性的推销，他们需要的时间不会比你和这位客户谈生意时所需的时间少。

只要你的货品的质量稍微差一点，或者当时服务稍不周到，客户就可能会中止与你的交易。换句话说，推销并不是仅仅收到订货单就算了事，就可以不管日后的情况了。要记住，在推销完毕之后，你所需要花费的工作精力往往比在推销完毕之前还要多！

没有一件产品是十全十美的。当然，产品制造得愈好，其需要的质量服务工作愈少；但是，如果需要服务，那么服务一定要是最好的。这种工作应该由受过训练的人员去做，并应该利用你们公司所制造的、经售的或所介绍的最好的零件与材料。

作为推销员，你应该充分了解客户的各种需要，并采取措施帮助客户。

正确做法：

1. 建客户资料卡

客户资料卡就是把潜在客户的名单及了解到的情况用卡片形式记录存档。在实际推销中，许多活动都要引用此卡上的内容，而卡片上的记录则应随工作的不断进行而不断增添。对拜访过的客户，要将拜访情况记录在卡片上，以备后用。

客户资料卡应该可以让你清楚客户的一切。

2. 与客户建立良好的关系

有时候，客户会因为对推销员不满（譬如成交后就不见人影）而用异议来表示抗议。

因此，在签约后，还应经常拜访、问候客户，建立良好的关系。

还有，如果彼此交情深厚的话，即使发生异议也总是能大事化小、小事化无；若双方关系不佳，往往小问题也会被渲染、扩大，闹到不可收拾的地步。

3. 为客户工作

过去，一些业务员工作起来像机器人似的，每天出去手中总是拿着一本订货簿，见了人总是用一句推销上的口头禅："先生，今天您要多少箱？"但是一位真正想"为客户而工作"的推销员却不是这样。他会认真地去分析客户和他的商店的情况，还会去研究、了解附近地区的情形，从而了解该地区一般家庭的状况。如果当地一般家庭只能买0.35元一瓶的汽水，那么他就知道向他们推销0.45元

一瓶的汽水是没有用的。此外，他还应进一步研究附近居民的籍贯及来源，如果其中上海人比较多，那么在这个地区上海风味的食品就会适销。

推销员若是向客户讲解有关其产品的推销要点，那就会更受欢迎。比如，指点客户如何才能使他们的店面更能吸引顾客，这时他就成为一位真正为客户服务的推销员了。作为一位推销员，他自然会充分地体会到，除非卖给客户的货品客户能转卖出去，否则他所能收到的订单是不会变多的，只会一天一天地少下去。

妙语点评

订单固然已经签订了，但这还不能说客户已完全决定买了，可能只决定了一半，也可能只决定了3/4。他们对于所签购的货物仍然可能产生怀疑，因为他们还没有完全认识到货品优点之所在。这时，推销员就要不断地继续前往拜访，使客户完全接受你和你的产品。

不能正确对待客户的抱怨

客户的抱怨中有你需要的信息。

营销事典

在亚历山大的一家服装销售公司里，推销员墨瑞正在忙着整理这个月的销售记录。突然，一个年轻男子从前门破门而入，挥舞着一条裤子，大声叫喊着："这种牌子的裤子太差了，我花了钱，我……"

墨瑞从椅子上一跃而起，就像消防员听到了四级火警一样，一下子就跳到了门口。

“先生！”墨瑞大喊一声，声音足以盖住那位年轻男子的叫喊。“先生！”第二声要轻柔许多，墨瑞说：“请不要在我的店里大声叫嚷。如果这裤子有什么问题，我怎么会把它卖给你呢？恰恰相反，我保证我们售出的东西都是由质检员专门检查过的。我想是你弄错了吧！这条裤子看来也不像我们公司的货。”

“怎么，你小子想赖账？就是你将它卖给我的，我记得你当时说得天花乱坠，我一时糊涂，竟然上了你的当。”

“先生，不要说了，有什么呢？”说完，他抓过裤子把它随意地扔到了角落。“我会给你一条新的裤子。不就是想要一条新的吗？你这样的我见得多了。”

“你……我要投诉你。”

客户的不满对卖家来说确是一种灾祸，因为产品质量毕竟存在问题，客户有意见不向你诉苦也会向别人诉苦。与其让客户向别人诉苦，加重公司利益的损失，不如让他向你诉苦，好让你做出及时正确的处理，消除客户的埋怨，使之成为转祸为福的机会。

客户的不满有时是因误解导致的。客户向推销员诉苦，无疑给推销员一个向他解释或澄清的机会。一旦通过解释获得满意，客户对推销员和产品的印象自然能够改观，甚至还乐于充当义务宣传员，替推销员向别的客户解释。

要知道，推销员能够直接倾听到的这种不满事实上只是很小一部分。假设产品中的不良品占产品总量的25%（包括存在最轻微缺陷的），这25%的不良品到了用户手中，不可能全都被用户发现。进一步假设客户通过实际使用只发现其中的半数即12.5%，倘若已经觉察缺陷的客户由于工作过忙，没有向厂商或推销员提出而凑合着使用，结果提出意见者又只占觉察缺陷的客户的半数，所以我们能听到不满的只占我们产品总量的6.25%而已。

当卖家获知客户不满后由于各种原因不能及时处理，甚至可能随着时间拖延过久不了了之。假定卖家处理的不良品只有反馈回来的一半，即产品总量的3.125%。由此可见，客户反映不满的数量是少之又少，仅是冰山浮出水面的一角而已，这对推销员来说怎能不珍惜、不欢迎和不重视呢？

正确做法：

1.避免出现抱怨

处理抱怨的最好方法是事先避免抱怨的出现。大多数抱怨的产生是由于产品提供的利益与客户的期望不一致，也可能是因为产品质量较差、使用不合理或售后服务较差，有时也因为客户的期望太不现实。对于产品的质量，销售员无能为力，这是产品生产中质量检测部门的职责。但对于其他情况，销售员是有能力加以监控并防止发生的。

保证客户能正确使用产品是销售员售后服务的一部分，保证产品完好无损地及时运到也是销售员售后服务的一部分。而客户期望也常常因为销售员夸大产品质量而变得很不现实，导致客户对拿到的产品非常不满意。如果销售员对产品保持诚实的态度，那么这种情况也可避免。别打断他，尽量让他去抱怨，打断可能会引起更深的愤恨。你对待客户的态度将最终决定这一事件是否能圆满解决。在仔细倾听客户意见之后拿出可行的解决方案，客户会很高兴，你们的合作就会很顺利地进行下去。

2. 分析抱怨的合理性

也有许多抱怨是不合理的，可能会有一些客户没完没了地抱怨并要求解决。虽然你希望公平，但如果满足了这些客户的要求则显然对你和你的公司很不公平。无论如何，当客户声称产品有缺陷时还是应该仔细检查产品，让客户解释他如何使用产品，看看问题出在哪一方，最后总能找到双方都能接受的解决办法。

3. 解决问题

听到抱怨后要立即加以解决。当找到解决办法时，要尽早实施，这就能给客户带来好印象，或至少能减轻不良印象。你的处理办法应容易理解，而且也要让客户认识到这一点，应该向客户充分解释为什么决定用这种方法。

当客户同意处理方案后可以开始实施，这时销售员有责任监控实施过程，这就好像交货后的售后服务，处理抱怨之后的后续服务对于能否使客户满意非常重要。如果客户的不满心情平缓下来，进而保住了这位客户，你将来总会获得更大的回报。

妙语点评

客户对产品和服务存在的缺陷表示不满，向推销员抱怨、诉苦，这无疑是对你所推销的产品和提供的服务提供了克服缺陷、提高质量的线索，是不花钱且求之不得的最佳销售情报。因此，有经验的推销员不怕客户埋怨、提意见，只怕客户一言不发地离开。

不具备服务公众的意识

提高认识，树立为公众服务的意识。

营销事典

当笔记本电脑刚刚上市时，有一位专卖电脑的推销员去访问一家零售商。这家零售商老板说，两个星期前他购买了某公司出售的一台电脑，老是出毛病，已经坏了四天了，打了几次电话，厂家至今还没有派人来修理。这位推销员虽然会修理，但是他想跟我有什么关系呢，又不是我们公司的产品。于是他在一旁大贬特贬那家公司的产品和人员，并极力推销自己的产品。零售商老板气急败坏地说：“当初那家公司的推销员说得比你还动听呢，结果怎么样？你们还不是一丘之貉？走吧，走吧！我不想听你说下去了。”

产品和服务的推销最终要落实到消费者身上，这样，推销员作为沟通生产者与消费者之间的中介环节，必然要把公众利益作为自身工作的宗旨。有一句在商界流行多时的话叫作“顾客就是上帝”，便反映了这样一种现实，即客户是推销员最应尊重的公众对象。不尊重消费者，推销工作就会受到阻碍，自然也就谈不上进一步发展了。

日常生活中，成功的企业家与推销员把消费者看作衣食父母，这绝不是哗众取宠，而是势在必行。这些推销员和企业的经营方针是把用户利益放在首位，因而在制订规范、供应产品以及设置服务项目时，总是从消费者的角度出发，尽可能给予便利。这样一来，广大公众不仅会心悦诚服地掏出钱来，而且下次还会光顾。更重要的是，无数接受过盛情款待而心满意足的客户就是无数个义务宣传员，他们会在不同场合有意无意地宣传企业并推销其产品，使之美名远扬。在现场推销活动中，服务公众意识的强弱，是注意联络和促进与公众的关系还是有意无意地忽视和损害这种关系，是区别推销成败的“分水岭”，也是检验推销员及其工作业绩的“晴雨表”。

正确做法：

如果事例中的电脑推销员能把竞争对手的客户也当作自己的客户，那么他就会这样做：听了零售商老板的话，不是嘲笑竞争对手，而是修理起电脑来。等到修理好，零售商老板拿着修理费给他，他却说：“这是我应该做的事情。”这样，推销员就有可能将这位别人的客户发展成自己的客户、朋友，让自己的推销之路畅通无阻。

不管处于什么场合，任何一项推销工作都必须着眼于公众。当客户利益与推销者利益发生冲突时，满足客户利益应该是第一位的。现代市场营销研究的先驱、美国著名的公关营销学者爱德华·伯内斯早在1923年就指出："推销工作是为了赢得公众的赞同，推销应首先服务于公众利益。"具有服务公众意识的推销员能时时处处为公众利益着想，创造各种条件来为客户服务，努力满足公众提出的各类要求，这样的人实际上才算真正了解推销工作的精髓。

推销员要有一种奉献精神，要拓展自己的视野，有一种服务精神，而不要让自己局限在利润之上。

所谓服务，可以看作是一种奉献。

珍妮曾在1997年度被评为某人寿保险公司业绩最好的推销员，她得到上司的嘉许，奉命专门处理年限届满而解除契约的客户事宜。最终的结果是满意的客户很多，纷纷高兴地送珍妮红包，但珍妮并没有接受，于是客户依珍妮的意愿给她介绍了大约20位新客户，同时还提供了这些新客户的详细资料。由于这些介绍信和资料，珍妮又增添了许多辉煌的业绩。

妙语点评

精明的推销员不会将自己的工作局限在"推销"这一个环节上，而是扩大自己的服务范围，提高自己的认识，具备服务公众的意识。如此一来，一方面塑造了高尚的人格，另一方面在开发潜在客户上又有了新的途径。这样的推销员有谁不喜欢呢？

将服务完全推给客服部门

作为销售员，提供满足客户希望的服务是获得客户认可的最佳途径。

营销事典

炎热夏季的一天，苏克驱车到了一个规模很大的农场边。事先农场主打电话告诉苏克，买了他的大型拖拉机后，还想买一辆配套的小型拖拉机。

苏克看到这位农场主正在一大片小麦地中间的拖拉机下面，便把车停在路旁，穿过田地朝他走去。

“斯蒂芬·金先生，你好，我来看看你有什么需要。”

斯蒂芬·金正在拖拉机下面满头大汗地修理着什么，见到苏克，他从底下爬出来，说：“苏克先生，您帮我看看这个配件是不是该更换了。”

苏克没动：“怎么会？你才新买的机器。”

“可是，当我开动拖拉机时，总感觉有些不对劲，您还是帮我看一下。”

“那是他们客服部门的事，你找我，我怎么会修理？你说要一辆配套的小型拖拉机，我过来给你送资料。”

“得了吧！伙计，我还是先把这个问题解决了再说吧！你们的拖拉机这么差劲，让我怎么再相信你。”

21世纪的市场必定是客户导向的市场，要长期与你的客户建立商业联系，不在商品本身或销售能力，而在于你能否满足客户的需求。有的推销员提供的服务甚至能超过客户的期望，让客户有惊喜的感觉。

客户注重的只有两件事：如果你关心我，就做给我看看；告诉我，你现在能为我做什么（请你帮帮我的忙吧）。

所谓的客户服务，说起来就是“帮助客户”。在客户需要的时候，你是不是给了他们相当的帮助呢？

著名的营销专家乔·吉拉德在他的《如何将任何东西卖给任何人》中写道：“您所遇到的每一个人都有可能为您带来至少250个潜在的客户。这对想开展自己事业的人们可是个再好不过的消息了。”不过，根据乔·吉拉德的理论，从反面来看，当一个客户由于不满意而离你而去时，你失去的就不仅仅是一个客户而已——您将切断与至少250个潜在客户的联系，并有可能导致一个重大的损失，以至于你在事业刚刚走上轨道的时候就跌上一大跤。

在开始之前，你一定要了解如何让你的客户成为经常购买的回头客，或者做得更好，如何让他们成为你的终身客户！

正确做法：

1. 了解客户的期望，确定自己的服务范围

客户服务到底应具有什么特点？客户服务的目的就在于与客户建立良好的关系，不过，这得基于客户的三种期望获得满足才行。客户的三种期望是：期望所买的产品确实能发挥应有的功能；期望所得到的服务确实如你所说；如果上述的期望落空，期望你能遵守原先的承诺。

你要想维持良好的客户关系就得持久不懈地努力，最终达到买卖双方相互满意才行。

当你做好准备并且打算一显身手之前，不妨先问自己三个非常基础的问题，这对你未来是否愿意改进对客户的服务有很大的影响。

（1）为什么我们得做好客户关系？（这对我们会有什么好处？）

（2）为什么现在得做好客户关系？（如果现在不做会有什么后果？）

（3）为什么我要操这个心？（如果不操这个心会有什么坏处？）

这三个问题请你好好想一想，它们能够开启你的思考天地。

2. 不要推诿

良好的客户服务是90%的态度和10%的知识，即知识＋演练＋回馈=成功（K+P+F=S）。

“抱歉，我很希望能够帮您的忙，但是我们公司规定这些是客服部门的职责。”

规定竟然是用来禁止帮助客户的！这是除了“不”字以外，最令客户感到刺耳的话。

别人如果跟你来这套说辞，你会如何？你的客户可不是打电话来听你讲公司规定的，他们是来寻求帮助的。

大部分销售员对客户需要一无所知，更别提要用哪种方式服务了。客户并不想听故事或借口，他们只想感受你的关心，想知道你现在要怎样解决他们的困境。可是难就难在这儿——销售员总是站在自己的立场处理事情和问题，而不是站在客户的立场。

妙语点评

售后服务是销售活动的一个重要组成部分，通过开展售后服务可以满足客户的一些需求；同时，通过提供售后服务，可以增加与客户接触的机会，还可以起到联络感情、搜集情报的作用。有远见的销售员绝不会忽视售后服务这一关系到自身发展和事业兴旺的至关重要的环节，绝不会简单地将售后服务推给客服部门。

为了分清责任不惜与客户争吵

无论责任是否在你，争吵只能使你走向错误的方向。

营销事典

杰瑞卖出了一部高价的完全自动的邮资机，这部机器已经装置好了，同时他已经完成了指导工作，使客户能够自行操作，其配套使用的货品如皮带、墨水等也都在第一次订货时给客户购置完备了。从此以后，他一直没有听到客户再向他提出过什么意见。但他没有告诉客户，这种特殊的墨水是一种经过多年研究试验的产物，其中没有任何能起化学作用的元素。它不同于普通墨水，普通墨水会伤害那一高价机器的铸型与印器，而它不会，但会很快用完。

不久，客户在不知情的情况下将一瓶普通墨水倒入了机器中，机器立即停止工作。于是他打电话给杰瑞公司的机械服务部门。该部门派去一位训练有素的技师，经检验，他立即发现了故障所在，并婉转地向客户做了解释，然后将整个机器拆开，装上一卷新的墨水纸，洗涤了铸型，再在机器上擦了一些油。他在客户的办公室中工作了4个小时，客户则耽误了6个小时的工作。这是多么大的损失！

将商品卖出去并不等于销售工作已经完成。重视售后服务是推销员赢得客户的法宝。

不管客户如何批评我们，销售员永远不要与客户争辩，因为争辩不是说服客户的好方法，正如一位哲人所说："您无法凭争辩去说服一个人喜欢啤酒。"与客户争辩，失败的永远是销售员。一句推销行话是："占争论的便宜越多，吃销售的亏越大。"

正确做法：

所有这一切，给我们一些什么启示呢？

第一，推销中和在装置其产品时就应给客户以真正的服务，将必要的信息告诉他。第二，每个推销员都必须有一份详细的售后服务记录，其中应表示出何时客户应该再进货，不论其所应进的是产品本身，还是其所需的零星货品，都须详细载明。第三，要时常强调你的货品所需要的不是别的东西，而是周到的服务，以及各种你公司自己制造的或介绍的精致零件与配套物品。第四，推销上的服务工作与机械上的服务工作要密切配合。

为了避免这种责任纠纷，最好的办法就是与客户经常联络。

有的推销员成交后，客户就再也见不到他的人，也听不到

他的问候了。这样很容易引起客户的反感，客户会想：难道你就只是利用我来赚钱而已吗？

千万不要成为这样的推销员。你要随时与客户保持联系，用你的真心去关怀他们，这样你才可能有更多的机会。

譬如卖钢琴的推销员每月给客户邮寄一份音乐及乐器简讯，这样可以给客户提供参考资料，同时也可以借此报道商情，这样的做法可以使客户对商品有持续的好感。而且，通过不断为其提供资料，也能起到间接的宣传效果，往往会引来更多的客户。

对客户所做的售后服务就是为了做好维系客户的工作。良好的售后服务对推销机构及推销员的推销工作都十分有利。

妙语点评

推销员本身及区域推销机构二者与客户的维系，是售后服务的主体。售后服务工作是否做得到位、圆满，主要看是否充分做好了与客户之间的维系工作。

第二篇

管理篇

PART 01

你在与下属沟通中最可能犯的6个错误

从头管到脚

不要让员工成为“装在套子里的人”。

管理事典

“现在，克莱姆，”麦克开始了对员工的工作指导，“你来核对监督我们的账目余额，确保公司的预算不超标。当你看到这一栏超过130000美元，或那一栏超过27000美元，或者当这两部分加起来超过这个数字时……”

1小时15分钟以后，麦克向克莱姆解释完了收支平衡表中的每一栏，详细地讲解了这一栏是用来衡量什么的，他需要找出什么，或者那一栏容易忽略掉什么以及谁将用到这条数字信息，推导出某个数字要用哪个公式，等等。

但事实上，他真正需要对克莱姆所说的只是：“在每月的财务报告出来后，汇总出几个项目栏的总额，然后向我报告数据是否超标了。”

1. 很明显，你过多的指点会让员工无所适从

太多的细节会掩盖真正的工作重点。当麦克离开克莱姆的办公桌后，克莱姆是否还知道他是应该核查全部的系统账目表，还是应该仅仅注意一些有关的开支项目的数据呢？任何一个人都有他自己的工作方式，你这样清楚地告诉他怎么做，会让他无法按照自己的方式工作，而且对你的指点也不能明了。

2. 你的员工永远也学不会自己做事情

像上面案例这样，你将你的一切经验都告诉了员工，他就会完全按照你的方式去做，不会亲自去实践，甚至无法面对困难，一旦有什么挫折，他就会想到你，而不会想办法自己去处理。

3. 员工工作中没有自由度

你对你的员工从头管到脚，会让你的员工失去自由，他们的思路、工作方式等都束缚在你的这些所谓的“帮助”之中了，发挥不出他们自己的能动性。这个团队的力量变成了你一个人的力量。纵使你有三头六臂，你又怎么能挡得住四面八方的攻击呢？

4. 加大了管理者的工作量

像麦克这样做，无形中加大了管理的工作量，将本来属于他的那些工作时间白白地浪费在交代上了，而他的其他工作也可能因此而无法顺利进行。

通用电气公司前首席执行官韦尔奇曾为公司高层管理人员做了一次别开生面的培训游戏。游戏前一天，他给每个参加者发了一顶耐克帽子和一双耐克球鞋，然后问今天为什么发帽子和鞋子，员工们说，无非为了明天的登山活动。韦尔奇又问：

“假如还发衣服乃至内衣裤给你们，大家会有什么感觉呢？”这时，他们不约而同“嘘”的一声，连连摇头说：“不要，不要！感觉怪怪的，好不舒服。”韦尔奇说：“对了！你们不要，我也不该给。”管理之妙就在于只“管头管脚”，千万不要“从头管到脚”，只有这样，管理才会变得越来越简单。

但是，许多管理者习惯于相信自己，不放心他人，经常不礼貌地干预别人的工作过程，这可能是所有拙劣领导者的通病。问题是，这个病会形成一个怪圈：上司喜欢从头管到脚，结果事必躬亲，变得独断专行，疑神疑鬼；同时，部下就越来越束手束脚，养成依赖、从众和封闭的习惯，把最为宝贵的主动性和创造性丢得一干二净。时间长了，企业就会得“弱智病”。

正确方法：

管理者如何才能做到不从头管到脚，如何才能充分授权，有两个关键因素要把握：

1. 搭好平台，让合适的人到合适的地方去做事

美国微软公司项目开发效率很高，其原因之一就是给项目小组配置充分的工作资源，包括资金、人员、工具等。这是因为，巧妇难为无米之炊。管理企业不是做官，而是做事。身为管理者，必须给部下创造一个宽松、信任并能获得强有力支持的工作环境。韦尔奇说：“我的工作是为最优秀的职员提供最广阔的机会，同时最合理地分配资金。这就是全部。传达思想，分配资源，然后让开道路。”合适的人到合适的地方去做事，同时获得合适的空间和资源，这样员工的潜能自然就会迸发出来。

2. 让工作结果成为衡量成败的唯一标准

就如同进行越野比赛，只要把起点、终点和比赛路径确定下来，每个人都可以按自己的方式去拼搏。至于谁快谁慢，为什么快，为什么慢，自然会看得清清楚楚。比如，美国有不少高科技公司采取弹性工作时间：不规定员工上午干什么、下午干什么，对于特定的任务，只是给定一个完成期限，具体的过程就由员工自己来安排，最终以结果来衡量工作业绩。公司给予员工足够的空间，员工则回报公司极大的努力，形成一种良性循环。由此可见，把实现结果的过程交给部下，又用过程的结果来衡量部下，实在是一种既简单又有效的管理方法。

妙语点评

管理大师德鲁克说，注重管理行为的结果而不是监控行为，让管理进入一个自我控制的管理状态。为了进入这种状态，管理者应该管好“头”和“脚”。“管头”最重要的是解决“做什么”和“谁来做”的问题：管理者应该清晰地描绘企业的未来，聚焦战略路线，把“做什么”这个问题想清楚，并透彻地讲给部下，给他们指出极其明朗的方向。

不能给员工以家的感觉

温馨的家庭是员工最好的工作调节剂。

管理事典

“那么，米丽，今天早上你到凯尔的办公室去了，为什么不打电话告诉我？你难道不明白我需要知道你在什么地方吗？”

“等一等，头儿。我每隔几天到凯尔那儿，是去看看有没有新的索赔案，同理赔员谈谈心。对于别的任何一个经理，我从来都没有必要汇报自己的一举一动，搞不懂你为什么要我这么做！”

从某种程度上说，一个企业就是一个大家庭，而管理者就是这个大家庭的“家长”。

企业由人组成，企业的发展离不开人。员工的事就是企业的事，关心照顾退休员工会使在岗员工安心工作；关心有困难的员工会使他们对企业更加忠诚。只有关心员工、上下同心，企业才能形成团结向上的气氛，共同进步。

下属在对自己的领导非常信赖的情况下，即使是受到领导的批评，也会心悦诚服，虚心接受。相反，如果一位领导在下属心目中留下的印象是“他呀，一边待着去吧”，那么他的批评就只能让下属加剧内心的反感，效果肯定是适得其反。这样的领导，对人才培养起负作用，至于对工作，更是可想而知，绝不会产生什么好的作用了。

所以，要管好人、培养人，领导首先要做的事就是在自己与下属之间建立起相互信赖的关系，这是一个先决条件。

试想，如果一个领导连下属的困苦都不了解，只一味地强迫命令他好好工作，这能行得通吗？因此，应该认真听取下属意见，深入了解涉及下属生活中的一切问题。如果因为什么事情使你失去了下属的信赖，那么不管你怎么努力，管理和教导工作都将无法按正确的方向进行。

另外，人只有在干劲高涨、全神贯注、拼命埋头工作的状态下，能力才能得到提高。在对工作毫无兴趣的情况下，人是不可能取得进步的。

正确方法：

要当好“家长”这一角色，做一名称职的“家长”，必须做到以下几点：

1. 尊重员工是企业管理制度的立足之本

美国IBM（国际商业机器公司）提出的口号是“尊重个人”，如果员工不能在公司受到尊重，就谈不上尊重和认同公司的管理理念和企业文化。作为管理者，更应该身体力行，把尊重员工落到实处，而不只是停留在口头。

2. 体贴、关怀员工

在美国，当别的经理都在忙于同工人对抗、同工会斗法时，国民收款机公司的创始人帕特森却探索出一条新的道路。

他为员工在公司建筑物里建造淋浴设施，供上班时间使用；开办内部食堂，提供减价热饭热菜；建造娱乐设施、学校、俱乐部、图书馆以及公园等。别的经理们对帕特森的做法大惑不解，甚至嘲笑他这是愚蠢的做法，但他说，所有这些投资都会取得收益的。事实证明了他的成功。

3. 精心保护员工的利益

作为企业管理者，理当是员工的“保护人”。也就是说，要竭尽全力地维护员工的种种切身利益，如经济利益、政治利益、文化利益、法律利益等。这往往也是许多员工最为关心的现实问题。

妙语点评

雇主与雇员、管理者与被管理者应该成为历史的概念，你应该让你的组织跟上时代的脚步，在一个分享民主与参与管理的氛围中建立起你温暖的大家庭。当无数个小家庭融入了组织这个大家庭后，员工们从他们小家庭成员的笑脸上得到了身为组织一员的荣耀，同时也意识到，只有组织这个大家庭发展了，才有他们小家庭的美满幸福。这比起那种所谓的“座谈会”所具有的效果要强得多！

不能引导员工从错误中吸取教训

引导员工不断从错误中学习，你才能将你的管理做到高效而有力。

管理事典

“艾玛，我还以为你很清楚应该怎么做，不会在没有征得我同意之前让部门承诺下一个最后期限的。”

“我想我们应该积极地对顾客做出承诺，何况我们没有任何理由不这么做……”

“你怎么想我不管。你知道，我不希望看到你们未经我的允许就做出什么承诺。明白了吗？”

有的员工对规章制度漫不经心，常常我行我素。对这些员工，有时确实需要严加管束，甚至可以把他们调到更能发挥独立性的工作岗位上去。但大多数员工并非如此，他们愿意照章办事，也希望有独立进行判断的机会。

管理者站在一个很高的角度上，他看到的应该比他的下属全面而且彻底。当员工出现错误时，就应该明确地告诉他，他的做法错了，为什么错了，怎么做才是最好的，应该能给员工一个详细而合理的分析。这样，员工既明了问题的实质性，也会对你信服，否则，即使你的指责是正确的，员工因为认识的局限性也会对你加以否决，还会给你戴上一顶“粗暴的管理者”的帽子。

正确方法：

管理者要想让员工取得工作的进展，就要允许员工犯错误。以下是管理者改正错误的几点意见：

1. 宽容的态度

作为管理者，不但要培养耐性，而且要有包容下属犯错误、在错误中学习的雅量，更要帮助员工培养自我管理的技能。

2. 指出错误的原因

要让员工明白自己做错了，这种错误的后果会怎么样，下一步应该怎么做才能不重复这种错误。

3. 重视员工的错误

不要对自己说这只是偶然事件，以后不会再发生。越早处理问题，解决起来也就越容易。事例中的管理者就是这样做的——问题在于他只做到这一步，而没有继续接下来的两个步骤。

4. 了解员工为什么会犯这样的错误

你的员工思考问题的方式可能是正确的，动机也是好的（艾玛就是这样），但却并不全面。他可能注意到了你忽略的一方面问题，可能在进行同样的思考前就做出了冲动的反应，原因多种多样，管理者应该先了解原因。

5. 同员工一起分析这种错误

既然已经知道员工行事的原因，你就不仅能把自己的判断和发生的情况联系起来，还能将其与员工所采取的方法联系起来。你能向你的员工指出，想法是好的，但没有得到足够的信息使他判断失误。如果员工看到了你忽略的问题，你要就此向他表示谢意，看看该做什么工作。如果员工忽视了你的规矩，行事非常冲动，问题可能就比较严重了。但是，如果问题已清楚，处理起来就容易了。

6. 让员工改正

把需要马上改正的任务交给员工去做。即使经过最好的培训，如果没有及时实践的机会，员工也会很快忘掉所学的东西。

这里最好的方法莫过于去让员工自己直面困难，直面问题，在实践中锻炼，这样他在以后的工作中错误才会越来越少，能力越来越强，把工作做得越来越好。

7. 让员工自觉从错误中吸取教训

员工不对自己的错误进行反思的原因是他们不知道该如何反思。缺乏自我反思首先是一个能力问题。如果员工缺乏能力，无法很好地完成任务，对他们抱怨是没有好处的，你应该果断地采取措施。

8. 避免别的员工犯同样的错误

如果这是一个很典型的错误，那么管理者就应该让其他的员工都看到这种错误，并能在工作中绕过这个错误陷阱。

简而言之，如果能遵循以上几点，你和员工都能从这个事件中得到学习。这样，下次你们就能做得更好。说员工有所得，是因为他更好地理解了你的规章制度；说你有所得，是因为你对员工的工作态度和工作方式有了更全面、更深入的了解。

妙语点评

大部分员工都是真心希望把工作做好，让自己可以引以为豪的。作为回报，他们希望得到尊重，并能发挥工作主动性。即使他们的努力换来的是错误，他们也不希望管理者只是简单甚至粗暴地告诉他们错了，如果是这样，他们很快就会对管理者产生抵触情绪。管理者应该能与员工共同看待错误，分析错误，从错误中走出来。

不能随时调解与员工之间的矛盾

融洽的关系是企业工作的润滑剂，保持与员工良好的关系有助于你的工作。

管理事典

20岁的大学实习生雷妮跟布莱纳曼相处得很不好。布莱纳曼认为雷妮应该服从她，因而对雷妮经常颐指气使，总爱摆出一副老板的架势，指挥她做东做西。而涉世不深、性格独立、一肚子书生意气的雷妮又如何受得了这种做派呢？她十分反感布莱纳曼的专断，于是尽可能地避开她。

有一次，布莱纳曼从一位刑满释放人员的家中家访回来，因为窝着满肚子火，不小心说了一句：“现在我知道这些人为什么要蹲大狱了，他们太散漫了。”雷妮虽说没有犯过什么事儿，但她的哥哥刚好刑满释放回来，听到布莱纳曼的这番话非常生气，在之后的工作中总是不听从布莱纳曼的调遣，让布莱纳曼伤透了脑筋。

布莱纳曼对员工的不尊重很让人反感，而她自己却浑然不知，仍然坐在管理者的宝座上。当她有什么不愉快的情绪时就拿员工撒气，渐渐激起了雷妮等员工的敌对情绪。

有些管理者总是试着指出他人的错误以赚取更多的掌声，把对自己的肯定建立在对别人的否定上，似乎愈激烈地展现不满和愤慨愈能显现自己的完美无瑕。布莱纳曼就是这样，她的态度就是表明自己比别人更胜一筹。

布莱纳曼没有认识到她和员工之间的关系已经不断激化，甚至也没明白她在日常的工作中的错误是什么。她不承认自己的错误，那么就只好承担这种错误的后果了。

处理矛盾问题的时机，应该是在雪球尚未愈滚愈大、还没开始纠缠不清、情绪还没失控以前。如果我们对业已显露的问题的苗头置之不理，即使是轻微的摩擦，也完全有可能演变成燎原之火。

正确方法：

高效的管理者在对待这一个问题时，一般有以下几种习惯做法，他们会：

问什么事情是必须做的，问什么事情是符合企业利益的，制订行动计划，承担起决策的责任，承担起沟通的责任，更专注于机会而不是问题，召开富有成效的会议，在思考和说话时习惯用“我们”而非“我”。

针对上面的案例，一个高效的管理者应该做到以下几点：

1. 让自己的习惯做法更符合企业利益

探究什么事情是必须做的。注意，这个问题问的可不是“我想要做什么”，而是问有哪些事情我们不得不去做，即使我们在个人感情上很不情愿。比如，你不得不考虑你的一些言行对于员工所造成的伤害。认真地思考和对待这个问题，是在管理上取得成功的关键。哪怕是最能干的管理者，如果没有想过这个问题，也可能徒劳无功。

“这是否符合企业的利益？”它与第一个做法同样重要。不要问“这是否对我个人有利或者对股东、股票价格、员工、经理人有利”。当然，要想让某个决策生效，股东、员工和经理人都是重要的力量，必须要得到他们的支持（至少是默许）。其实他们更知道，凡不符合企业利益的决策，最终将损害所有利害关系人的利益。

2. 谨言慎行

这并不是说你要束缚自己，而是让你的那些损害员工自尊、损伤他人感情的话不要轻易说出来，甚至不要说出来。

3. 尊重每一个员工

如果人的积极性未能充分调动起来，规矩越多，管理成本越高，所以企业管理最起码的一条规矩就是对人的尊重。

4. 经常沟通

对于自己的错误，要勇于向员工承认，及时地向他们表明你的想法，做到及时沟通，这样可以减少你和员工之间的矛盾。

妙语点评

作为一个管理者，你的人际关系可能随时会影响到你的下一步工作，平时的不和谐可能会成为你失败的导火索，所以，好的管理者会明察秋毫，总是能把人际关系的杠杆平衡住。事实上，每个人都不是完美无缺的，都可能会不经意地说出不该说的话，做出不该做的事，只要你能发现问题、弥补过失，就不会造成恶果。

不能发挥员工的自我管理能力

如果你希望员工们学会自我管理，就必须帮助他们培养这种能力，同时要给予他们激励。

管理事典

布莱特烦躁地问莫西："这些日子，我雇用的年轻人全让我不放心。莫西，你也有相同的问题吗？"

莫西是和布莱特平级的一位经理，她也深有同感："我必须时时过问他们的工作。我把项目交给他们中的一个，外出一天回来时，他们却什么都没做。类似的事发生过多少次了，你简直不会相信。"

"我们该怎么处理这种事情呢？我想，他们给我完成的工作量，最多只有8-10年前的员工给我完成的工作量的80%左右。"

"我也希望知道该怎么处理。我威胁他们，可一点用处也没有。而且，每当我发现一个能干的人，他就跳槽到别的地方去了。"

上面例子中的两位经理并不清楚自己的问题。他们的员工可能是缺乏工作动力和责任心，也可能缺乏他们希望获得的良好培训。但这些都不是问题的关键所在，关键问题是他们的

员工缺乏自我管理技能。员工不知道如何安排自己的时间和工作，而很多员工不对自己进行管理的原因在于他们不知道如何管理。

缺乏自我管理首先是一个能力问题。如果员工缺乏能力，当他们未能实施自我管理时，对他们大叫大嚷或放任不管都无济于事。

研究表明，现在很多加入工作队伍的人都不愿意被人监管，但他们却缺乏在没有监管的条件下工作的自我管理技能。

同时，很多组织都在对自身进行重组，对各个层次的员工的自主性提出了更多的要求。这造成了一种尴尬的困境，对一二线上的管理者而言尤其如此。

正确方法：

如果没人教会员工自我管理的技能，其他任何手段都是无效的。如何才能培养新人的自我管理技能？

1. 让每个新进员工都参加自我管理的培训

这种培训，尽管不一定被称作“自我管理”培训，但已在很多地方较为普遍地开展起来。寻找这样的培训机会：它能教会员工如何合理安排自己的工作和时间，如何制订务实的计划并予以遵守，如何设定目标并激励自己实现它们。

如果你目前有一批缺乏自我管理技能的员工，就该组团把他们送去培训。他们能够互相帮助，学会运用这些技能，也能够在培训变得艰难时风雨同舟。你甚至还可以为这些需要培训的员工找一两位其他部门的管理者来上课。

但不管你会怎么做，现在就来完成这项工作。

2. 要求员工学会管理自己，并且要向他们明确这一点

你可能会同每个员工进行如下谈话：“我要求这儿的每个人都能管理自己。这是什么意思呢？我要求你能对每一天做出计划，并且在工作中执行这一计划。当交给你一项任务时，我要求你能动手来做，或者从我、从另一位员工那里找到解决问题的方法。我要求你能处理好自己的工作，而不需要我常常监督——这也是我希望你要求自己做到的。”

“我们发现，很多来这儿为我们工作的人都缺少自我管理的经验。我们会送你去参加培训，帮助你把培训中学到的知识用在工作上。如果你能花上些时间和精力，掌握这方面的技巧并不是一件很困难的事。另外还要记住，你掌握得越好，就会拥有越多的独立性，你的工作也将越有乐趣。”

3. 把需要马上运用自我管理技能的任务交给员工去做

即便经过最好的培训，如果没有及时实践的机会，员工们会很快把所学的内容忘得一干二净。做好培训后的安排，这样当他们回来工作时，就能运用学会的技能了。员工培训结束后，你可能就已经为每个人准备好了一项任务——做这项任务时，员工会自觉地将所学知识在实践中进行验证。比如你可能会要求一位员工为某个项目制订一个计划，并与你进行讨论。

如果你有其他善于自我管理的员工，他们可能会给你一些帮助。

你要做的是，让员工运用学到的东西，并且坚持不懈。

4. 认可员工自我管理的进步

留意并认可自我管理中的每一个进步，不管这一进步多么

微小。没有什么比这更重要了。是不是有人以前对从何入手做项目一无所知，而现在却学会了怎样起步？留意这一点，并对这位员工的进步表示认可。

接着，员工每进一步都要予以认可。在员工越来越擅长进行自我管理之后，你对他们的认可可以逐步减少——但必须保证他们能够继续运用这些技能，并在他们成功运用时予以认可。同样，你应该时时提醒每个员工，他们从开始到现在这个阶段，已经取得了多大的进步。

5. 培养自我管理的团队

当越来越多的员工擅长进行自我管理之后，让他们来帮助训练新员工。这样做，你能够得到双重的回报。那些员工不仅自己更加擅长自我管理，还能够帮助其他人进行自我管理的训练。因为自己曾经有过这样的经历，他们将会懂得如何来帮助那些新员工。

妙语点评

曾经有一位立下赫赫战功的美军上将参加一个朋友孩子的洗礼，孩子的母亲请他说几句话，以作为孩子漫长人生征途中的准则。将军把自己历经征战苦难，以致最后荣获美国史上崇高地位的经验，归纳成一句极简短的话："教他懂得如何自制！"其实，培训员工更是如此，任何优秀的管理者都应牢记：管理和培训新员工的关键就在于教他如何进行自我管理。

苛求完美

既会下蛋又会报晓的母鸡世界上还没有出现过。

管理事典

美国一家公司是搞广告推销服务的，经理斯塔姆崇尚一切成功者，对成功的属下总是又奖励又称赞，对失败者却又是扣奖金又是讽刺。他最喜欢的事是在公司员工大会上表扬一位名叫亨森的下属。亨森是公司里具有传奇色彩的推销员，他的最高纪录是一天推销了5万美元的产品，这对于该公司来说是个奇迹。斯塔姆先生总是说："你们的榜样是亨森，他能够做到的事你们也必须做到。如果不能，那么你们就是失败者，将一辈子升不了职。"这种言论使得许多年轻下属心怀不满，再对比一下亨森那惊人的推销数字，心中不由情绪低落，充满失败感、自卑感。每当出去推销时，由于明知达不到亨森的标准，所以越发消沉，推销几个就算几个。这样，公司的效益反而一天不如一天。

你的苛求，会让你的员工产生你不信任他们的感觉。如果你要求员工早请示、晚汇报，一举一动都得征得你的同意，也会限制他们的积极主动性，他们会一直等待你的分派，什么工作都会推给你去做，无形中增加了你的工作负担。

你的苛求还让员工们越来越反感你，因为苛求会让员工们看不到希望，很容易让他们丧失信心，进而产生抵触情绪，甚至堕落下去——反正达到你的要求很难，无论怎么努力得到的都是管理者的讽刺，那么还不如不努力来得痛快一些。这样你的员工就逐渐失去工作的动力。

以下是管理者在工作中苛求完美的一些表现：

1. 拒绝认知下属的能力

要知道企业职员人人都有工作能力，而且各人侧重点不一样，如果管理者信任员工，则应放手让他干，不要求全责备、苛求过多。

2. 对自己也苛求完美

对自己也苛求，因而事必躬亲，不给下属任何机会，使他们受到很多的限制。

3. 强调工作结果，却不注重过程

有些下属在完成经理交给的工作时，前半部分完成得很出色，后半部由于客观原因而被迫暂时停止。管理者没看到下属完成工作的全过程，而仅看到下属没有最终完成任务这个结果，从而大声训斥，打击了下属的工作积极性。

4. 对成功主观苛求

许多年轻的管理者由于对成功的迫切渴望，欲速则不达，往往以失败告终，最终导致下属产生自卑感，情绪低落。

5. 不允许下属出错

拒绝给已失败的下属再一次机会。

正确方法：

对员工不要过于苛求，要从实际出发，充分挖掘员工的潜能，通过他们的实践锻炼成长。以下方法可以有效地发挥员工的能力：

1. 照顾全局

既奖励优秀的员工，也要照顾到那些非常努力但是成绩不理想的员工。上面的案例中，管理者就是为了树立典型，将亨森捧上了天，却将其他人统统摔到了地上。面对这样一个难以企及的榜样，其他的员工都失去了信心，也不再努力。

2. 循序渐进

在年轻的员工刚进公司时，切勿对他们有过高的要求或期望，应以现实的标准要求他们，让他们循序渐进。

3. 了解员工的长处和短处

用同样的方式对待所有的员工是错误的。有些人需要严厉的规范，有些人则需要一个宽松的工作环境，这样他们才会有激情，才有创造力。

4. 相信员工的能力，降低苛刻的条件

管理者不能将完成工作任务的标准定得过于苛刻，要充分相信员工的能力，相信员工在接受上司下达的工作后，他就会运用自己的知识、智慧或经验去努力做好。

5. 帮助员工分析和面对困难

员工碰到障碍时，往往会求助于资深职员或管理者。如果资深员工或管理者此时对新职员只是嗤之以鼻，这不利于新员工的成长，是一种不负责任的态度。

每一个人都希望自己是完美无缺的，但是每个人的能力却是不同的，同样的高度，有的员工能达到，可是有的就达不到。这时候管理者要允许员工有一个循序渐进的过程，只要你能调动起整个团队的积极性就可以了，没有必要让所有的人都成为比尔·盖茨。

妙语点评

管理者应该明确哪些地方可以放手给员工，哪些则需要你的指导。同时，让员工在开始工作之前就明白你对他们的要求，给他们一些参考方法，这样才不会在时间、工作方式上，给员工造成不必要的压力。挑剔和过分要求会令你的部下感到局促不安，并影响整个团队的士气。作为管理者，心胸豁达一点，除受到员工的欢迎之外，对员工更是一种激励，如此，你的团队才可能朝气蓬勃、充满干劲。

PART 02

你在分配工作中最可能犯的 6 个错误

没能全面客观地了解员工的特长和能力

尺有所短，寸有所长。员工的能力及特长应是管理者分配工作时最先考虑的。

管理事典

“珍妮，我现在要完成这份客户调查，因为时间紧所以需要你的帮助。你需要做些文字上的调查，看看哪些是对我们有用的反馈意见。”

“等一等，老板，我不能接受这份工作。”珍妮说。

“为什么？”

“我发现，在过去的几周里，舍利娅一直在办公室里接听用户的反馈电话，她好像已经在做这方面的调查了。”

“会有这样的事？可是我觉得你更适合完成这份工作。”

“不，舍利娅的工作已经做了那么长时间了，她只是在等待着您正式给她分配任务，况且她现在有很多充裕的时间。”

“那么，你是不喜欢这份工作了，我找玛丽好了。”

“老板，我认为你应该明白员工的需要，你好像总是一遇到特殊的任务就派我和玛丽两个人去做，我们不是全能的，况且我们的时间也是有限的。有些员工在某一方面会做得很优秀，可是你却注意不到。”

一向言听计从的珍妮将憋了好久的话一口气说了出来，老板被她惊得目瞪口呆。

上面的例子中，这位管理者总是把工作任务分派给某一个或几个员工来做，这样的结果只会引发很多矛盾。

（1）你的最优秀的员工可能会被你用得疲惫不堪，他们甚至会因此抱怨团队中的每一个人。优秀的员工需要挑战，但是他们也会对那些不能分担他们工作负担的同事产生不满情绪。

（2）你团队中表现一般的员工，即那些不会被你分派新任务的员工，他们得不到提高技术水平的机会，也得不到展现他们真正实力的机遇。有些人学一门新技术需要的时间可能会比别人长很多，但如果你因此只把目光放在那些学得快的员工身上，就会剥夺了他们的发展机会。

（3）表现一般的员工也有他自己的特长。作为一个管理者，如果不能发现每一个员工的长处，不能充分发挥每一个人的价值，时间一长，那些表现一般的员工就会产生心理惰性，他们会认为：不管如何，反正我在老板眼中已经定位了，我还做什么努力呢？

（4）你的整个团队就会出现这样的情况——几家忙得不可

开交，几家闲得喝茶看报。

正确方法：

对于珍妮的这种不满应当立即做出反应，无疑她说的是对的。你应当让舍利娅去做那项调查，因为这份工作舍利娅已经在进行了，她只需花费很短的时间就能够熟悉调查的来龙去脉，会很快投入角色中，从而节省人力资源。

如果这项任务需要特殊的技能，除珍妮外其他人都没有掌握，你也可以考虑让舍利娅协助珍妮一起做这项调查。由珍妮告诉舍利娅如何去寻找，然后舍利娅就能独立调查资料，总结自己的调查研究结果了。这样，珍妮和舍利娅就共同承担了客户满意程度的调查问卷。舍利娅的能力得到了提升，同时也减轻了珍妮的工作负担。这样的结果，你何乐而不为呢？

管理者在分配工作时要想做到公平合理，就应该做到以下几点：

1. 对你的团队中每个员工的工作任务进行一次评价，看看你分配的任务是否平衡

大多数员工的任务量都是以相同标准衡量的吗？或者你是否综合使用不同方面的专业人员，鼓励不同层次的员工来承担新的任务？工作任务繁重程度的差异是否合理，以及员工的技术水平和工资差别是否合理？或者你是否只重用最优秀的员工，而对能力稍微差一点的员工则要求不太严格？甚至尽管分配给团队中每位成员的工作量是大体相当的，那么他们的工作难度又如何呢？是否仅仅是由几个人承担了大部分繁重的工作任务？或者是所有相同的工资水平的员工都进行了例行公事的搭配？

还有，新的任务或特殊的工作是如何分配的？是不是你一而再再而三地让有些员工做一些额外附加的工作？或者你总把那些令人心烦的工作或一次性的杂务活都分配给相同的几个人？

这些偶然性的工作任务是很难有规律可循的。你可能认为自己的分配公平合理，但是当你坐下来，列举出最近几个月内分配的额外工作任务，你往往会发现这些工作任务总是分派给了那几个固定的员工。

2. 建立一个任务分配制度

如果在你的工作团队中的大多数员工做的都是同一种工作，那建议你设立一份轮流分配任务的列表。如果在一个团队中，每个人的工资水平会随着承担工作任务量的多少而浮动，那你很可能会试着轮流地给每个员工分配工作任务，并让他们知道工作任务是如何分配的以及你这样做的目的。

3. 要坚持任务分配制度，千万不要作弊

如果来了一项你非常想让珍妮做的任务，但是你知道凯瑞丝也能够完成，而且是该轮到她做了，那就交给凯瑞丝来做吧。当然，珍妮不会因为这种公平的做法而对你产生不满。况且你如果不帮助凯瑞丝提高工作技能，你就不能使凯瑞丝对自己的工作表现负起责任来。

4. 要有一个员工技能登记表

如果你的团队的工作需要专业技能，而仅有一两个人有这种技能去解决某个具体的问题，那么就不能简单地分配任务了。

（1）列举出每位员工所掌握的技术种类，并且分析他们在机会允许的情况下还能够掌握哪些新技能。

（2）建立像上面所讲的那种轮换分配制度，在尽可能的情况下，按照工作团队的特殊技能进行任务分配。

（3）寻找交叉培训的机会。让你的员工只对某一领域的技术特别地精通，而对别的领域一窍不通，这是一种极不明智的管理行为。评价一下员工的工作资格和他们所接受的培训，看看他们在哪些方面还能够有效地学到新技术。尤其是如果某项技能需要特殊的培训或教育才能够达到，建立后备员工的机制更是必不可少。这样不仅可以使你更平等地分配工作任务，而且还能使你的培训投资物有所值。

5. 采取必要的措施，纠正不好的工作表现

如果你一贯把任务分配给几名固定的员工，原因是你不相信你的团队中其他的人能够做好，那么你是在逃避问题而不是在想办法更正。如果你允许不合理的劳动分配继续存在，不仅会导致表现差的员工的工作表现更加下降，而且也会引起优秀员工的不满情绪，让他们产生白白被利用的感觉。

为了有效地管理工作表现不好的员工，你需要按以下步骤去做：

（1）确定表现不好的员工圆满地履行了哪些工作职责，哪些任务需要继续改进。

（2）针对他的不良的工作成绩进行规劝。

（3）看看你的员工是否需要特殊的培训才能表现得足够好，或者能否让一位级别高一点的老员工帮助他一起完成一项繁重的任务，让他从中学习并受益。

（4）为你的员工制订使他们有进步的计划，明确为使他们的技术水平有所提高需要采取什么措施，以及你期望多久能看到成效。

（5）长期监测员工的工作表现。如果他正在改进，一定要对他所取得的成绩进行表扬，鼓励他保持已取得的工作成绩，再接再厉。如果他始终表现得令人不满意，就和他商量商量找别人来替换他现在的位置，你也可以给他分配一些别的他得心应手的工作任务。但是也可能没有别的选择，只好把他解雇了。

如果新的工作任务是非常重要的，或者完成工作的期限很紧，一定要和你的人力资源部门协商一下，找到应当采取的具体措施。

妙语点评

很多时候，一个公司的工作任务并不是每天都是平均的，它们可能集中在一段时间成批地来，而另一段时间则较空闲，也就是说工作任务的分布总会有高峰期和低谷期。一个多面手式的员工可以从事几种不同的工作，他能够游刃有余地应付这些工作。或者，当某位团队成员生病了或者去休假了，你也有后备力量。如果每个员工都能得到额外的工作机会，都能充分发挥自己的技能水平，你就会发现，在你的团队中传播知识或技术对你的将来总是会有好处的。

不理解员工之间的差异

10根手指尚且有长有短，员工之间的差异自然是正常的。

管理事典

管理者："是的，特仁思，我就是不能理解，我把所有的员工都送去参加职能训练，我与他们所有人一起讨论了他们的职能是什么以及我希望他们做什么，但现在，我所得到的结果实在是一团糟：有3个人确实做得很好，我从不需要担心他们；另外两个人似乎对他们的职能开始感兴趣了，但做得还不够好，我不得不把他们带回来；另外六七个人还是在做他们过去做的事情，没有一点长进——可怜的布莱斯，他和过去一样至少两次到我的办公室里寻求帮助。我真不知道他们怎么了！”

正确方法：

让我们来看一下，管理者应该如何处理由于自治程度的增加而产生的问题。

“凯莱斯，你做这个真是如鱼得水。你一定要确保你所需要的每一个人都与你保持合作。如果你遇到困难，一定要让我知道，我才能帮助你。”

“朱依尔，我对你这些天表现出来的热情很欣赏，但你似乎在朝着与其他人相反的方向前进——我知道你很想独立，但除非你能与团队中的其他人共同搞好工作，否则我不会让你独立的。你需要找比利、乔治和朱安尼塔谈谈，以确保你们4个能共同工作。如果你们4个能搞好工作，我就不会再烦你了。”

“汉克，同你过去一样，你做得很好，但你告诉我你想谋求本部门的一个更好的职位。我只能告诉你：仅仅表现得好是不足以使你得到那个职位的。你是否应该注意一下如何提高你的竞争能力呢？”

“布莱斯，我想这些天你过得可能不太好，看起来你似乎不太习惯于自己做决定，如果真是这样，我们不得不考虑将你调到别的工作部门去。”

这个管理者清楚地了解他的每一个员工，并且根据他对他们的判断分别做了不同的处理。下面是一些能帮你成功地做出

这些处理的建议：

1. 学会确认、欣赏不同之处

确认员工们的共同点很重要，但确认他们的不同点同样重要。如果汉克主要关注的是升迁，那么你安排一个舒适的工作环境给他便不符合他的心愿了。欣赏这些不同，不要抱怨布莱斯不能像凯莱斯那样主动，要理解他为什么不同，然后从不同中找出积极的东西。

2. 积极地利用不同

这是一个有效的管理者所努力的目标。如何管理他们的员工，使他们的长处发挥到最大限度而使他们的短处得到弥补呢？凯莱斯可能做什么工作都比布莱斯快得多，但布莱斯能做那些重复性的程序化的工作，而且能做得很好。尽量从考虑员工能力的角度出发，给他们分配任务。当然，根据他们的兴趣来分配工作也很重要。

3. 给员工成长空间

注意到了员工的不同之处后，也容易导致分配任务的僵化。你很容易将你的员工分类，然后让他们总是做同样的工作，切记不要这样。人是在不断成长和变化的，谁知道呢，或许有一天布莱斯会走进你的办公室，让你把一个小的项目交给他单独处理；或者汉克因为觉得在你的团队中工作很有趣，最终拒绝了那次他梦寐以求的升迁机会；或者朱依尔已经开始热心地与其他人一起工作了呢。最好让员工知道：他们这样做很好。大多数人对他们的工作期望不会有太大的改变，但他们确实在变。如果这种改变是你所期望的，那么确保员工知道你注意到了这种改变并且希望它继续下去。你的员工成长得越快，他们对整个团队的贡献就会越大。

妙语点评

许多管理者都知道人是不同的，但他们也知道有些情况下必须公平对待每一位员工。例如，对每个人来说，获得良好的工作表现的规则都是一样的。

对管理者来说，管理的难点是如何平衡员工之间的不同，哪些是需要区别对待的，而哪些是需要相同对待的。不幸的是平衡没有一个简单的答案。

授权不当

为了能够正确地将任务授权给员工去做，首先就是反观一下自己的内心反应。

管理事典

“米丽，你得去让杰克催一下他的老板，他不能拖延这个系统的安装了。如果他干不了这活，我就让干得了的人来做。”

“让杰克做这事可不好，你这是让他指责自己的老板干活不卖力，这可不是员工要做的事。”

“好吧，米丽，注意一下这个计划要在6月15日以前完成，但是我不能多派人手帮你了，我们的预算也不允许多余的花费。多用点你的创意，但不要让别人觉得不舒服。假如你想出来的点子需要用到更多人手或更多经费，我可真的没法帮你了！”

让员工负责一项业务却未给予他相等的职权，只能注定员工失败的命运。上面的案例很荒谬，对吗？但这却是在商界中每天发生的事。管理者指派了一项任务并且任命某人负责，但却为了许多理由而保留了相关的职权，不肯放手。也许管理者觉得这样会出卖了手上的权力吧！

其实，紧握手中权力不放只会破坏员工的士气。与米丽遭遇相同的人会觉得他们好像被人算计了，因为万一失败了，他们就成了替罪羔羊。嗯！他们也许是对的。因为如果计划失败的话，再怎么乐观的员工都会觉得能推掉责任还真幸运。

正确方法：

设身处地为员工考虑一下。在授权员工做一项特别不讨好的麻烦事前先扪心自问：如果你的老板要你做这事，你会有何反应？如果替老板做这件事会让你难堪的话，你也就不应该把它交给哪个员工去做。

1. 这项工作需要组织中具有一定地位的人物在场吗?

有时，处理一些比较常规甚至琐碎的问题也需要具有一定地位的人物亲自出马——通常是因为要考虑工作中对等一方的地位。与一位重要的或颇具影响的客户打交道、与组织中有较高职位的人一起工作、和供应商的管理者共同解决问题、同新闻媒体共处——这些都是需要你参加的场合，因为你是主管。

在上面这些情形里，你的亲身参与使得另一方意识到你对他们的地位给予了充分的重视，你愿意和他们亲自接触。这是不是一个有关地位甚至自尊的问题？差不多可以这么说。不管你在内部管理中是如何的平易近人，在别的地方留意地位与阶层却是十分重要的。这不是什么露骨的谄媚或迎合，这是对别人的地位以及你对他取得成功的重要性表示兴趣与尊重的一种标志。

2. 该项工作会给组织或经手人带来实际的风险吗?

当提出一个不会在管理层中获得好感的建议时，当告诉老板坏消息时，当许下一个承诺却不能肯定自己的部门能否完成时，当因为没能满足某位客户的要求而在做弥补工作时——你需要亲自来做这些烫手的事情。

头儿的工作之一就是为自己的员工造就一个足够牢靠的工作环境，在这个环境中，员工们不怕承担风险。任何提高生产能力、改善工作流程的企图都会带来一定的风险，而没有一个鼓励合理冒险的工作环境，一切都只会在原地踏步。但是，要为员工创造这样一个安全的环境，你就得为他们挡开批评的箭矢，为他们的利益而战。要是把高度风险的工作交给员工去做，你就像一个躲在危险区后的指挥官，把自己保护得好好的，没有受伤之虞，却让你的部队为守住阵地而拼命——你不应该这么做，相反，你应该身先士卒地去冲锋陷阵——绝不要让部队去打一场自己不愿打的仗。

3. 该项工作是否需要对你的直接员工进行指导?

员工们需要从你这儿得到的指导，不仅仅是做什么，还有工作的主次以及承担的义务。如果你通过一个中间途径向员工传达信息的话，实际上是在告诉他们你对他们并不重视，或者你对所要传达的信息并不重视。对员工的批评必须直接出自你口，通过其他途径转达来的批评并不会引起他们的重视。更何况，被你批评的员工应该有机会向你问清缘由，并得到你的指导，他应该可以向你对他进行纠正的决定提出质疑。当你把工作交给别人去做时，就不会存在这样的机会。

妙语点评

如果你指派下属负责某件事，你是否给予下属职权以执行任务？你自己如何处理权责平衡的管理哲学？你是否曾经有负责任务却不被赋予权力的经历？对此你有何感想？如果权责无法相等，那么员工注定会失败，这是不公平的。

含糊不清

工作目标是不是让人一目了然，是能否提高工作和管理效率的关键。

管理事典

某管理者对秘书说：“给我致电总行的张先生，约他下星期五到我的办公室来。”秘书小姐如言电约，但对方称下星期五要开重要会议，而他过两天便要到外地出差一星期，建议不如将约会改在明天。秘书想将张先生的话向管理者转述，但是一连两天管理者均休假，根本没有机会提及。待管理者上班时，秘书才将张先生的话复述，此时张先生已身在英国。该管理者责怪秘书何以不早说，因为他找张先生就是要商谈有关他到外地后相托的事。

上面案例中，秘书感到沮丧，因为在这件事中，她根本没有做错或遗漏，问题只是管理者的指令不明确，欠缺了提及找张先生的大概目的，以致秘书在张先生提及去外地时未能做出即时反应。

除非你的命令相对明确和具体，否则很容易埋下严重分歧的隐患。员工们只会考虑达到他们个人的目标，结果往往发现这个目标并不是上司所期望的。在这个案例中，秘书关注的是完成管理者交给的任务即可，也就是能将信息传达过去就行了，但是她的老板却没有估计到他的这种单方面的约会可能会因对方的情况不允许而有所改变。要想不出现这种结局，应该给秘书一个交代，也就是他此次约会的目的是什么，这样给秘书一个明确的目标是很重要的，对定期的、正在进行的工作更为关键。

目标是一项工作的基础，当目标明确了，每位员工心中便有了一个清晰的方向，就会全力以赴地去实现它。他们自己、老板以及客户都对目标有一个共同的追求。与其花费更多时间、精力和财力去改正正在进行的工作中出现的问题，不如通过事先的规划避免问题的出现。

正确方法：

以上案例，正确的做法是：

（1）命令要明确，包括要做事项的目的、内容及有关的时间、地点、建议的处理方法等。

要想发布清楚、简洁、明确而又容易让人听明白的命令，应遵循下面几条原则：

要使你的命令适合要做的工作；使用简单明了的词句和术语；要点集中；如果是一个书面命令，要考虑使用你个人的语言，发挥你个人的风格，不要过多顾忌语法；如果是一个口头命令，那你就要多说几遍。

（2）不要让下属找不到你。许多人认为公事时间以外，就不应该让下属骚扰，以致下属有要事找他时，往往束手无策，只有干着急的份儿，这样办起事来又怎能快捷呢？

在日常管理中，管理者要想自己下达的命令能够被及时准确地完成，就要做到以下几点：

1. 有明确的时限

要制订明确的时间表，写明何项目标何时完成。时间表既适用于一个以上的目标，也适用于不断提高的标准，比如在发送订单、回答顾客询问等方面。

2. 把目标写下来

你是否已将目标写下来？没有写出来的目标只是决心，而决心往往会无疾而终。

写在书面上的目标常常能够实现。把你的意图写下来，将迫使你集中精力，按照明确的目标迈进。它将降低模糊性，避免混乱局面，让你不至于成为“事后诸葛亮”。它是使公司明确方向的最重要方式，但没有几个管理者能做得十分完善。通常情况下，他们需要培训、实践，需要遵循一些合理的原则。这条原则很容易记住，并切中要害。

3. 重视将公司目标和员工个人目标相结合

公司的经营者应重视下属对公司目标的理解，并将公司目标的实现与员工个人的利益和自身价值的体现结合起来，以增强他们在工作中的满足感和成就感。这对调动员工的积极性和增强组织的凝聚力会起到很好的作用。

4. 及时在条件和环境发生重大变化时调整目标

为发挥下级的创造性和积极性创造良好的环境，对能否留住人才至关重要。

有时可能会因为一些意外因素使公司及各部门实现目标的条件严重恶化，从而无法实现既定目标。这时，管理者层应及时根据条件变化调整各级目标，否则下属会因缺乏实现目标的信心而失去工作激情。

妙语点评

作为管理者，命令下属去做某事一定要附有一个明确的公正的标准，只有这样，下属才会办好事，且对你毫无不满。将工作目标公之于众，就会大大增强每一个员工的责任感，并将其转化为工作的动力。要使所有参与工作的人不用过多的解释都明白，你的目标就要十分简短，让每个人都能熟记于心。这样，公司的工作目标才会对雇员的日常工作产生影响。

颐指气使

管理者下命令最忌讳的就是颐指气使，这让员工很反感。

管理事典

詹尼斯是一位升迁快速的主管。

他要么夸夸其谈："年轻人应多学习，像我当年就是爱动脑筋的。"处处指责他的手下总是不及他聪明，对手下呼来喝去。

要么牢骚抱怨："最近人才愈来愈少，愈来愈差劲。"他很自然地将一些很困难的任务分给他的属下，而不进行任何指导和帮助。

要么强硬地命令："这是业务命令，你就照这方法做；不然，你就不要在这里干了。"

直到有一天，当他即将调入别的单位时，他的下属如海水退潮般地离他而去。

"我们认为他和总公司关系不错，所以即使他讲了些没道理的话，也都忍耐下来。什么！他现在要被调走？真是太好了！以后我们可不再理他了，活该！"

"他已经辞职不干了，好呀！这下没什么好生气的了。"

这种人就喜欢数落他人，借以抬高自己的身价。员工们尽管表面不敢吭声，但心中却着实不是滋味。

《伊索寓言》中有一则小故事：

一只山羊爬上一农家的高屋顶，屋下有一只狼走过。山羊以为自己居高位，野狼莫奈它何，便如此骂它："你这傻瓜、笨狼。"狼于是停下来说："你这胆小鬼，骂我的并非是你，而是你现在所站的位置。"

这则故事用来讽刺前面所述的主管，真是最恰当不过了。

的确，有不少的管理者并非靠"实力"，而是靠"头衔"来工作。最好的证据是：当他尚有头衔时，经常可以听到下属阿谀献媚的话，一旦即将离去，再也无人对他百般讨好了。

因为有了头衔，纵然毫无实力，仍会有些狐群狗党围绕在身旁，就像蜜蜂飞向花丛采蜜一般，这些下属也是为了获得一点点利益才如此趋炎附势。但是像这样的部属，即使身边再多，也是多余的。

像这种不顾员工的立场强调命令的方式，是身为管理者要绝对避免的。因为这样只能徒然增强员工的反抗心理，而收不到好的效果。

正确方法：

为了不使下属在背后如此说你，最重要的就是——不要靠"头衔"来工作。

（1）要相信下属，这是最重要的。当你期待下属有所表现时，第一步——你要相信他的能力。

（2）无论多不可靠、多无能的下属，一旦你命令他工作，就不可轻视他的能力。对他的努力行动应尽量给予援助，即使自己有好的构想，也要放在心里，在下属提出比自己更好的提

案前，要耐心地帮助他们，给予他们意见和忠告。

（3）确实明了他们讨论的内容，并给予他们必要的资料及思考线索，指引他们走向更正确的讨论方向。

（4）一个忙碌的工作单位，任务往往接踵而来。此时若要指示下属，只能象征性地揭示重点，而无法顾及全面的解说。

“请在明早以前写好这份报告书。”

“那件事你和对方商量好了吗？若可以的话，就马上到××政策机关去申请。”

在平时，下属通常有他自己的行事计划，当上司突然下达指示时，他不得不将原来的计划加以调整，或删去一部分，或追加一部分。假如这只是偶尔的现象，倒也无所谓；但若是经常发生，下属难免会心存不满。因此，当你下命令给下属时，不妨多加几句话。

“我知道你现在很忙，很不好意思！不过……”

“我想你可能头一次做这样的工作，不过……”

说这些话对你来说是轻而易举的事，但却能让下属感到你是站在他的立场着想，而心甘情愿地让步。用强硬的命令不如用上面这些话语更能让下属为你效力。

（5）聪明的管理者，在对人做指示或命令时，应该这样发问：“你的意见怎样？我是这么想的，你呢？”然后必须留意到，是否合乎此人的意见，并询问他们是否彻底了解了。至于问的方式，也必须使对方容易回答。

做一个合格的管理者不能始终站在管理者的角度发号施令，而是应时常站在被管理者的立场上，多了解员工的心情，体察员工的愿望，在下命令或做指示时尽量采取商量的方式。

如果采取商量的方式，对方就会把心中的想法讲出来。如果你认为“言之有理”，就不妨说：“我明白了，你说得很有道理。关于这一点，我不这样做好不好？”诸如此类，一面吸收对方的想法或建议，一面推进工作。这样对方会觉得，既然自己的意见被采纳，就一定要把这件事当作是自己的事，去认真地把它做好；也正因为他的热心，所以自然而然会产生不同的效果，这便成为大有可为的行动潜力。

点评妙语

凡是成功的管理者，表面上虽然下命令，实际上却也经常和部下商量。如果用这样的做法来管理人，则被管理的人会自动自发地工作，管理者自己也会轻松愉快。因此，在工作中，应尽量以商量的态度去推动一切事务的发展和完成。

不能让人信服

优秀的管理者要不断加强自身建设，提高自身素质。

管理事典

在办公室里，伯纳德正在和他的一个员工谈话。

“玛丽，你这个月的工作没有任何起色，而且你的工作方向也不正确。比如说这份计划书，你是怎么写的呢？完全不能反映我们将来的工作情况！”

“可是，老板，我是完全按照你给我的标准来完成的。”

“怎么，对于你自己的错误你不承认吗？”

“不是这样。因为我知道珍妮的工作计划也是按照这个标准完成的，可是你却认为她的很好。”

“本来就是很好。难道你在指责我对你不公平吗？”

玛丽的工作没有出错，她是按照老板的要求来完成的，可是她的老板却只看到工作结果而看不到过程，更看不到自己在这里所应承担的责任。

人们总是尊敬有勇气把握机会，及时做出正确的决策，并能为其决策承担责任的上司。

那种不善于把握机会并遇事优柔寡断的人，是不可能得到卓越的领导能力或成为一个优秀的管理者的。总是企图寻找托词和借口并失掉自己责任感的上司是没有威信的。即使你错了，甚至真的犯了错误，只要你有勇气去尝试，你的下属还是会尊敬你并信任你。

同时，你能对你的行为承担责任，你会得到莫大的好处。当你的下属知道你不想逃避自己的责任，当他们知道你乐意承担起自己决策和行为的全部责任时，你将会得到他们的心悦诚服、他们的忠实合作以及他们的全力支持，你就有能力促使他们去做你想让他们做的事情。这样，你就获得了卓越的驾驭人的能力。

正确方法：

一个管理者，首先要从思想上提高自己，重视思想的建设。从大的方面讲，随着时代的转换，我们要学习的新知识越来越多，这就要求我们努力针对新的实际，掌握各种理论知识，才能把管理工作做得更好。我们除了要有强烈的责任感外，也不要忘了紧跟着公司的脚步，认真地掌握日益完善的业务技能，在处理事情时才能有十足的把握和信心，充分体现管理者的水平。

一个不和员工沟通、不深入到员工中去、不关心员工疾苦、不倾听大家心声的管理者，肯定是一个失败的管理者。公司的员工除了一个共同的目的——把工作做好，更重要的还是和平相处。公司宛如一个家园，工作起来才开心、轻松、有动力。这就要发挥一个管理者的作用，多联系员工，多开展活动，增进大家的情谊，让员工们感觉到在这个团队里很舒服，而不是除了隔阂还是隔阂。

一个团队的凝聚力来自团结，没有团结的力量，就如一盘散沙。在某些团队里可能会出现许多是是非非的情况，员工之间互相猜忌，有的管理者甚至也加入了这一行列。这是多么危险的举动。如此的团队，如此的管理者，又怎么谈得上“管理”两个字？

好的管理者不但精力充沛，而且还能激励他们所管理的人。

遵守以下原则，你就可以获得令人信服的能力：

（1）不要辩解，不要找借口，要接受责备。

（2）不要以任何借口推脱责任，不要由于你自己的过错企图去谴责别人。

（3）尽自己的全力做好每一项工作。无论你感觉怎样，都要把工作做得很出色。

（4）关于你要做的工作的任何细枝末节都要做得准确而细致。如果事情重要，就得做，不管事情是大是小。如果它们对于圆满地完成任务无足轻重，那就可以在征得允许的情况下放弃它们。

（5）严守时间。要养成遵守时间的习惯，迟到说明粗心大意和缺乏自律。迟到的人不可能被认为是忠实可靠的人。

（6）执行任何任务都要做到完全彻底地领会精神实质。

妙语点评

要成为强而有力的管理者，你必须发挥你的管理能力。管理能力是达到某些特殊目的的系统而有规则的途径，它需要一定的行政管理技能和诀窍。管理不仅是优秀管理者手中的一件工具，也是驾驭人的一件法宝。只有从各方面提高你自身的能力，才能让你的下属信服。一个管理者首先得能够去做事情，然后你得能够认清你的做法是否正确。正确了就是员工的榜样，错误了要勇于承担责任。

PART 03

你在绩效考核中最可能犯的 5 个错误

绩效评估流于形式

要让绩效评估发挥它应有的作用，就要有一套适合自己的绩效管理机制。

管理事典

“斯托曼，为什么我们的员工总是不能在年度总结时提高点积极性呢？”

“那么，你对他们做了什么呢？”

“当然是年度绩效评估。”

“我明白了，是否你每一年都是这样做的呢？”

“是这样，这是我们公司的基本管理机制。”

“其实你已经意识到了这很糟糕，不是吗？”

“是，可是问题的症结在哪儿呢？”

“你尝试一下新的绩效评估方式，让你的每个员工都参与其中，发表自己的意见，制订一套适合自己的绩效评估机制。”

绩效管理是管理者和员工持续的双向沟通的一个过程，在这个过程中，管理者和员工就绩效目标达成协议，并以此为导向，进行持续的双向沟通，帮助员工不断提高工作绩效，完成工作目标。

如果简单地认为绩效评价就是绩效管理，就忽略了绩效沟通，缺乏沟通和共识的绩效管理肯定会在管理者和员工之间造成一些障碍，阻碍绩效管理的良性循环，造成员工和管理者之间认识的分歧，员工反对、管理者逃避就在所难免了。

绩效评估只是绩效管理的一个环节，只是对绩效管理的前期工作的总结和评价，远非绩效管理的全部，如果只把员工钉在绩效评价上面，必然要偏离实施绩效管理的初衷，依然解决不了职责不清、绩效低下、管理混乱的局面，甚至有越做越糟的可能。

许多企业往往只看到了绩效考核或评估，而忽视了对绩效管理全过程的把握。于是，经常看到的是“匆匆过客”般的绩效考核。

正确方法：

绩效管理作为一个系统的体系，其成本无疑是较高的。因为绩效管理的实施，不仅需要人力的投入，也是日常工作的一个组成部分。

在企业的实际管理中，到底应该采用绩效考评还是绩效管理呢？一般，对于小企业宜采用改良的绩效考评，而大中型企业则采用绩效管理为宜。

小企业人员较少，投入大量成本建立绩效管理体系，不仅在经济上不合适，在管理过程中也往往由于人手的缺乏而不能保证体系强有力的实施。改良的绩效考评，在绩效评价的基础上，加强了对改善绩效措施的推行。

大中型企业在实施绩效管理体系之前，必须建立合理的组织结构，明确岗位职责。同时，绩效管理的结果也需要与薪酬、福利、培训等结合运用。只有这样，才能保证体系的实施，构建企业正确的价值体系。

将绩效管理等同于绩效考核，必然造成“盲人摸象”——只看到需要评估部门和员工表现的一面，而忽视了其他更为重要的方面。事实上，单纯地为了评估员工表现进行绩效考核，主管和下属就像“审判”和“被审判”，双方都费力不讨好。久而久之，大家都不愿做绩效考核，即使做，也是应付着做，绩效考核流于形式就不难理解了。

为了有一个好的绩效管理，企业应该做到以下几点：

1. 基于公司实际情况，结合绩效管理理念和方法，建立自己的绩效管理体系

整个体系是以关键绩效指标、工作目标和能力发展计划为载体，分为绩效计划、绩效指导和绩效评估三大环节。

2. 为员工设定绩效计划与关键绩效指标

每位员工都需要设立两大类目标：业务目标与能力发展目标。在整个目标体系中，两者大约占70%-80%与20%-30%的比重。业务目标主要从3个方面考虑：财务指标及客户服务指标；

关键项目任务目标；组织建设目标（针对管理人员）。能力发展目标主要参考各个职位的能力模型，不超过3个优先发展的能力，管理人员要求设立领导能力发展目标。

3. 阶段性反馈与指导

管理者定期地与员工沟通目标的达成情况，对目标作必要的修改，分析绩效障碍与改进的方法。

4. 做绩效评估

主管在被评估者做完自我评估后进行评估，主管评估的结果为最终的评估结果，主管与下属双方在绩效管理表签字，并提交给上级主管确认。

由于绩效评估的结果关系到员工的薪资、奖金、培训及发展，而且目标的设置充分考虑到各项业务目标与能力的相互配合，执行的效果比较理想。公司的战略目标及部门目标是员工的绩效计划的基础，所以对公司的战略目标管理过程要求比较严格，合理、准确、清晰的公司战略目标及部门目标以及职位胜任能力模型的正确建立是最为关键的。

5. 绩效考核只是整个体系的一个环节，应当更关注沟通和发展

目前许多公司关注的还是“考核”，其实考核只是手段而非目的，以考核为目的恰恰是许多公司实施绩效管理失败的根源之一。绩效管理能够为企业带来效益提高等诸多好处，但也会造成管理复杂化等问题。

6. 绩效管理要适合自己的公司

绩效管理系统必须随着企业的发展而不断地改进，在不同的发展阶段采用不同的方法和策略。

妙语点评

随着时间的流逝，绩效管理系统很可能就会逐渐流于形式，被做成表面文章。实践出真知，刚开始制订绩效管理方案的时候，如果按照书本和别人的方案做，一般来说实行的结果都不会理想，因为好的不一定是适合自己的。优秀的管理者应该亲手制订一套属于自己公司的绩效管理机制，当然这需要很大的勇气和承受很大的压力。

企业战略和绩效管理**不能很好地结合**

如果企业战略和绩效管理不能很好地结合，就会浪费公司的资源和宝贵的时间。

管理事典

斯密达公司是一家有着80多年历史的大型跨国企业。该公司拥有一套基于目标管理思想的完整的雇员绩效管理体系，其基本设计思想是：与每一位雇员共同制订一个源于公司战略的、可衡量的、可实现的、具有挑战性的工作目标，并定期与雇员讨论目标完成情况。每位员工都有自己的一份绩效管理指南和绩效契约。绩效管理的结果取决于目标完成情况和绩效要素。所谓“绩效要素”，是指员工在完成目标的过程中所表现出来的强项和弱项。员工的激励、培训及发展也都基于绩效管理的结果。斯密达公司的考核体系要求绩效指标每年年初制订，在一年内根据业务需求随时更新，每3个月对员工的工作完成情况进行回顾，总结员工在哪些方面有待提高。

同时，斯密达公司也拥有良好的员工培训发展计划以及跨国界的人员交流计划，为员工提供了大量的提高能力素质的机会。在公司发展稳定、收益良好的时期，这种绩效管理体系似乎运转良好，并且似乎也促进了公司业绩的提高。由于绩效管理结果是年底分红和加薪的依据，员工们都积极努力地完成自

己的指标任务。

然而，当市场竞争加剧、产品和服务需求量日益萎缩、业务收益不断下滑、再没有年底分红和加薪的机会时，员工和基层经理们再也不像以往那样关心个人绩效的好坏，每3个月的评估最终成了形式主义，完美的绩效管理系统也成了摆设。

即使企业拥有完整的绩效管理体系，即使人员绩效目标与战略进行了某种结合，这种到处存在的“两层皮”的现象仍然让我们怀疑：究竟是员工绩效驱动了公司业绩的提升，还是被当作仅与个人薪酬挂钩的卡尺（并且人人都在考虑如何使其对自己有利），因公司命运变化而随波逐流。投入大量财力、人力建立和维护的良好绩效管理体系与员工能力素质发展计划，与公司战略绩效的提升有何关系？究竟是谁驱动谁？

正如扁平化和精简组织并不能开拓新的市场，信息技术的应用不能使企业鹤立鸡群一样，问题并不出在绩效管理本身。

绩效管理方法与理论日趋成熟，但却极少考虑对有效战略规划的要求和评价，包括对战略意图实现的强调。缺乏对产业的分析和产业战略的设计，同时，投机心态使得企业不去深入研究战略规划对公司的实质影响，绩效管理也只能落得走过场的结局。

正确方法：

有效绩效管理的前提是有效的战略规划。只评估具体任务计划执行的好坏，而没有跟踪、评估计划本身的机制，即使个人绩效表现良好，对组织绩效而言也可能起不到实质的驱动作用。试想，流水线上的工人拼命完成的工作成果被积压在仓库里，那么所谓的完美绩效管理，无论是时间、成本、质量或数量，又有什么意义呢？

组织必须建立卓有成效的战略规划，并基于此设计考核指标。战略规划，甚至是战略意图，才是组织绩效提升的原动力。

在组织中，大量的精力和投入都被用来完善对战略以外对象的管理。许多组织拥有发达的计划系统，借助先进的管理理论来定义人员、流程、产品和服务的考核指标与管理办法。

但极少有组织真正能够理解和关注战略计划，能够对战略的执行好坏进行评价，大量的绩效管理指标也从未与战略挂钩，因为在这些组织中根本没有或只有笼统的战略计划，抑或只是采用“拿来主义”的办法。

没有具体、有效的战略计划往往导致这样一种结果：销售指标是一切工作的重心，眼前的利润促使销售人员愿意以任何可能的价格销售产品（当然，在斯密达公司的销售旺季，销售人员也会隐藏一些客户合同，以备完成来年的指标任务）。销售人员往往会随意应允客户的许多附加要求。时间成了对产品开发人员考核的唯一重要指标，公司的研发也很少能够顾及产品的战略。为了完成任务，研发部门补充大量的程序员去做增值开发（而这些人的命运可想而知）。没有人分析每个项目的具体成本（因为成本预算是按部门考核的），以及对其他部门资源配置及各种部署的影响，因为它们与考核无关。而那些忙碌于日常工作的二线员工也从未真正看到他们对企业的贡献。

没有具体、有效的战略计划指导，同时也是“救火式”管理的根源——销售额上去了，大量没有经验的人员招进来了，成本失控了，质量下降了，工艺失灵了，竞争加剧了，客户流失了，公司裁员了……当一个又一个问题接踵而来时，你只能被动地“救火”，而所谓的绩效管理也随之成了摆设，成了压缩开支的手段，而非挽救公司的动力源。

员工绩效的有效管理和个人能力的充分发挥都基于真正有效的战略计划，并体现在产品与服务当中。这个计划应该给个人贡献和团队贡献以更多的空间，而不是将员工视为机器，只是等待被检验“运转是否正常”。

这个计划的制订还应考虑如何激励那些优秀员工并利用员工智慧。因为大多数管理者的专业知识已被诸如公司内部规划与管理、财务细节所替代，因此他们很难提出竞争创新的战略（这也是战略笼统的原因之一）。

传统的战略目标分解方式认为，公司目标指导业务单位的战略，而业务单位的战略指导职能策略。这种自上而下的战略计划方式意味着高层管理者制订糟糕的战略时，低级别人员只能处于执行的位置。等级制度使得向上沟通被认为只不过是反馈。

新的战略计划方式还需要一种自下而上的战略规划，甚至是从每一项产品或服务的价值链的每一个环节分析开始。竞争优势终将是不同产品或服务的价值链上各个环节竞争优势的集合，而这些环节与不同职务的员工一一对应，每个人在工作中都需要判断、评估目前采用的战略、采取的行动是否有效。这将是一项系统工程。很少有企业真正将战略与个人挂钩，是因为目前还缺乏基于系统工程思想的计划系统。

妙语点评

许多企业已充分认识到，只有员工素质和工作绩效的提高真正与企业战略目标相联系，才能改变组织的绩效，增强企业的活力和竞争力。这些企业期望通过制订“好”的绩效管理体系，促进员工成长，并推进组织绩效的提升。不少企业不惜成本，聘请顾问公司建立系统化的绩效管理体系，并投入大量的人力物力，维持这一体系的运转。

薪酬标准不公平

薪酬的标准不公平，就会使激励手段发挥不出作用。

管理事典

“你难道不知道，”史塔其愤愤地说，“我们最多也是只能每小时赚1.25美元，而大部分时间是赚不到的。你以前干过按件计酬的工作没有？”

“没有。”

“我可以看得出来，你认为我如果真的每小时赚1.25美元（平均）会有什么后果？”

“你是说，你真的能做到？”

“我的意思是，我确实能做到。”

“他们须按照1.25美元的标准付给你，这不是事先说好的吗？”

“是的，他们会付给你，但只有一次！你难道不晓得如果我今晚1小时赚到1.25美元，明天那些可恶的负责劳动定额的工程师就会跑来这里，然后他们会重新测量工作速度，快到让你晕头转向！等他们量过以后，就会把工资砍掉近一半！然后，你就必须为每小时0.85美元工作，而不是1.25美元！”

一份薪酬能否起到激励作用，一方面要看员工是否需要这份薪酬以及需求的程度，另一方面要看员工经过自身的努力是否能获得预先承诺的薪酬。

从上述对话中你也许能够看出，员工对管理层的制度不信任也是导致激励手段失败的原因。他们认为，如果努力工作，提高了工作效率，劳资部门就会提高工作标准，从而使自己多付出了劳动却少拿了钱。

正确方法：

如果你想有效地激励员工，必须将奖励的标准制订得尽量公平。

如何让员工对薪酬满意，是领导者需要面对的一个重要课题。作为一个领导者，应该从以下几个方面把握：

1. 基于员工的岗位

主要依据岗位在企业内的相对价值为员工付酬。岗位的相对价值高，其工资也高，反之亦然。通俗地讲就是：在什么岗，拿什么钱。军队和政府组织实施的是典型的依据岗位级别付酬的制度。在这种薪酬模式下，员工工资的增长主要依靠职位的晋升。因此，其导向的行为是：遵从等级秩序和严格的规章制度，千方百计获得晋升机会，注重人际网络关系的建设，为获得职位晋升采取政治性行为。

2. 基于员工的工作结果

就是在这个岗位上，工作效率高的员工应该得到应有的奖励。企业要求员工根据环境变化主动设定目标，挑战过去，只是“正确地做事”已经不能满足竞争的需要，企业更强调“做正确的事”，要结果，而不是过程。因此，主要按绩效付酬就成为必然的选择，其依据可以是企业整体的绩效、部门的整体绩效，也可以是团队或者个人的绩效。

3. 为员工提供有竞争力的薪酬

这样，他们一进企业便会珍惜这份工作，竭尽全力，把自己的本领都使出来。支付最高工资的企业最能吸引并且留住人才，尤其是那些出类拔萃的员工。这对于行业内的领先企业尤其必要。较高的薪酬会带来更高的满意度以及较低的离职率。

一个结构合理、管理良好的绩效和薪酬管理制度，应能留住优秀的员工，淘汰表现较差的员工。

4. 重视内在报酬

实际上，报酬可以划分为两类：外在的与内在的。外在报酬主要指组织提供的工资、福利、津贴和晋升机会，以及来自同事和上级的认同；而内在报酬是和外在报酬相对而言的，它是基于工作任务本身的报酬，如对工作的胜任感、成就感、责任感，受重视、有影响力，个人成长和富有价值的贡献等。

事实上，对于知识型的员工，内在报酬和员工的工作满意度有相当大的关系。因此，企业组织可以通过工作制度、员工影响力、人力资源流动政策来执行内在报酬，让员工从工作本身得到最大的满足。

5. 把收入和技能挂钩

（1）员工注重能力的提升，就容易转换岗位，也就增加了发展机会，将来即使不在这个企业也会有竞争力。

（2）不愿意在行政管理岗位上发展的员工可以在专业领域深入下去，同样能获得好的待遇，对企业来说也留住了专业技术人才。

（3）员工能力的不断提升，使企业能够适应环境的多变，从而增强企业的灵活性。

6. 参与薪酬制度的设计与管理

国外公司在这方面的实践结果表明：让员工参与薪酬制度的设计与管理，与没有员工参加而制订的绩效薪酬制度相比，往往可以产生令人满意和长期有效的效果。员工更多地参与薪酬制度的设计与管理，无疑有助于形成一个更能使员工满意度增加和更符合企业实际的绩效薪酬制度。在参与制度设计的过程中，针对绩效评估和薪酬管理进行沟通，不仅可以促进领导者与员工之间的相互信任，而且还可以使薪资系统变得更加有效。

妙语点评

在团队合作的工作中，需要的是知识共享、相互启发，很难划清团队成员的具体职责，以岗位为主的管理模式已经不是特别合适了，没有一个公平的薪酬标准很难使企业有活力。随着组织越来越扁平，职位层级越来越少，权力逐渐下移，企业需要员工掌握多种技能以适应多变的环境，薪酬标准也应该随之加以改变。

加薪不灵活

灵活地加薪可以让每一个员工都得到应有的激励。

管理事典

罗伊正在处理一件重要的事务。一位员工走进他的办公室，郑重地对他说："我觉得这个月应该给我加薪了。我参与开发的机器投入市场以来，销售一直都很不错……"

"你觉得你的工作已经很出色了吗？"

"是的，我除了按标准完成而外，有些方面还超额完成了。"

"这样吧，你先回去，我会及时考虑你的要求的。"

"可是我觉得自己工作做得很出色，这个薪水阶层已经不适合我了。上次加薪时，你就只给了珍妮和瑞斯，我觉得我并不比他们差，而且有些方面还比他们更突出。你为什么没有注意到我呢？”

“公司有公司的规定，你的薪酬已经是你们这些新来的人中最高的了。我总不能把你的薪水加到比你的上司还高吧。”

“可是我觉得薪酬是根据一个人完成工作的效果来决定的，而不是你所说的其他方面。”罗伊有些茫然，不知该怎么打发这名要求加薪的员工。

如果你的企业没有定期加薪的制度，而是依照你的推荐来决定，你的回答就比较棘手了。此时你应该告诉他，你推荐加薪的标准是什么，并让员工谈一谈对自己近期表现的看法，之后你必须回答的两个问题是：

（1）该员工工作是否出色？

（2）与其他员工相比，该员工的薪酬水平是否公平而合理？

如果你第一个问题的答案是“是”，第二个问题的答案是“否”，也许你应该考虑推荐他加薪了；同时你应该对自己的疏忽向该员工表示深深歉意，并且应该鼓励他再接再厉。

但是，在许多情况下，你不会立即给他加薪的，因为他的表现并不出色，这是异常尴尬的事情，因为员工自己并不这么认为。在这种情况下，你应当对他取得的成绩给予肯定，重申该员工的表现，并对照你推荐加薪的条件加以比较，向他明确指出需要在工作中做哪些改进；对提高他的工作绩效提供帮

助，并且为他设立特别的奖励目标。只有这样，你的员工才会感到你在重视他、帮助他。

加薪是指一个企业员工的薪酬根据年龄、继续服务的年限，或者考核结果、实际能力、职务等的上升所增加的基本薪酬金额。

加薪的运用是比较灵活的。

正确方法：

以下总结出了一些秘诀，供你在为员工加薪的时候参考：

（1）配合员工的喜好。绩效管理顾问艾伦建议管理者设计一份问卷，调查员工的喜好。

（2）对员工进行正确评估。工作性质不同以及价值的不同要求你使用不同的薪酬支付手段。

（3）抓住适当时机，把加薪的理由表达得明确无误。

（4）让员工参与加薪方案的设计与推动。

（5）让加薪支付的手段与花样不断翻新，给员工以不断的惊喜。

（6）保持加薪支付方案公开而富有弹性。

（7）加薪支付的方式要与公司的经营理念相符合。

（8）合理拉开加薪支付水平的档次。

（9）因人而异选择加薪支付的频率与内容。

在这里面，最重要的就是对员工进行评估，该不该加薪，如何加薪，只有一个公平合理的评估才可以进行。下面，我们就说一说评估的几种方法。

1. 对职能线部分用职位评估的方式

企业的组织架构不管是网络型、矩阵型，还是时效型，都是基于职能线的基础上，根据外部的机会点进行临时的资源调配和整合，从各资源线调集人员形成项目小组。员工在项目中的角色与他在职能线部门的职位具有较大的相关性，这是一个客观的基础。在企业招聘人员时，通常会先按职能线聘用，再根据工作表现分配到项目组工作。职位评估是针对具体的职位，对组织来说具有相当的稳定性，但基于职位评估的薪酬体系只关注对具体的工作职责负责，是相对静态的。

2. 能力评估方式

基于能力的薪酬体系关注员工能力提升，能力要素是薪酬评价的一部分。在处理多角色人员的薪酬时，鼓励他们在知识、技能方面不断提高，倡导员工的自发学习，从而形成内部的学习型团队。能力评价的前提工作是要对该部分多角色人员的能力要素进行提炼，对企业的发展最关键的员工能力要素有哪些，同时涉及能力要素的界定和等级划分问题，这部分内容界定不清楚，就会动摇整个能力评价体系的基础。界定工作需要企业各个层面的人员特别是相关的多角色的任职者做大量的工作，否则就会影响后续的一系列要求。

根据能力要素矩阵的内容要求对多角色人员进行评价，从而形成对职位评估结果的补充。能力要素会随着企业发展的不同要求而发生变化，员工的任职能力也会随着经验的增长不断提升，因此，对员工的评价要以周期性的方式进行，目前许多企业是以一年为周期的。

但是，一种是以职位为基础，一种是以人为基础，在设计薪酬体系时两者之间的契合点如何界定，就是下面要谈到的内容。

3. 契合点的设定

基于职位评估和能力评估的薪酬设计体系都有明显优势和不足之处，寻找契合点的目的就是将两者的优点结合起来，将企业关注的贡献点和员工关注的能力结合起来，将不足降到最低程度。在这一点上可以考虑2/8原则，即能力评价占20%，职位评估占80%。

职位评估强调职位对企业的贡献点，价值是相对稳定的。多角色人员都是从职能线人员临时组合的，会随着项目的产生与结束发生角色的变化，基本不变的是职能线的角色。因此，薪酬设计考虑更多的内容是他们的职能线角色，这部分就可以通过职位评估得出。

能力评价强调任职者能力的提升，这部分内容的可变性较强，在薪酬设计中以较小的比重考虑。主要体现企业的价值导向，鼓励员工为个人成长和工作效率的提升而努力，从而形成学习型的组织氛围。

任何一种薪酬设计方法都会存在不足，这里谈到的方法是对多角色人员设计薪酬的一种思路。但考虑到企业投入的问题，所以建议规模较大和项目组运作较多的组织采用。

妙语点评

随着竞争的日益激烈，组织对内部资源的调配能力和对外部机会的把握能力就成了企业之间竞争的重要筹码，竞争趋势的变化推动着组织机构由职能型向网络型、时效型演进。组织策略的变化导致结构的变化、文化的变化，企业的薪酬体系就要随之进行相应的革新。

绩效衡量错位

有效地使用绩效衡量方法可以对企业运营状况进行及时的反馈。

管理事典

“为什么我们的绩效衡量总让我感觉反映不出员工的水平呢？”总裁史密斯问他的人事主管。

“您怎么会有这样的感觉呢？”

“因为在上次和客户谈判中，我发现了一个很优秀的员工，可是为什么在最后的绩效考核中，我发现他还不如一名做得最差的员工呢？”

“史密斯先生，其实，他也只是那一次发挥出色，平时的他工作态度和工作方法都很差，我们的绩效衡量应该是多方位的。”

“可是就是上次的精彩表现在他的绩效考核中也未体现出来，你能说你的绩效考核不失衡吗？还有那个卡尔，的确，他的业绩一直很出色，可是他这个人的职业道德很差，他曾多次将我们的商业机密泄露出去，在你的绩效考核中为什么也没有显示出来呢？”

有效地使用绩效衡量方法可以对企业运营状况进行及时的反馈。根据这些反馈，我们可以判断企业是否在向自己的组织目标迈进，员工是否需要培训，流程该如何优化重组等。作为对企业运营结果的反映，绩效衡量为企业的改进方向提供了切实的依据。

与此同时，绩效衡量使用不当也有可能造成打击组织士气、降低团队效率、妨碍质量改进等负面因素。

正确方法：

企业绩效衡量中应注意以下几点：

1. 不要经验主义、重历史轻未来

结果管理的基础是历史信息，它展示的是今天的结果，这样的结果往往是昨天的管理决策造成的。但是，对于今天的决策如何影响未来的结果往往并不具备参考和预测价值。

在这个充满竞争和变化的时代，企业已经不能根据以往的经验来判断、预测未来。

提高和改进始于对结果有重大影响的关键服务、产品、流程和支持系统的识别和衡量。但是，如果采用守株待兔的方式，单纯从过去的经验来做判断，就像驾驶者只看后视镜，企业早晚会驶入绩效下滑的泥潭。

2. 不要重个人轻结构

与选择衡量指标同样重要的是衡量信息的使用。在许多组织中，团队成员抵制对各种比率、循环周期和客户满意度的精确衡量，因为这些详细的信息将他们的工作暴露无遗，使之成为绩效责任的直接承担者。

大量的证据表明，企业85%-90%的错误来源于组织结构、系统和过程，但是大多数的经理还是习惯于从人身上而非结构和流程上找问题。

3. 绩效衡量要及时

只有在你的衡量出来以后，公司才可以继续经营，而推动公司运作正是管理者的职责所在。有些时候你可能很想暂缓做出决定，直到收集到更多的资料为止。这种做法有时是可以的，但是大多数时候是行不通的。更多的资料并不能帮你做出决策，反而会因为拖延时间而使得绩效一无是处。

4. 不要重内部轻外部

很多企业设计的绩效指标着眼于满足内部的需要。管理者满足于命令一体控制模式，对每一项作业和工作日的每一分钟进行跟踪，绩效指标的设计也仅限于某些内部职能部门，如财务、人力资源、信息技术等。

这种绩效衡量的方法忽略了客户的需求，高品质的服务提供者需要从外部对客户进行衡量。这要求企业首先明确对客户来说什么是最重要的，接着考虑如何向客户提供产品和服务，然后落实到具体的产品生产和提供服务的人员身上。对管理者和相应职能部门的绩效衡量指标设计，也应该从这个“客户——服务者——生产者”链条背后的驱动因素为出发点进行。

妙语点评

绩效衡量是提高企业绩效的一个基本工具。选择合适的工具无疑是最重要的，同样重要的还有如何正确地使用工具，两者共同决定了企业绩效管理的最终效果。绩效的提高则有赖于将相关人员组织起来，对关键流程和支持系统进行分析和改进。绩效指标为企业找出了问题症结所在，因此，企业更重要的是针对这些采取改进措施。如果绩效衡量不能引导出绩效改进的措施，那前面所做的工作完全是浪费。

PART 04

你在团队管理中最可能犯的6个错误

无法处理内部的权力纷争

设置一个好的管理机制来制约内部的权力纷争，有效地减少内耗。

管理事典

“董事长，我觉得查理不适合做一个人力资源管理者，你应该考虑替换掉他。”

“那么，杰克，你认为谁最适合呢？”

“你考虑一下我，我觉得我在这方面的经验比他要丰富，而且我做事也比较谨慎。”

“可是，你知道吗？查理刚才已经和我进行了一次谈话，你想知道我们的谈话内容吗？”

“当然，董事长。”

“查理认为你做他的副手都不称职。”

“什么？这头蠢猪。他竟敢这么说？”

在现代市场经济条件下，企业作为一个经济组织必须参与激烈的市场竞争。只有有效减少内耗，让员工将主要精力放在工作上，企业的竞争力才会大大提高。

正确方法：

减少企业内耗是一项极其复杂的系统工程，需要我们从管理的不同角度和不同层次做大量艰苦而细致的工作。

1. 组织结构设计：权责明确

对企业经营班子实行行政首长负责制，总经理对生产经营活动及完成工作目标情况负全责，副职要积极配合正职搞好工作；副职与正职之间的矛盾闹得不可开交时，无条件免除副职。经营班子的决策责任，必须落实到人头。董事会集体决策，由董事个人负责；总经理办公会集体决策，由总经理负责；总经理没有一票肯定权，但有一票否决权等。如此形成职责明确、责权分明、避免内耗的组织管理体系。

2. 对企业管理者的考核突出生产力标准

企业及其主要管理者的考核以业绩为主，重点是年度目标的完成情况。对完成任务好的企业予以表彰，对不能完成任务者坚决“红牌”罚下。通过业绩考评，做到员工能上能下，待遇能高能低，员工能进能出。同时坚持对员工考评、任免没有工作标准以外的其他标准，提倡管理者之间没有工作关系以外的其他关系，坚决反对各种形式的小团体主义，在全体员工中树立一心为企业发展做贡献的正气。

3. 树立目标导向、注重时效的企业管理理念

以自己的好恶简单地评价一个人的好坏，是小学生水平；

遇事爱钻牛角尖，怨天尤人，是中学生水平；不以自己的好恶去议论人的好坏，不去纠缠枝节及外部环境的是非对错，竭尽全力实现工作目标，是大学生水平；能够化不利为有利，化消极为积极，化干戈为玉帛，化腐朽为神奇，能够在任何艰难困苦的环境下都做出业绩，是研究生水平。刚开始，会有许多员工不接受这个理念，但随着时间的推移，认同度越来越高，并且潜移默化地影响着员工的行为方式，结果会是中小学生水平的人越来越少，逐步形成注重时效、团结一心干工作的良好氛围。

4. 建立具有开放意识和包容心态的企业文化

矛盾是对立统一的，在企业的发展中，时时有矛盾，处处有矛盾，互为对立，相互转化，这无疑是正确的。但讲到矛盾的解决方式，主要是强调一方压倒一方，一方吃掉一方，这就未免有些偏颇。事实上，矛盾的解决方式应该有多种。

在企业中，解决矛盾可采取以下两种方式：

（1）合二为一。即经过对立斗争达到新的统一。

（2）双赢或多赢。即通过良性竞争促进发展。双赢、多赢是当前国际工商企业实践中既典型又普遍存在的现象，也是在大多数情况下人们追求并且乐于看到的结果。

5. 建立“小人”无法为所欲为的制度

在我们的工作和生活中，很少有人不曾被“小人”所累，几乎没有单位不曾被“小人”污染，许多内耗是由“小人”挑起的。尽管在企业内部我们无法消除“小人”，但可以采取有效措施，将“小人”的负面作用尽可能降低，让“小人”为其所为付出代价。

“小人”的所作所为都有其目的，必须设法不让其目的得逞。“监督工作既要打击违纪违法者，更要坚决支持改革者……匿名信一般不查。对被举报的违纪违法事件，要一查到底，对查实的违纪违法者要严肃处理，同时也要保护好反映情况者；对被诬陷者要还其清白，依法处理诬告者，坚决不让恶意诬告者的目的得逞。”

在现实生活中，当一个企业面临班子调整、一个管理者可能被重用时，告状信常常特别多。这时就要认真甄别，坚决支持干事创业的干部，让“小人”的目的落空，这样做就会使恶意告状者越来越少。一个有竞争力的企业，就是“小人”目的难以得逞、不良行为受到有效制约的组织。

妙语点评

减少企业内耗是一项极其复杂的系统工程，需要我们从管理的不同角度和不同层次做大量艰苦而细致的工作。一个企业只要内耗问题解决了，这个企业就会是一个具有凝聚力和向心力的战斗集体。而一个有凝聚力和向心力的企业，就是一个有希望成为“百年老店”的企业。

不实施反馈制度

没有反馈制度，你的下一步决策就会受到不利因素的牵制。

管理事典

拉菲尔德面带笑容地说："老板，我们提前两天完成了那项自我进步的培训计划。"

管理者："太好了，但是如果你尽量满足他们提出的要求就更好了。"

拉菲尔德："什么？我们是严格按照我们去年9月签订的协议来做的，我可以拿出原本文件来给你看看。"

管理者："或许是吧。但是肯定有些地方出错了，因为奥古斯汀·弥尔兹刚从上级部门打过电话来，他很不满意。他明天早上的第一件事就是想让我和你到他办公室里去一趟。"

拉菲尔德一头雾水，问题出在哪儿呢？

作为一个管理者，一定不要在你的员工兴高采烈地向你报告他的成绩时，告诉他他的方向错了，尤其是这名员工花费了很多的心血才完成了任务。上述这位管理者，缺乏的就是随时和他的手下沟通，造成了上下不通的局面，只好自己做好善后工作——去向他的上司解释清楚。这位管理者给员工的都是"马后炮"，虽然这也是些反馈信息。

如果工作项目固定在一些相对小规模的任务上，那么运用反馈制度来帮助修改工作计划就成为重中之重。

在上面这个案例中，聪明的管理者应该能够认清自身的错误给员工造成的损失，而不让拉菲尔德当替罪羊，除非他故意拒绝接受反馈意见，因为这是管理上和整个工作团队的错误。

如果想成功地完成一项大规模的工作项目，不需要任何反馈意见或不理会这些反馈意见，是很难把工作做好的。如果没有反馈意见而员工的工作却完全令你满意，那么只能说算你的运气好罢了。

提高质量运动强调把反馈制度作为每项工作程序运行的一部分。员工们应该能够及时地看到工作过程进行得如何——譬如，通过有关工作进度的图表，使他们能够从过程中得到反馈意见，针对这些意见立即进行改进——而不是一个星期或一个月以后才做出改进。在大多数情况下，工作程序是一种例行公事，反馈制度也是一种例行公事。如果你执行的是这样的工作

程序，无论机械的还是人为的，你都应该把反馈制度加进去。

就算你的大多数工作不可能都是那样的例行公事，你仍然能够得到有效的反馈意见，即和你的团队员工进行交谈，确保他们理解反馈制度的重要性。在具体的项目中和他们一起工作，以寻找有效的获得反馈的方法。如果有必要，帮助他们解释和使用反馈意见，使你自己以及每个人的注意力集中在获取和使用反馈意见上。这样，你将对你们工作效率的提高之快大为惊叹！

正确方法：

任何长期的工作项目，通常允许甚至常常要求员工和管理者保持不断的联系。如何把这些联系转化为得到反馈的机遇呢？

1. 确保机遇的存在；如果没有机遇，创造机遇

保持联系的时间越长，你的员工和客户越有可能互相保持同步。你需要对这种联系列出计划，并找到合理的理由。

“嗨，我们为你需要的课程做出了一个框架。你愿意星期二和我一块去看一看吗？”或“我到了你们大楼的第12层，我们是否能共同探讨一下您目前使用我们产品的情况？”

2. 经常询问客户对你的产品的意见，并对这些意见进行密切的关注

不要指望所有的客户都了解产品，都能对产品给出明确的反馈，因为这是不现实的。客户给你提出反馈意见对他们自己来说是无所谓的，他们总是会说一些好听的恭维话，或是其他无关紧要的话。不过，只要你认真地征求并听取他们的意见，你就会得到正确的反馈意见。

无论你心里怎么想，都绝对不要对批评性的建议做出负面的反应。如果你希望获得有效的反馈意见，那么你就要做到这一点。你同意对你的批评吗？不管你同意不同意，你都得认真地听取这些建议。你询问客户问题，并对此做出了一种合理的反应。这种反应包括从“我不知道这个情况，但我们将立即进行改正”到“我理解你为什么这么不满意，但是让我解释一下这里到底出了什么问题”。只有当你认真地听取了客户对你的批评，理解了，并且做了适当的反应，将来才能够获得客观的反馈意见。

让客户的反馈直接传到你的员工那里，而不是只告诉你自己或其他的管理者。如果发生了让客户不满意的情况，不要总让你的客户给你打电话，否则你的员工得到的所有的反馈意见都是你挑选出来的（或回忆起来的）。更糟的是，你还切断了你的员工和客户之间的直接联系。向你的员工讲清楚让客户满意是他们的责任，然后对客户也同样讲清楚这一点，即对他们负责的是你的员工，你要跳出他们之间的责任关系。不过你也要详细了解客户的反馈意见和员工采取的措施。通过定期的进度报告，你的员工给你提供关于他们正在从事的工作项目的反馈意见，你就能详细地了解情况。

妙语点评

只有能够得到及时的、直接的、有用的反馈意见，员工们才能在生产过程中修补错误和提高工作表现。如果反馈意见被延误了，或者经过多层管理人员或办公室的筛选，或者以一种很难理解的形式提供给员工时，员工们就很难把这些意见转化为积极改进工作的表现。

奖励个人，忽略集体

单枪匹马闯不出世界，团队中每个人的工作都必须是优秀的。

管理事典

路易斯："迈克，你这项工作做得太棒了！这是最近几个月里我看见的完成得最好的工作。你真是一位一流的员工，我认为你值得获此荣誉。"

迈克："谢谢你，老板，你太过奖了。其实这本来就不是一件很难完成的工作，只是我自己也很喜欢做这样的工作。况且，我一直都在尽我的最大所能来为你工作。"

路易斯觉得自己很好地鼓励和表扬了员工，而迈克也因为得到了表扬而洋洋自得，一切都是那么的美好。直到吃完中午饭，路易斯在公司的走廊上无意中听见怀特尼和阿斯里德以下的这段谈话：

"你相信吗？迈克因为那份工作受到了老板的夸奖。"

"哼，要不是我们帮助他，他还在那里徘徊，不知道从哪里做起呢！"

"真的让人失望，我们的努力都白白地浪费了。"

"而且从我的判断来看，更糟的是迈克已经使老板确信他是很有能力的。"

“迈克真的是一个虚伪的人。”

“老板也很不明事理，怎么看不到我们大家？”

“看来，迈克是要得到提升了。”

“但没关系，如果他得到了提升，大不了我们就不在他手下干了。”

路易斯听到了这番谈话，猛然醒悟，他差点儿做错了一件事。于是他匆匆赶回办公室，准备挽回这种不利的局面。

这种情况中，管理者使自己处于盲目被动的局面——他只看到了一个人的工作成绩。可能迈克这个人善于表现自己，可能他将所有的功劳都私自放在了自己的名下，也可能他是一个团队的核心人物，而路易斯选择了对迈克奖励，夸奖迈克的工作做得棒，殊不知他的这种做法已经将自己送进了陷阱，而自己却不了解实情。

工作中，对员工的奖励是十分必要的，但是每项工作都离不开一个集体，只注重鹤立鸡群的人而忽略了其他的人，会让其他的员工产生失落感、丧气，甚至嫉妒，进而发生恶性循环。

使一个团队毁于一种夸奖实在是不明智的选择。要知道怅然若失的感觉要比那种惬意的感觉持续的时间更长。

另外，在上述这个案例中，我们也发现其实迈克很可能没有真才实学，只是窃取了众人的劳动果实，已经引起了众怒。路易斯要想心平气和地处理这件事情，必须让迈克面对他所做的一切，让他在管理者的面前真实地反映工作情况，而不是虚报，才可以尽快地把错误补救好。

安排一次和迈克的私人谈话，直接告诉他你所听到的消息——即怀特尼和阿斯里德在圆满完成那项工作中所起的重要作用。这时可能出现两种结果：

（1）迈克极有可能承认他的同事的贡献，因为谁都不可能否认团队的力量，但是他有可能避重就轻、轻描淡写地说一下别人的作用。那么说明他根本不了解路易斯的目的，路易斯要让他明白他只是团队中的一员，别人的工作不应该忽视，不能光为了争功而使自己被同事排挤，否则他在以后的工作中将会困难重重。

（2）如果他不承认，那么问题就更严重一些。同时，你也应该使自己摆脱那种圈套——即在你了解到真实的情况之前，绝对不应该先把自己的观点亮出来。

反过来说，怀特尼和阿斯里德的话可信吗？路易斯已经出现了一回偏听偏信，不能重复犯这样的错误。路易斯能否顺利地解开这两个人的疙瘩也是很重要的，他应该想办法让他们说真话，一就是一，二就是二。那么，他们会和路易斯深入地讨论关于迈克的这件事情吗？路易斯如果以一个领导人的诚信来告诉他们，他要公平地处理这件事，他们就可能配合有关讨论。如果他们私下里的话仍然不变，路易斯就必须对这件事有所处理了。

正确方法：

（1）你可以一贯奉行这样一条准则：在采取行动之前必须先弄清事实。无论是值得表扬还是应该受到批评，这都无关紧要——首先必须弄清事实。如果你把这当作惯例，你就会发现，大多数情况下，你第一次得到的信息总是存在严重偏离的。

（2）除非有迫不及待的原因让你采取快速果断的应对措施，否则在你采取行动之前一定要三思，甚至在掌握了足够的事实后，你可能情不自禁地做出不自觉的反应，而不是做出最合适的回应。

思考一下下面的两种方法，看看有什么不同：

方法一：不自觉的反应。“迈克，我发现你独吞了前几天那项工作的全部荣誉，但是其他人也帮助你做了大部分工作。我希望你以后不要让这种事再次发生，现在就立即停止这种做法。”

方法二：思考后的反应。“迈克，我听到一件事，令我非常失望。当你向我展示那项工作时，你使它看起来好像完全是你一个人干的。但是现在我听说你得到了别人很大的帮助，对于这一点你却一字未提。”

注意，第一种方法封闭了进一步谈论话题的可能性；另外迈克也会因别人的泄密而感到生气。第二种方法则是一种理智的反应，使迈克有机会说出他想说的话。由于第二种反应不像第一种反应的火药味那么浓，它给了迈克陈述自己理由的机会——可能会有一些你所不知道的其他情况。

弄清事实，思考这些事实，然后再采取看起来最好的措施。如果你一贯都能这样做，你就可以避免这种表扬错位。

无论什么时候你表扬某个人，鼓励他再接再厉，其实你也间接鼓励了其他员工仿效这种行为。如果迈克想独吞所有的荣誉，其他员工可能得出这样结论：如果他们自己也独吞功劳，那么他们也能赢得你的表扬。

无论怎么做，表扬本身是没有错误的，只是方式、方法一定不要引起员工的反感，要公平合理，尤其不能忽略对整个集体的表扬。

妙语点评

团队的重要性是每一个管理者都很清楚的，切不可使自己的举动把一个很好的团队瓦解。倾听员工的声音，随时在团队里了解团队的风向标。不同的人有不同的性格，管理者应根据员工的性格和平时的表现来决定自己的态度。某些员工说话是算数的，当他们宣称自己做了什么事时，你会对他们深信不疑。另一些员工则不然。无论如何，一定要让你的每一个员工的成绩都不被忽视。

不能营造团队的概念

一只蚂蚁虽小，但蚁群却能吃掉一条大自己几千倍的昆虫。

管理事典

“史密斯，为什么你的团队似乎比我的团队完成的工作多？”

“我不知道，你的团队真的全力以赴去完成任务了吗？”

“我们已经把每项工作所需的安排布置好，每一个员工的定位也做好了。”

“那么，你的员工都努力去完成任务了吗？”

“是的，当然，努力完成任务不正是他们要做的吗？他们知道他们应该做什么，并且他们也是那么做的，就像他们成为一个团队之前一样忙碌地工作。”

“那还不够。每个员工都明确这个整体的任务吗？”

“这个，我觉得没有必要吧，只要每一个成员都全力以赴地做好他分内的工作就行了。否则不是增加了每个人的负担吗？”

“恰恰相反，只有每个人都明白整体的任务方向，在工作的过程中互相沟通、互相扶持，整个团队的工作才能更好地完成。”

上面的案例说明：这名管理者根本没有在团队成员中建立团体这种概念，每个人都是独立的个体，可能每个人都是优秀的，但是整体上却是一盘散沙。大多数员工都习惯于被监管，并且在他们个人努力的基础上被评价。即使他们被告知他们是团队的一部分，他们也仍然倾向于思考个人行为。在这里，管理者的基本工作便是帮助他们将注意力从个人行为转移到整个团队的表现中去。当管理者没有帮助他们完成这一转换，或继续让他们专注于个人行为，那么就会阻碍他们形成一个有效工作的团队。

正确方法：

把团队召集起来，解释一下每个团队都需要两种基本制度模式：管理模式和关系模式。

管理模式通过会议产生结果。例如，管理模式之一是所有的超过一个或一个半小时的会议都需要团队投票来表决才能决定是否要延长。

不要因为管理模式听起来很好，就想当然地以为它一定会对整个团队产生好的作用。下面是一个例子：

“我想这是一个简单的制度，”维亚说，“我们会准时开会，并且每个人必须承诺准时到达。那样的话，我们不会把时间浪费在那些迟到者身上。”

“听起来不错。”希尔说。

凯勒搔头：“等一下，我一星期要接受三四个客户的来访，没有办法预计那会需要多长时间。我认为会议要准时开是个不错的主意，但是我不能把我的客户丢下不管呀。”

“这可不行。”希尔说，“难道我们不能在早晨先开会，而你把接见客户安排在会议之后吗？”

“虽然可以这样，但这意味着我们每次都必须在会议的时间上取得一致。”

为什么我们对管理模式如此担心呢？因为如果团队成员在小事情上有与其他成员不同的见解，那么很可能导致成员间的摩擦。

一个团队必须有有效的关系模式，而且每一个团队成员都必须认同该模式。那么，关系模式如何发挥作用呢？团队中的关系模式规定一个团队规定其成员只对建议的内容做出反应，而不是针对提建议的人。例如：

“你知道，我们不能简单地规定在周三和周五下午接待来访。我们应该是服务于客户的。难道客户来了，而我们却不去接见他们？”凯勒说，“你是想使我们的团队走向客户的对立面呀！”

“好了，”维亚插进来，“凯勒，那句话听起来像是专门针对希尔的。希尔，你认为呢？”

“是的，我感觉也是。”希尔说。

“好的，你们赢了。”凯勒愁眉苦脸地说，“我不是针对她的，而是针对她的建议的。让我换一种方式表达。希尔，你认为这种方法能让我们在客户中建立起良好的声誉吗？”

“谢谢。这样听起来好多了。”希尔说，“现在，让我给你解释一下我是怎么想的。”

只有在团队中的每一个成员都严格遵守和执行团队的基本

制度时，团队建立基本制度的努力才不会白白浪费。如上面的例子所表现出来的，每一个人都必须以别人可以接受的方式对别人的意见提出不同的见解。

当团队刚开始实行这种制度时，成员可能在相互表达不同见解上比较犹豫。你可能刚开始时需要介入，直到每个人都对遵守团队制度取得一致看法。但作为管理者，你应该尽快脱离出这个圈子，以便让团队成员自己去施行该制度。

妙语点评

对每一个团队来说，整体效应非常关键。确保每一个人都有这样的概念：我们是生活在团队中，我们的每一步工作都直接影响团队的下一个环节，我们是息息相关的，缺一不可。这样，你的团队才不会出现支离破碎的局面。

不能正视员工对自己的评价

拥有成熟、包容的胸襟，才能接受不同的意见，同时广纳不同的观点。

管理事典

阿德里尼是一个特立独行的人，不太热衷参与公司职员的窃窃私语和公司决策的事情，他宁愿待在办公室里完成自己的任务。阿德里尼对事情的看法也和周围的人不尽相同，这一点让他周围的许多同事感到很不舒服。比如，他的很多想法都是经过深思熟虑的，也很合乎逻辑，不过有时在指出别人谬误的时候，会让人有点无法接受。他往往是赢了争辩，却输了友谊。但是公司管理者们还是愿意接纳阿德里尼，继续重用他，因为他的记录一向良好，工作很有成效。

有一天开早会时，阿德里尼提出一个用激进的方法来处理为客户服务的问题。他的建议起源于一个假设，这个假设又与管理阶层所认定的原则大有出入。

当阿德里尼提出他的构想时，管理者都认为这个构想太缺乏幽默感了。阿德里尼十分认真，他愈往下说，在场的人就愈觉得如坐针毡，因为阿德里尼的提案显示出了管理阶层的弱点。更令人烦躁的是，他们愈是反驳阿德里尼，就愈觉得自己处于不利的地位。

不少管理者都有一意孤行的癖好，除了自己的意见外，根本就听不进别人任何有益的进言。而当别人有意见的时候，他们也常常命令别人保持沉默。当组织生活的环境里发生质疑的时候，出面发出质疑的人就很有可能被贴上“不忠”的标签，甚至被视为“制造麻烦的人”。

到底什么才是评断反对和不同意见的最佳方式？应当鼓励勇于发表不同意见甚至是反对意见的人，并注意倾听。

如果员工不得不循规蹈矩，压制自己的行为、特点和人格，放弃自尊和自由，被当作“次等人”；或者规章制度完全是上层管理人员说了算，毫不考虑下属的愿望，而上层管理人员又可以倚仗权势另搞一套，那么，负面效应就不可避免了。

正确方法：

1. 对挑战权威者明确层级，奠定基调

领导者一旦感到队伍中有人起了破坏作用，就必须采取行动。做出决定尽管艰难，但不可避免，此举增强了领导者的可信度，而逃避问题造成的破坏性甚至要超过那个挑事儿的人的坏脾气。

领导者有责任事先定好上下级关系，为工作方式定下基调，并把这些信息有效地传达给下属。对领导者的挑战多半来自于对既定的理念和上下级安排的不认可。一旦某些挑战破坏了队伍的运转，就必须面对它、解决它。领导者如果不得不在捣蛋分子和团队精神之间做出抉择，如何取舍是显而易见的。

2. 多些宽容，开诚布公

优秀的领导人会容忍下属对自己的评价并鼓励下属说出自己想要的。如果员工意识到可以对问题进行开诚公布的讨论，

他就知道，这个领导是一个优秀的领导，他们会极力支持他而不是刻意反驳。比起独断、拒斥、惩罚或者解雇，积极的、面对面的交流效果更好。你最终将会看到，业绩、士气和团队精神将因此而大幅提升。

即使下属的评价不准确，一个杰出的领导也应该保持一种良好的心态，加以训练和指导，促使他能够认识到自己的不足，尤其要让员工更好地了解他们自身和他们的工作。这可以让他们知道如何改善心态，在面对与业绩相伴而来的焦虑、屈辱和挫折时更讲究方式方法。

3. 以身作则，言出必行

信任是一种言出必行的信念，是对一种传统美德——“诚实”——的恪守。领导者的行为与他口头上宣称的信念要相吻合，起码不相冲突。有效领导的基础不是卖弄聪明，而是言行合一。

4. 协调一致，及时沟通

领导者与下属之间要建立良好关系，保持价值观的协调至关重要。领导者与下属的共同价值观将大体上构成所谓的“团队文化”，也就是这个团体的处事方式。领导者与下属彼此协调一致的价值观是合理行为产生的基础。

如果领导者与下属各执一种信念，必然带来团体的“精神分裂”。

妙语点评

一个团体要想超越每个个人的能力，争取最佳表现，领导者必须能够和下属齐头并进，以整个团体的目标为自己的工作标准，不阻碍它的实现。如果有些下属很明显做不到这一点，领导者只能重新审视依靠这些下属是否明智。

不给员工自我提高的机会

没有得到锻炼和提高的机会，你的员工永远也长不大。

管理事典

“老板，我想向你解释一下昨天给你的那份报告，我觉得自己要是懂一点统计原理或是研究方法设计的话，应该能够做得更好。现在尽管我已经尽了最大的努力，可还是没能面面俱到。”

“没问题，露西，我刚让丽丝看了一遍，做了些许调整。

这工作你一年做不了几次，没有人会对你作过高要求的。你只要确定数字对得拢就行了，解释的工作就让丽丝来做吧。”

“我觉得丽丝已经很辛苦了，她总是有一大堆需要处理的文件，也许我可以帮助她，因为我觉得这样可能会更有效率。”

“不，露西，这不是我们的工作方式。照我说的去做就行了，一切都会很顺利的。”

出色的员工需要不断地提高。从某种意义上讲，员工就像花草，通过减少必要的阳光和水分来将其限制在花盆中是不会成功的。花草不会保持原来的大小，而会失去生气、一蹶不振，渐渐地凋零枯萎。同样，如果阻碍了员工的成长，他们的

工作表现将不会再维持在原有水平上，只会因为关心和激励的缺乏而日益恶化。

还记得你是怎样学会骑自行车的吗？还记得你第一次自己做蛋糕、第一次做主管时的情形，当时你肯定经历了多次的尝试与失败，但正是这些经历，使你懂得了什么行得通、什么行不通。要容许员工犯错，至少是偶尔犯些错误，有两个重要的原因：

（1）当员工犯错时，他能亲眼看到行为的后果。对于自己采取的方法所带来的结果，他会有切身的体验。这样学到的经验教训，远比通过简单的口授深刻得多。

（2）犯错能使员工了解自己采用的方法的局限性。对于任何过程，都有一些特别重要的步骤。同样，有些步骤应该完全按照计划执行，而另一些步骤却可以省略或有所变通，而不会对全局造成显著的影响。但员工对此却会不甚了解，除非他有尝试的机会。

正确方法：

1. 保证部门里的每一项工作至少有两个人能胜任

增加员工技能最自然的办法是让他们交义进行现有工作的培训。我们都遇到过这样的情况，当某个员工有急事或非常紧迫的任务时，没有后备的力量来顶替他的工作。

2. 倾听员工上进的要求

你听到过员工这样的话语吗？“我想做些更具挑战性的工作。”“这些日常工作叫人有些厌倦，该找点儿新鲜事做做。”

尽可能地抓住这些机会。员工们已经掌握了什么样的技能？如果员工们掌握更高更多的技能，公司的工作是否可以得到改善？是不是只要略微提高一下工作技巧，就能占领新市场或是开展与目前工作相近的新业务？当有员工到你这儿来要求更新鲜、更有吸引力的工作时，回顾一下这些问题，然后鼓励员工们找到一条提高技能的途径，使他们成为公司的顶梁柱。

3. 知道自己何时应该介入，何时应该退出

你必须阻止试验中某些错误的发生。有时，必须尽可能地减小可能发生的损害。但员工们进行试验时，应该给予其一定的自由度，允许员工们犯一定的错误。

4. 鼓励员工之间进行公平的观念交流

可以要求员工找出低效的工作程序或步骤，组织专门小组找到解决方案，提供给其他的成员；也可以在公司的正式计划（许多人可能根本不会参加）之外另外组织部门内部的革新建议活动；甚至可以简单到让员工在例会上发表自己的见解，给你留一张便条或是一件样品，等等。

5. 使鼓励员工成为你的习惯

“做得好，露西。看来你真的掌握了统计的方法。”“丽丝，谢谢你发现了工作报告上的这些错误，这次你可真的帮了我们大忙。”

让你手下优秀的员工知道，你关注并欣赏他们的工作，不必时时都去找新的挑战。如果人们知道自己处在一个鼓励发展的工作环境之中，他们会积极地响应的。

6. 回顾一下工作情况，找到经常发生的错误，让员工们相互学

习经验教训或许有的员工一直都做得很好，能够避免发生那些纠缠其他员工的错误，请他们与大家分享“成功的秘诀”。如果只是有两三个员工，而不是整个工作群体，经常犯同样的错误，为了不使工作质量降低，就应该对这两三个人的问题加以解决。

妙语点评

阻止员工犯错不仅是正确的，还是绝对必要的。但我们不能因为害怕员工犯错，就不让员工去尝试新的工作或是新的做法。一个优秀管理者的做法是让他的员工不断地创新、不断地提高。

PART 05

你在面对人才流失时最可能犯的 6 个错误

临时抱佛脚

管理者要能洞察人才流失的现象，平时好好利用人才。

管理事典

“能够为你工作，和这里的人共事，我真的很开心。”你的某位下属说，“但下个星期一，我要去另一家公司工作。这跟你没有关系，跟这里的工作环境也没有关系。我只是觉得，换个地方能有更多的机会提高自己。”

一个公司要向前发展，一个管理者要创造业绩，离不开优秀人才的辅佐，这样才能成就大业。如果你的下属们认为你并不是一个好主管，他们觉得替别的主管工作更值得，那么你的职位恐怕很难保住了。

员工离职的原因多种多样，其中之一就是没有设立招聘后的评估。招聘工作结束后，由于没有对已完成的招聘工作做相应的评估工作，没有对刚入职的新员工的各方面状态进行二次

评估，所以没有尽早发现这次招聘中的失败。其实，企业为了以后招聘工作更好地开展，对上一次招聘工作做评估是十分有效的。它能帮助企业改正存在于招聘工作或其他人力资源管理工作方面的失误，是对招聘的每一个环节工作的跟踪，以检查招聘是否在数量、质量以及效率方面达到标准。

当然，除了这些，还会有很多其他的原因。但不管是什么原因，团队中人才的流失直接威胁到管理者自身的地位和发展，必须阻止这种情况的发生。

正确方法：

1. 准确把握跳槽前的信号

（1）频繁请假。如果这个人一向遵守劳动纪律，从不轻易请假，而现在突然开始频繁请假，恐怕就要考虑此人是否准备跳槽。请假无非是去联系新单位，或作一些应聘准备，还可能是处理私事。既然准备跳槽，就再也用不着像以前那样积极地表现了。

（2）工作热情明显减弱。和以往相比，工作劲头和工作效益大打折扣，他只是在岗位上应付差事。虽然许多人心里也告诫自己要站好最后一班岗，而实际上却已心不在焉，也许热情已跑到即将上任的新岗位上去了。

（3）开始整理文件和私人物品。办公桌面前所未有的混乱或整洁，并陆续用一些手提袋将自己的东西分批拿走，到时一走了之，轻装而撤。

（4）和周围的人关系不再像以前那样。拍管理者马屁时也表现出一种“自尊”，喜欢传闲话、打小报告的开始“自律”，热心“公益”活动的人也不再乱掺和，即使以前为了搞好同事关系抢着打开水倒茶的现在也罢了工……绝不是这些人懂得做人、成熟了，而是他们马上要离开这里，用不着再让自己受委屈；在接电话时语言已开始暧昧，甚至会神神秘秘，往往会说“到时再说吧”！

诸如此类，说明此人已“身在曹营心在汉”了，只等这月工资发下来。

2. 及时“清理”你身边这些不再专心替你工作的人

你身边会不会有“身在曹营心在汉”的下属？不要小看这一点，如果你的团队业绩平平，或者你紧抓着员工不放，替你工作的人就会心不在焉。

这个“清理”包含两层意思。其一就是上面说的留，那么怎么样留呢？把愿意留下来的人留住，同时这些人确实是很好的员工。其二就是送走。那些你很难管理又没有什么工作能力的人走就走吧，那些很有才能但是已经“这山望着那山高”的人也留不住，俗话说，“留住他的人，留不住他的心”，不能因为一个人的情绪而让整个团队都受到影响，你不需要这样的人。在送他走的同时，要送上你的祝福，这是一位管理者应有的胸怀。

可以说，一个公司潜力的大小要看这个公司拥有人才的多少及对人才重要性的认识程度。

妙语点评

每个企业都要面临员工的流失，为了网罗精英，首先就是要尽可能地留住原本属于自己企业的人才。这就要随时注意员工的工作情绪、工作效率，并且积极关怀下属，让你的员工在你的企业中有一种家的感觉，尽可能为员工提供优厚的待遇。为了让你的企业稳定下来，要先让你的员工稳定下来。做好事前的规划工作，把事想在前面，做到有备无患，使企业人才输入圆满实现。

漠视员工的离职

漠视你的员工就是漠视你自己的前途，人才流失是最大的损失。

管理事典

“杰西卡，我听说你竟然要为营销部的杰克工作？你是我们这儿一位很有价值的员工，我想我们肯定能做些什么，让你留下来的。”

“真想不到，杰克把开发客户任务都交给我做，我真的很想有这样一个发挥自己专长的机会。我在现在这个生产部门里真的看不到这种可能性。”

“好吧，能说一下为什么吗？”

“老板，其实我们部门不适合做一些专业性营销工作，我其实是善于交际的。”

“既然这样，请将你的工作迅速交接完。”

“我确实很想继续为你工作。”

“我听说工作任务很重时，杰克会压得你喘不过气来。”

杰西卡无奈地走出办公室，其实，他已经很明确地表达出了他的意思：他并不是想跳槽，杰克的工作也不适合他。

他想：如果老板能让我发挥特长，我就一定留下来。

为什么就不能把一个好的员工在自己手上留得时间长一点呢？这位主管有这么几个理由，我们看一看这些错误的想法：

（1）杰西卡的特长这位管理者没有看到，对自己的工作不感兴趣，自然没有多少激情，杰西卡因而萌生去意。

（2）杰西卡其实并不想离开，他只是拿着离开作为借口，希望老板予以重视，但是这位老板却一副无所谓的态度。

有些员工因为对自己的工作不感兴趣或者想要管理者为其提供更高的薪酬，而以“辞职”作为借口试图提升自己工作地位、待遇，这时候管理者应能细心考核这名员工的工作绩效，如果确定应该予以改变，那么就给他一个合理的提升，不能对此不闻不问。

正确方法：

这时管理者需要做的是，与提出辞职的员工进行坦诚的谈心。这种谈话实际上可以看成是与员工进行的又一次“劳资谈判”。谈心时，一方面要诚恳地劝说员工留下来；一方面要倾听员工对自己的意见，尤其是他辞职的原因；同时还应该了解员工打算去什么样的新企业，为什么选择这家企业。通过了解这些信息，管理者可以寻找员工的心理突破点，更重要的是，通过这样的谈话，可以了解企业管理中存在的问题。在这个时候，应该让员工看到你对他的重视，员工如果是诚恳地与管理者交心的话，一定会谈到一些对企业、对管理者本人或者对企业的最高管理者不利的话。这时，一定不能听着不入耳就勃然变色。一般说来，员工离开企业，总是说明企业管理中的什么地方出了问题，存在弊端。

松下幸之助在跟随了他26年的后藤清一离开公司的时候，用了一个多小时倾听后藤对公司的意见。他认为，这是花钱也买不来的意见。对公司其他离职的员工，松下也十分诚恳地请大家留下对公司的批评和建议。

在与离职员工谈话之后，管理者就应该对谈话所获得的信息进行分析，商量一个说服员工留下来的办法。造成员工流失的管理者存在的问题形成了我们所说的推力作用；同时企业外也存在许多因素，形成对员工的拉力作用。管理者制订的挽留方案应该有很强的针对性，击破他的心理防线。而要做到这一点，与员工的谈话是很关键的。根据员工所陈述的拉力和推力理由，进行

耐心地说服。要让员工认识到，他对企业的推力的看法是一个误会，管理者会很积极地纠正这一误会。与员工在一起进餐等方法会是很有用的，以便说明企业挽留员工的诚意。

与此同时，管理者还应该采取积极的行动，解决员工所提出来的困难，使企业内部推力因素降到最低点。一般说来，除非由于员工与管理者有不可调和的冲突和矛盾而产生去意，许多情形下问题还是可以解决或者得到缓解的。

如果以上的措施都不能奏效，管理者也不能强留员工，应该做的就是采取措施减少可能由于该员工流动而带来的损失。如分析该员工流动是否会泄露企业的商业或技术秘密；员工是否会带走企业市场份额；员工是否还有必须在离开之前了结的义务、债务等。企业应该采取积极的、果断的防范措施，避免企业受到更大的损失。

妙语点评

“要走就走吧，无所谓了”，这样的话不是一个负责任的管理者应该说的。管理者应该采取积极的态度，能够正视到人才流失对你是一个重大的损失。毕竟，在这样一个激烈竞争的社会中，主要还是人才的竞争。

没有好的人力管理机制

人才需要好的管理机制来培养、锻炼、提高以及储备。

管理事典

某公司原是一家校办企业，主要生产一种为其他电器配套的机电部件，产品有较大的市场空间。但公司的经营业绩一直不理想。1997年，企业实施了改制，变成了一家民营企业。管理者杰克逊实行一系列改革措施，此后，公司凭借技术实力和灵活的机制，取得了良好的效益，产品不仅为多家大型电器公司配套，而且还有相当数量的出口，一时成了所在区的纳税大户。

但是，伴随市场成功而来的却是内部管理上的一系列问题。尽管员工的工作条件和报酬比起其他企业已经相当不错，但管理人员、技术人员乃至熟练工人却在不断地流失，在岗的员工也大都缺乏工作热情。这给公司的发展乃至生存带来了极大的威胁。

为什么会出现这样的问题呢？从杰克逊采取的以下几个措施也许能窥见公司的人力资源管理和员工激励方面存在的问题：

“红包事件”——公司改制时，杰克逊保留了“员工编制”这一提法，这就使公司有了3种不同“身份”的员工，即“工人”“在编职工”和“特聘员工”。其中，“工人”是通过正规渠道雇用的外来务工人员；“在编职工”是与公司正式签订过劳动合同的员工，是公司的技术骨干和管理人员，他们中一部分是改制前的职工，一部分是改制后聘用的；“特聘员工”则是向社会聘用的高级人才，有专职的，也有兼职的。

一次，杰克逊在发放奖金时，“工人”和“在编职工”的奖金是正式造表公开发放的，而“特聘员工”是以红包形式“背靠背”发放的，并且“特聘员工”所得是“在编职工”的2—3倍。但这件事的实际效果却是大大挫伤了员工，特别是“特聘员工”的工作积极性。他们中一部分人感到公司没有把他们当作“自己人”，而更多的人则认为“在编职工”肯定也得到了红包，作为公司的“自己人”，所得数额一定比“特聘员工”更多，自己的辛苦付出没有得到公司的认可。公司多花的钱不但没有换来员工的凝聚力，反而“买”来了“离心力”。

“人尽其用法则”——杰克逊的“爱才”是出了名的，公司在“招才”上舍得花钱，但在如何“用才”上却不尽如人意。公司的职能机构设置很简单，厂长室下设了生产科、技术科和综合科。生产科长兼任主要生产车间主任，还兼管供应；财务、统计、文秘等均压缩在综合科；市场则由副总直管。因此，职能科室成员往往是“一位多职”，如会计师同时还可能是文秘，又要做接待等。这本来体现了用人机制的灵活和高效，但是这种“一位多职”又不稳定，一项任务交给谁完成十分随意。又由于职责与分工不明确，最终也就无从考核。于是，多数科员为减轻自己的工作强度，纷纷降低了工作效率，以免显得过于“空闲”而被额外“加码”。

“评比出矛盾”——公司定期对员工进行考评，整个考评工作由各部门分别做出，但他规定不论工作如何，必须分出A、B、C三等，并将考评结果与待遇挂钩。这使得员工之间产生不少矛盾。

尽管企业人才流失的原因是多方面的，但激励机制存在的问题必然是造成人才流失的重要原因之一。

正确方法：

1. 不要轻易开除人

末流管理者不问青红皂白，一刀切；一流管理者探究深层原因，讲人本。

实际上，管理者的业绩往往取决于下属的表现。挑选和培养下属，是优秀管理者的基本技能和责任所在。不过，事情总有不遂人愿的时候。

2. 建立必要的人力资源管理制度

在工作分析的基础上，结合自身特点设置岗位，明确岗位职能与责任。这样不但可以有效避免工作指派上的随意性，而且能克服招人用人的盲目性，也为员工业绩考核提供了客观公正的依据，有利于充分发挥组织效率。

3. 关心员工发展和成长，引入员工“职业生涯设计”等导

向机制在了解员工个人愿望的前提下，管理者帮助员工设计好自己的职业目标并努力创造实现目标的条件，这样既可以提高员工工作的努力程度，又可以提高员工对企业、对管理者的归属感。对于一部分高级人才，可以用“期权制”等方式来处理他们与企业的关系，这将有利于企业的长期稳定发展和壮大。

4. 建立沟通与反馈机制

从个体的角度来考察，员工有一种及时了解上级对自己工作评价的需求。当这种信息不能及时反馈给员工时，他们一方面会迷失行动方向，即不知道自己的工作方法究竟是否正确，从而彷徨不前；另一方面，他们会感到自己的工作不被组织重视，从而失去工作动力。

妙语点评

建立一种制度化和非制度化相结合的人力资源管理机制十分重要。机制上的灵活性是企业的优势，但同时会出现规范化不足的欠缺。规范有序，可以减少组织“能量”的浪费，灵活、人性化可以增强组织的内在动力。规范与灵活的结合，应当成为人力资源管理和激励工作的追求目标。

事业停滞导致人才流失

采取正确的措施，加强相互间的沟通，就会使组织的成员迅速地从“事业停滞期”的阴影中走出来。

管理事典

珍妮是一家广告公司的管理者，最近她却发现员工们总是坐在一起闲谈，工作起来也没有劲头。她决定问一问这些人究竟发生了什么事。

“卡尔，你能告诉我你为什么不去好好工作吗？”

“我越来越觉得我们的工作没有什么意思。”

“是什么原因呢？你觉得你的待遇不好吗？”

“不，恰恰相反，我觉得我的工资和福利待遇都非常的好。”

“那么，就是你家里有什么事？”

“不，不是这样，没有。”

“那么，你说说，问题出在哪里？”

“我总是重复同样的工作，感到很困乏；另外，我觉得我们公司似乎也有些在原地踏步。”

个人事业经过发展后，进入一个相对稳定、静止不前的时期。我们也可以把事业停滞期看作这样一种状态，即个人在组织中，因为主、客观方面的原因，陷入了一种自我维持而不能得以改变的境地，我们可以形象地把它称作“职业高原”。

为什么会出现事业停滞期？事业停滞期的出现不是偶然

的，它的出现既有组织方面的原因，也有个人方面的原因。

从组织层面来说，组织结构、组织文化都可能导致员工处于事业停滞期；而个人的价值观及心理、生理状况也会导致事业停滞期的出现。

1. 组织结构

组织中的结构层次是有限的，人们在每一次晋升之后，都会处于一个相对稳定的静止期。而随着职位的逐步上升，这个静止期越来越长，因为传统金字塔式的组织，越往上职位也就越少。金字塔组织的层次呈阶梯状，每一层次间的宽度差别很大，落差也很大。许多人认为组织的层次是直线式的，可以一

直向上晋升，而实际上金字塔的斜坡是不规则的，常常会造成中断。

2. 超级提拔

每一个人总趋向晋升到他所不能胜任的职位。因为一个人被提升到高一级的职位后，如果他能够继续胜任，将进一步得到提升，直到达到他们所不能胜任的位置。结果那些本来可以在低一级职位上施展才华的员工，却被提拔到一个自己无法胜任、级别较高的职位上，并且要在这个职位上待下去。

组织中的每个人都最终要走向事业停滞期。因为只要处在个人能胜任的职位，就可能会向上晋升，直到晋升到一种自己不能胜任的职位。如果在原有的位置上不晋升，他就当然处于停滞期了。

3. 管理者的知觉性偏见

由于人们在脑子里形成了一些陈腐印象，持有这些印象的管理者尤其是一些高层管理者，对组织中某些群体带有偏见，认为他们无法胜任工作，或者不能表现较好的工作绩效，从而限制了这群人在组织中的发展，造成了他们在组织中的停滞状态。

4. 人际关系的限制

个人在组织中的人际关系也会导致这种停滞。组织中的个人是以群体的形式而存在的，每个人都喜欢与自己“圈内人”在一起工作，对他们持有较高的评价，而对于那些被认为是群体外部的人，则给予较为严格的评价。

5. 个人技能方面的原因

变革是经常性的，组织中的个人如果不能适应外部的变化，不能随着组织的发展及时学习新的知识、掌握新的技能，就会在组织中处于被动地位，最终进入寒冷的事业停滞期。

6. 个人心理方面的原因

个人心理处于满足状态时，往往会走上自我维持的道路。他们贪稳怕变，满足于现状，不思进取，事业发展缓慢。中年危机是这种心理状态的典型代表。中年之前，生活取向为适应和顺从外部世界，为自己的生计而奔波，不知道自己所走的路是否正确；而到中年时，人会重新认识外部世界，评估自己，这段时期，如果他们不能正确地评估和转型的话，就会进入事业停滞期。因此，人们经常把人到中年看成发展停滞。

正确方法：

如何管理组织中的事业停滞期？

1. 管理者必须改变组织的文化，以使不再晋升的人通过新的挑战来获得新的尊重和成功

传统的组织文化需要改变，成功的含义必须扩大。除了那些能排除万难进入组织高层的少数人士，它还应包括那些持续求知的人、保持产出的人和不断改进生活的人。我们关于成功的概念必须改变，应该让人们能在工作中和生活中无时无刻不感到成功。

2. 重新进行工作设计，发展非专业化的职业道路

经验表明，如果组织成员长期从事某一项工作，就会感到枯燥无味，工作满意度下降，工作懈怠，最终陷入停滞状态。

3. 实行宽带薪酬，淡化职位观念

根据美国薪酬管理学会的定义，宽带薪酬是指对多个薪酬等级以及薪酬变动范围进行重新组合，从而变成只有相对较少的薪酬等级以及较宽的薪酬变动范围，每个薪酬等级的最高值与最低值的区间变动比率要达到100%以上。

实行宽带薪酬后，决定员工在组织中角色的不是职位，而是员工拥有的技能和创造的绩效，即使绩效工资和技能工资在薪酬中占有相对多的分量，从而降低职位工资的影响，使那些晋升不上去、处于结构性停滞期的员工能够拿到较高的薪酬，绕过职位的障碍。

4. 注重对个人技能的培训与开发

培训是让员工满足当前的工作需要，而开发是让员工达到未来的工作要求。能干的员工并非永远能干，员工的技能随着时间推移会老化，变得陈旧过时。激烈的竞争、迅猛的技术变革、提高生产力水平的要求，这就是组织每年要花费巨资对员工进行正式培训的原因。

妙语点评

事业停滞期现象在企业中是客观存在的，并且往往会为组织带来某些负面的后果。处于事业停滞期的个人，感到自己的职务到头了，没有奔头，生活平淡无奇，百事索然无味，他们会经常缺勤，工作懈怠，甚至离职。如果组织中处于事业停滞期的人数过多，组织绩效就会降低，组织文化遭受冲击，严重情况下整个组织会处于瘫痪状态。因此，如何管理处于事业停滞期的成员，帮助他们突破停滞，对管理者的管理工作是一大挑战，对组织的存在和发展具有重要意义。

人员不能最优化

你的工作人员是一个最优的组合的话，那么你的企业才是无坚不摧的。

管理事典

两位人力资源管理者正在聊天：

“做人力资源部管理者以来，干得最多的活是招聘，最怕的是突然接到员工的辞职信。”

“人员的非正常离职，尤其是核心骨干员工的离职，往往让管理者备感被动。”

“他们总是拣最不合适的时候离开。当优秀的人才——尤其是那些你特别想挽留的人决定离开时，这种现实会刺痛你。”

为什么有些人加入公司时“高高兴兴上班来”，最后却“陆陆续续离职去”？当企业的非正常离职从“个体行为”发展为“一种现象”“一股潮流”时，管理者应该反省：是雇主不仁还是雇员不义？是招人策略有问题还是用人机制出了毛病？是经营思路产生偏差还是企业文化变了味？为什么自己管理的人员总是不能实现最优化呢？所以，离职管理绝不是一个简单或轻松的话题。

谁要离开？为什么要离开？他们要去哪里？如何能让他们不离开？这是企业在进行“离职管理”时最想知道的。咨询公司研究发现，有3类人、3个时期的员工，他们是比较“危险”的。3类人指：人到中年、中等收入、中层干部；3个时期指：

最合适

试用期间的新人危机、工作两年后的升迁危机、在职5年后的工作厌倦危机。

一般而言，员工进入企业有3个离职高峰期。

（1）试用期间，员工与企业还处于磨合期，对企业尚未有归属感。一旦新人发现工作性质与期望不符，或工作量超出他们的能力，或者是与老板不和，就会立刻萌生去意。

（2）在职两年后的升迁危机。员工经过一段时间的工作，对企业和手头的工作都已熟悉，渴望有更多的机会、更大的挑战，因此希望能得到升迁。尤其是如果同时进入公司的同事、同学有提职，而他没有机会时，他会急切地寻找外面的机会。

（3）在职5年后的工作厌倦危机。当可以预知的升迁越来越慢，而机会越来越少，对于现有企业“没有新鲜感”，因此，这些已经担任主管的人开始想找寻外面的机会。

正确方法：

怎么样才能避免这种人员的流失、使人员实现最优化呢？

1. 招适合自己企业的人

员工离职大体原因无外乎内因、外因两方面：外面有更好的机会在诱惑，而企业内部又出现一些矛盾，如对公司薪资福利不满意、与主管相处不和谐等。外因只是促进因素，内因才是根本的决定因素。内因又可以从以下8个方面来考察：对公司薪资福利不满意；对公司发展不满意；对自己从事的行业不满意；受人际关系影响，如不适应主管的管理者风格、同事关系紧张等；对工作环境不满意，如离家太远、经常出差等；对学习机会不满意，如希望学习更多的技能、从事更有挑战的工作等；追求职位升迁；个人原因，如出国、生育、留学等。

除了价值观的冲突，人还有个性、行为风格、职业兴趣等方面的差异。不同的人，职业兴趣取向不同：有的人是社交型，喜欢和人打交道；有的人是研究型，对有深度、难度的事情很好奇；有的人是艺术型，对美的事物很敏感；有的人是经营型，对数字、结果很敏感。不同的兴趣取向对职业的期望不同，适合从事的工作不同。

2. 让想做事的人有事可做

事业的机会与发展的空间，这是很多管理者在吸引人才、保留人才方面“低成本”却屡试不爽的经验。

一个追求上进的员工，总希望能积累更多的经验，担当更重要的责任。

3. 在绩效考核的基础上提升待遇

“薪资待遇”这一因素在吸引人才、留住人才方面仍然有着很重要的作用。

4. 在平时的管理者风范上，要用感情留人

无论是提供职位还是提高薪水，组织的资源总是有限的，而“欲壑”总是难填，所以对于管理者来说，留人“上上策”是“感情留人，从心做起”。和管理者有过同甘共苦经历、对企业产生了感情的员工一般不轻易离职。“一个人有可能因为外面的高薪挖角而动心，但最后他决定留下，不是我们提高了他的薪水，而是他舍不得那些同事。”一位管理者说。

现代企业雇佣关系，不仅仅表现在企业能够对员工提供直接或间接的货币报酬，还需要提供足够的职业安全感、归属感、因企业对个人业绩和能力的认可而产生的自豪感和受尊重感，以及由于个人能力的发挥而带来的成就感和自我实现感等。当员工从组织中获得的这些感情越强烈，员工对组织的归属感越强，跳槽动机越弱。

最佳雇主们为了对人才进行感情投资，往往不吝其资、不吝其力：人性化的办公环境，弹性的工作时间，为妈妈们建立托儿所，提供好的福利，等等。

妙语点评

招募新人需要成本，训练上手需要成本。万一员工带走技术与客户，投奔到竞争对手那里则是更大的成本损失。员工决定离开或留下，通常不是单纯某一方面的原因，而是综合因素在起作用，而且不同人、不同职位、不同年龄、不同性别、不同教育背景，他们的离职原因各不相同。为了减少人才流失的损失，使人员最优化，企业管理者应该从根本上来把握、构筑企业的人才管理工程。

不培养员工的忠实度

员工们对企业忠实，才能发挥团队的最大价值。

管理事典

这是一家公司的现状：

经常听到“忠诚员工”的抱怨：“分公司老总在位子上才一年就调走，派个新手来，又要重新熟悉市场、重新熟悉客户，累不累？有必要吗？这样大范围的人员变动，进进出出，尤其是年底的职务轮换，把人心都搞散了，公司这样发展下去会有好结果吗？”

管理者抱怨：“我才做了一年分公司总管理者，客户关系刚熟悉，业务刚上手，又要换地方了，这不是胡折腾吗？对公

司有什么好处呢？真不明白，这也太累了。总公司也一样，我3个月不回总公司，自己就成‘新员工’了，很多人都不认识了，前台小姐问我找谁，还要我登记。”

客户抱怨：“你们公司的人经常变，也不知道要做什么，这样怎能做业务？做业务是做感情的，感情才建立，就换人，我不用做业务了，时间全花在熟悉你们公司人上了。政策也是经常变，一个人一个政策，旧政策持续时间不超过3个月，新的政策就下来了，这业务怎么做？”

销售代表抱怨：“今天是这个管理者当政，采用的是他的风格，说是要控制，加强管理；明天是那个管理者当政，又说要授权，给销售代表空间和权力。变来变去，让我们怎么适应，还做不做业务了？把客户都折腾没了。”

1. 人心惶惶

每个员工都有一种朝不保夕的感觉，当然这在一定程度上促进了员工工作的积极性和应付变化的能力，可是他们更需要的是稳定，谁愿意老是处在动荡不安中呢？

2. 工作重复

因为人员的不断变动，使得很多工作不得不重新再做一遍，造成了很大的浪费。

3. 员工往往无所适从

管理者的不断更换，使得工作方式也在不断变化，而员工们就得不断地跟着管理者变，把员工们弄得一头雾水，不知到底该如何做才好。

上述种种情况，造成了员工的忠实度降低。

是否拥有一支一流的人才队伍以及怎样来吸引和留住人才是评价一个优秀管理者能力的主要因素。许多人绞尽脑汁、想尽办法地引进人才，也投入许多人力、物力、财力去挖掘和培养企业内部员工的各方面能力，以形成独特的人力资源优势。

但是，同时也面临这样一种情形：企业在发展过程中，一方面越来越需要员工对企业的忠诚感，而另一方面员工对企业的忠诚感越来越弱。因此，企业管理者花大力气培养的人才流失了，这不但增加了企业的人力成本支出，影响企业正常的工作秩序，更有甚者还有可能随着人员的流失带走企业的商业机密、核心技术、管理秘诀等企业的重要资源，给企业造成严重损失。那么，管理者怎样来防止这种现象呢？管理者要通过一定手段和措施来增进员工对企业的忠诚感。

正确方法：

在企业实施兼并、重组以及内部人事管理创新（如末尾淘汰制）时，培养员工对企业的忠诚感越发重要。

1. 强化企业文化建设

企业文化建设需要企业管理者通过各种方法和机制，整合企业现有资源，在企业内部建立一种有利于企业发展、增进员工忠诚感的主导价值观。

2. 树立“以人为本”的企业价值观

管理者应清楚地认识到人才是企业最重要的能不断开发的资源，在实际中应改变过去那种视人力为成本的观点，而应将人力看成是企业资本，科学地开发、使用这种具有创造性的资源，为企业创造财富。

3. 建立公平竞争机制

公平竞争机制主要体现在企业人力资源管理的人力使用与管理方面。为了使企业员工有更多的发展机会，使他们不断地自我学习、自我提高，在择人、用人方面应充分挖掘内部人员的潜力。而且，内部选拔有助于对参与竞争者进行全面地了解，迅速进入工作状态，节约人员招聘成本。另一方面，要防止“拉关系、走后门”等不良现象。在实施过程中，应把握公平竞争的原则，使每一位员工都有晋升的机会，以促进企业内部人员的合理流动。

4. 以诚信为凝聚力

诚信是企业生存、发展之根本，管理者构筑企业内部良好的人际关系必须基于诚信来建立。这种价值观一旦形成，就会在企业中产生强大的聚合力，能够促进员工大胆地去创新、奋进，使他们在革新中无后顾之忧。给他们犯错误的机会，在不断地实验、实践中为企业提供最新的产品技术、管理方法等，从而持续地增强企业参与竞争的优势。

妙语点评

一个优秀的管理者应该让他的员工们处于这样一种状态：他们是值得信赖和尊重的，是愿意工作的，受到成就感、自尊感和自我实现等高层次需求的激励，是有进取心和创造性的。“以人为本”不能只是企业挂在口边的一句空话，而应真正下工夫去择人、用人、知人、培养人，要把“以人为本”的价值观真正体现在企业的各项制度和文件之中。

PART 06 你在领导力塑造中最可能犯的 8 个错误

扮演不好自己的角色

每一个岗位都要有一个明确的角色定位，领导者要扮演多种角色。

管理事典

这是员工的心理：“真不知道头儿这些天是怎么了。星期二下班的时候他还和我们一块儿出去，像以前那样又说又笑的；可今天他把我叫到办公室里，把我训了一通。一会儿把我当朋友，一会儿又要做我的老板，太令人失望了。”

这是上司的心理：“我和比尔刚吃完中饭回来，现在都已经两点钟了。两天前他就应该把那些说明书交给我的，看来他对此有些漫不经心，我非得让他在工作上投入些不可！可我刚同他提了个头儿，他就开始向我发牢骚，没完没了地说些什么克里斯昨天早上迟到了、约瑟夫早退了之类的事，相形之下他的行为并没有什么大不了的。我想这次就算了，不过下次嘛……”

与员工打成一片时，你给予他们的是充分的信任，而他们往往也会回报你以信任，从而跟着你做一些艰难的工作。但是，你不能忘记自己是一个管理者，是一个日常工作中管理决策的影响者，你的一举一动、一言一行都会直接影响到员工的情绪。

未能妥善解决自己部门里产生的问题，不管是工作表现上的问题还是个人品行上的问题，从两个方面来看，都是工作失误：

（1）如果不晓之以理，员工将不会懂得你对他们的要求。这意味着问题将永远不会得到纠正，而这以后你就得整天疲于应付这些问题。

（2）你可能以为自己搁置争议是出于对员工的一片好心，但员工们却并不会这么想。他们会认为你对部门里的问题根本就无所谓，于是自然就会有这样的反应：“连头儿都无所谓，这关我什么事？”

管理者与普通员工所扮演的角色是截然不同的。作为一个经理，最不讨巧的事情是时常纠正手下的行为，有时即使工作进展得不错，你也得负责做出一些不受员工欢迎的决定。如果想同时扮演两种角色，那么到头来只会两头不讨好。员工们会对你的“两面派”行为怀恨在心，而上司则要怪罪你办事不得力，你只好两头受气。

正确方法：

有的管理者，在一个工作群体中由普通员工提升为经理，你就得管理过去的同事了，这种处境确实让人窘迫。比较理想的情况是：你已经有所作为，让员工们认识到你们之间的新关系。

召集所有的员工开一次会。会议不需要特定的主题，可以将互相讨论作为会议的部分内容。但在讨论中，应特别提一下你们作为经理与员工之间的关系：

“我认为自己从这个工作群体中提升为经理的确有一些好处。我对这里的工作——你们的工作以及我以前的工作比较了解，我也认识这儿所有的人，知道大家应该怎样一起做，知道我们的长处与不足。

“但是这也意味着，既然我现在是这一群体的经理，我的处事方式将与从前作为一个普通员工时有所不同。也就是说，有时我会不得不做出一些并不受你们欢迎的决定。我还会同你们讨论工作表现、休假申请或是你们不会乐意接受的规定和要求。我可能不得不贯彻上级的决定——即使自己并不同意，因为我是管理集体中的一员。我们一起同事了这么长时间，今后必然会有一段大家都不太好过的时间。

“我希望自己作为这个群体的一员，会起到积极的而不是消极的作用。我想开诚布公地谈谈这一变动，这将有助于大家做出适当的调整。”

管理者要想扮演好自己的角色，就要做到以下几点：

1. 确定什么时候是兄弟，什么时候是老板

事先就应该对什么是可接受的行为、什么是不可接受的行为做出决断。给自己确定一个忍耐度的范围。如果你想对某事动真格的话，请先对照列出的表格，并且检视一下自己的权限。

对照自己所列的表格决定何时该采取行动，何时可暂且放过。如果比尔在接下来的几个星期中准时吃完午饭回来，而后又开始犯老毛病，你就应该做出何时进行干预的决定。一旦决定何时采取行动，就不应该迟疑，否则问题会变得更加严重。

2. 应该给你的员工一个明确的表示：你是管理者，在工作上不会动私情

当然，该你帮助他们时你会伸出援助之手，在关键领域中会给他们一些解决问题的策略，但公司的规章制度不能因为私情而破坏。你可能比较关注诸如出勤、午休、工作完成的及时性、客户关系以及其他一些员工有比较大的自主能力等领域，那么就要让他们按照你的意思来做。当比尔跨越了你给定的界限时，就按前面所说的方式和他谈一谈，要开门见山，实事求是：

（1）向他说明发生了不该发生的事（或没有完成应该完成的事）。

（2）向他说明将来应该（或不应该）再发生的事。

（3）如果比尔自己没有提出要改正，则要求他这样做。

实践、实践、再实践。按照自己给出的方针处理每一个问题，坚持不懈，直到养成习惯。

妙语点评

一会儿当老板，一会儿当朋友，最是费力不讨好。模糊自己与员工之间的角色总归是不恰当的，而体贴、关心员工则永远正确。只要对不同的情况采取不同的措施，做出最好的判断，你就不会犯错。

不能身先士卒

身先士卒的管理者，才能更好地把握团队的命脉。

管理事典

理查德说："告诉你们，严禁在办公时间打私人电话。"

他却爱抱着电话给小女儿讲故事。等他一离开办公室，下属们便刻意地抱着电话说个够。

"杰琳，你正在打瞌睡吗？怎么效率如此差劲？"理查德先生骂打字小姐。可是他根本连电脑的键盘也未触碰过，而每天伏在办公桌上打瞌睡的，整个办公室除了他之外，别无他人。人就是那么奇怪，本来是不太累的，被他这么一说，杰琳立刻感到有点疲倦。

"珍妮，该你汇报工作了，你总是把这些交给我来做吗？"

他总是这样自以为是，不知道他的下属已经怨声载道了。你听听这两位的私下谈话：

“珍妮，真不知怎么搞得，工作的一直是我们，可是他一直在坐享其成。”

“就这样还不够，他还在不断地指责我们。”

“这次的项目能够拿下来完全是你一个人的功劳，我知道，你非常辛苦。”

“是啊，你能够明白，可是老板不明白。我在工作中有什么困难，找到他那里，从来就是支支吾吾，甚至还批评，根本不能给我一个很好的建议。”

“那可真是糟透了。”

一般人将“身先士卒”狭隘地理解为“亲自上阵”，冲在最前面。要知道，那是莽夫愚勇，而不是将帅之才，更不是领导者应有的风范。哪个老板愿意让辛辛苦苦提拔起来的干部“出师未捷身先死”呢？

“身先士卒”更多的是对领导者不畏风险、勇挑重担的管理意识的评价，是说只有时时处处敢为人先，别人想不到的自己想到了、别人不敢做的自己敢做的领导才能起到表率作用，才能激发下属的活力。

领导要下属积极投入工作，首先自己要有这份情操；不要把私人事情夹在公事中，要永远保持愉快的笑容，这才是上司的形象。

上司要下属准时上班，没有比以身作则更有效了。上司准时出现在办公室，对迟到的下属不要即时大兴问罪，而是看他们是否主动报告。通常迟到的下属会主动向上司解释，装作若

无其事的下属需要加以指导。

正确方法：

作为领导者，一是要“领”，二是要“导”，二者都强调领导者应当有从自我做起的意识，必要时能拿得起放得下，对下属尽到言传身教的职责。走在下属前面，总是要比尾随其后、充当督战队员好；否则的话，你就会被下属牵着鼻子转。

1. 让你的员工产生一种相同感

相同就容易相互亲近，因此要想办法使部下产生相同感，比如有相同的目标、相同的利益、相同的态度，甚至相同的喜好……有了这些相同或相近，部下就会把领导当成是他们自己的人。要使部下产生相同感，就要相互了解，寻找相同。这可以通过个别交谈、家庭拜访、茶话会等多种形式去了解每个部下，也让每个部下了解你。这样，就可能在目标、个性等方面找到彼此的共同之处。

2. 能够给你的下属一些指导性的建议

对领导者只处理重要工作不直接涉及具体工作这一点，即使要予以肯定，也不能把具体工作说成是令人讨厌的事或鸡毛蒜皮之类的事吧。更何况，工作重要与否和是否令人讨厌是风马牛不相及的。如果作为部门经理，你把一切麻烦、琐碎的工作全都推给下属，也不管其能否胜任，这种做法必然会给做具体工作的人造成一些困难，从而引起下属的不信任。

3. 能替下属承担一些责任

从某种意义上说，谁都感到生疏惧怕的工作，应该由你亲自出面处理，这应该成为管理者的第一准则，因为不这样做就不能维系同下属的信赖关系。也许，诸如此类的工作确实不能称之是重要的，然而在给大家心里带来不良影响这一点上，就成为非常重要的问题了。

麻烦甚至要担风险的事，你要自己承担。身体力行是潜移默化的力量，在无形之中使下属受到“此处无声胜有声”式的教育。它可以有助于你在所领导的团队中建立起一种相互关照、遇事互不推诿的良好工作氛围。

妙语点评

一个总是冲在队伍前面的人才能成为下属的旗帜，你的做法就是在引导你的员工们，也会赢得你的员工们对你的好感。人的反叛性是与生俱来的，只是程度上有差别而已。被别人颐指气使，谁也不会乐于接受。相反，下达命令的人与你一起工作，你会有被重视的感觉，甚至受宠若惊。

严厉威吓挫伤员工的积极性

你的管理风格不应基于批评和威吓，而应基于鼓励和支持。

管理事典

这是管理者与员工之间真实的对话：

“你真以为我会接受这份报告吗？”

“我不这么想……”

“算你说对了——你不这么想！你只是毫无计划地把数据塞进报告。我根本读不通。”

“或许你可以让我来说明这是怎么组织的……”

“如果你一定要向我说明的话，我可以说这份报告并没有组织好。你还想保住这儿的工作吗？”

如果员工只是不断受到批评，就很难知道怎样工作才会更有效。看一看上面的例子。当上司说报告组织得不够好时，那位员工明白了吗？没有。他懂得如何修改，使之更符合上司的期望了吗？没有。他只知道自己做了些不同的事情，但却丝毫不知道这到底是些什么事情——除了报告要“组织得更好”以外。

同时，这也意味着管理者必须向每个员工说明自己要求的细节。而且在一开始，这样做是很必要的。如果员工从来没有做过类似的报告，或者没有为客户做过这样的报告，他可能就需要一些非常具体的指导。当他对这种报告比较熟悉之后，他就能独立完成任务。

正确方法：

在管理工作中，管理者们经常会这么认为，要使下属们表现良好，最好的办法就是对他们所做的一切吹毛求疵，其实这样做是行不通的，因为这让批评代替了管理者其他3个方面的重要工作：

1. 设定标准

批评员工已经完成的事情对获得好的结果毫无关系。要得到好的工作结果，就应该设定明确的标准，让每个员工都了解这些标准，然后参照这些标准对员工的工作结果进行衡量。

2. 提供反馈

每当要求一位员工改进自己的表现时，你应该向员工提供反馈。批评不是反馈的主要方面，不能代替反馈。好的反馈是客观的，以经理和员工都清楚的标准为依据。

3. 表示认可

如果什么也不对员工说，就会使员工安于现状或消极怠事。如果工作确实令人满意，那就向这位员工表达自己的满意，并向其表示感谢。如果工作很出色，那么就一定要让员工也知道这一点。对不令人满意的工作表现也要承认，但必须加以改进。如果你的员工不是很差劲，那每批评一次，就至少应该表扬4次。

运用这些信息有3点非常值得注意：

1. 管理风格不应基于批评和威吓，而应基于鼓励和支持

你不能驱使人们尽力而为，但却能成功地鼓励他们这样做。在开头的例子中，那位管理者至少可以在员工的报告里找到两三处值得表扬的地方。不要虚情假意，表扬那些平庸的或者不严谨的工作；也不要泛泛而谈，说“我非常欣赏你的工作方式”，没有说明你到底喜欢什么。对于员工而言，这些话没有任何意义，他们需要的是具体的说法。

2. 提高工作的标准

最理想的是，你能为每一种类型的报告都设定一种标准。

如果做不到这点，至少也应该有一个统一的标准，如“所有的报告都应该用日常中文写作，避免官僚作风”。和员工一起制订的标准往往是最有效的标准。但不管是否参与了标准的制订，员工对这些标准应该十分熟悉。

3. 设法让员工直接得到有关自己工作的反馈

如果你的公司有一大堆报告，就可以制订这样的制度，即每个员工的报告至少经过另外一位检查。

如果把支持员工取得成功看作是自己的工作，那么就可以从团队以及每个员工那里得到最大的收获。员工们是在为整个部门或团队工作，而不是在为你工作。所以，要尽你所能，坚持让他们做好工作，帮助他们做好工作。

妙语点评

达到上面这些要求的最好办法，是把自己想象成一个教练。出色的教练并不是没有感情，但也不会感情用事。他们向自己指导的每个运动员以及整个球队倾注热情，使他们有上佳的表现。这些教练心里都非常明白，他们的成功是建立在整个队伍表现的基础之上，你也应该这样。

不能体谅员工

不做高高在上使人望而生畏的权威者，只做员工的贴心人。

管理事典

管理者：“好，斯图尔特，让我们来看看你本季度的销售业绩，大家都认为你取得了明显的进步！”

斯图尔特：“那是自然，我认为我已经做得相当不错了。”

管理者：“哦？可是你的销售总额好像只增加了一点点呀。”

斯图尔特：“还少吗！？虽然只有0.6%—0.7%，但我已经很自豪了！”

管理者：“当然，这也是进步！不过，斯图尔特，我希望的是15%—20%的增长，至少也得10%吧！”

斯图尔特：“多少？10%！你知道为了取得那点进步我耗费了多少精力吗？”

管理者：“好，这个问题就先谈到这儿。（停顿了一会儿）我发现你才发展了几个新客户。”

斯图尔特：“我是没发展很多，但是我尽力每周都去发展一个新客户。”

管理者：“我觉得你每周多发展两三个，那就更好了！”

斯图尔特：“两三个？多一个我就够呛了！”

试想一位老板，他到职员的办公室时总是皱着眉头，他的身体语言传达出“员工的工作永远不会令他满意”的信息。他看起来总是比别人精明，总是比他的员工技高一筹，他很干练地打发了一个与他交涉的人。仅几分钟时间，这一信息即传遍整个工作场所。进而，这种气愤就会像野火一样蔓延，员工们的不满成为你领导无力的前因。

在公司中很受员工欢迎的管理者，员工们都愿意在他手下工作。因为他喜爱并感激大家，他总是能传达正确的信息，他能正确运用“请”“谢谢”“干得好”等语言。而这样简短有力的激励性话语表明他很重视大家，他很体谅员工的辛苦，甚至在必要的时候，他能够与员工同甘共苦。

想一想，在你和员工交涉时，你会经常使用这类简短有力的词语吗？你的出现带给员工的是振奋还是颓废？还有就是，你是否听过员工的“牢骚”呢？

员工们在工作岗位上做出的贡献可能不如管理者多，但是员工们的工作在整个企业中却是必不可少的。你作为管理者，是否真正替员工考虑过他们的处境，考虑过他们的工作状态呢？一个能够站在员工的角度考虑问题的老板才是最受欢迎的。不要拒绝员工的意见反馈，只有从员工那里得到反馈，你才知道他们是否理解你期望什么。必须向员工说明做这项工作或项目的目的和原因，并且能够确定员工的需求是什么，同时在会见他们时给予帮助。

你的员工需要同样的信息。他们希望了解自己怎样做才算出色，何时你对结果满意。只要任务一结束，他们就需要这一信息。如果你摆出了一副“你完全可以做到更好”的态度，那么估计你离众叛亲离已经不远了。因为员工们有权将自己的工作变得轻松，而你给他们施加的只是近似暴虐的压力。

下属的干劲，只有在信赖领导的前提下才能发挥出来。如果一位下属认为自己的上司总爱“抢下属之功”，把大家伙儿一起努力完成的成果据为己有，那么不管你怎么鼓励，也是激发不出下属的干劲的。

正确方法：

亲身体验到员工的不容易，真心诚意地体贴和关心会得到员工的信任。具体说来，管理者可以参考以下几个方面。

1. 对年长员工热情支持，真心帮助

对年长的员工热情支持，是关心员工、加强彼此团结的桥梁和纽带，是激励年长员工工作热情的重要途径。要对年长的员工放手，对他们分管范围以内的工作，让他们独立行使职权，管理者不要去过多干涉他们。要为年长的员工排忧解难。年长的员工虽然有较高的素质，有较丰富的经验，但在工作中也会遇到多种困难，对此，经理绝不能袖手旁观，而应该全力以赴，帮助年长的员工在出现失误时做好弥补工作。当失误出现时，管理者应进行快速分析，弄清症结所在，然后寻找出改正的途径和办法。年轻的管理者对年长的员工要体贴入微。年长的员工有较强的自尊心，不愿意在管理者面前讲个人困难，提出个人要求，管理者要注意在和他们相处的过程中，通过一些细微之处，掌握年长员工的“底细”，帮其所需，解其所难，还要在力所能及的情况下，尽量多为年长的员工办实事，办不了的说明原因，这样就能得到年长员工的理解和支持。

2. 平等对待员工和部下

在企业管理中，所谓的平等，不只是指管理人员一视同仁，使员工们在同等的情况下获得的待遇相同，而且还指管理者与员工相互“平等”。对员工的关心是企业管理的核心内容，而这核心内容就是要求平等。

美国的一些大公司已经取消了管理者专用车辆、专用洗手间、专用餐厅，他们在工厂与工人们交谈、争论，有时也和工人们一起修理有故障的机器。日本的企业更甚，公司管理者在工作时间同工人穿同样的工作服，一起工作，下班后一起到酒吧喝酒聊天，到舞厅娱乐……总之，他们都取消了自己的特权，放下了高高在上的指挥者的形象，破除了他们身上保留的“神秘”和“神”的幻想，以平等的身份、以“人”的形象走入“车间”，走向员工，与员工们亲密相处，从而激发了员工们的工作热情，打消了他们长期对高压式领导的逆反心理，有了归属感、安全感、认同感，以轻松的心情投入工作，发挥出最大的积极性和创造力。

也有一些企业，平等意识还不够浓厚，管理者对员工还不够关心，往往伤害了员工的自尊心，打消了他们的工作积极性，造成上下不和谐，影响着企业的发展。甚至有些管理者挖苦讽刺起员工来就像训斥小孩子一样。

企业管理是对人的管理，管理者也应是“人”，不能把自己当成“神”。人与人之间虽职务不同，但在人格上都是平等的，都应该受到尊重。管理者应讲究人本思想，关心员工，与员工平等相处。这样，员工就会接纳你，你也能和员工打成一片。

3. 对部下和员工亲切友善，具有关怀同情之心

管理者对员工若能亲切随和，笑容可掬，不摆架子，就会使他们感到管理者很有“人情味”，他们也会更加努力地为企业效劳。

法国企业界有句名言：“爱你的员工吧，他会百倍地爱你的企业。”一个不懂得关心自己员工的管理者，他的企业永远不会成功。

妙语点评

管理者与员工之间不单纯是雇用与被雇用的金钱关系，他们之间也会产生情感上的联系。员工在企业里并不仅仅只是为了挣几个钱来养家糊口，来维持生计，除了钱之外，还需要情感的慰藉。员工也想在工作中通过取得一定的成绩来获得管理者的赞扬、首肯；如遇到什么困难和不幸，也希望得到管理者的关心和爱护。

没有了解情况就对员工作界定

最严重的错误是在尚未了解全部有关事实的情况下，就对员工作出界定。

管理事典

布莱特说："不完全是这么回事。乔·汤布打电话过来，问我是否可以……"

"我不管谁打电话给你。我特意关照过先不要送过去！"

"我知道，可乔打电话过来说他真的需要……"

"还要多说吗？我才不管是谁打的电话呢，你这是明知故犯。我真不知道该如何是好，快出去让我一个人想想。"

"可是……"

"就这样了。快走——趁我现在还没有真的发火！"

布莱特很委屈，低着头走出了办公室。他有一肚子的苦水："乔·汤布打电话来要提纲，他说他的老板有点紧张，希望能快点得到一个提纲。我告诉他会给他回电话的，然后就来找你，可是我没能找到你。听乔的口气，事情好像很严重，所以我问玛丽亚是否可以快点准备一个提纲——你知道，就是那份列出好处的提纲。她这么做了，于是我就把提纲送到乔那儿，并要求只让他和他的老板使用。说句实话，我不是想做一件错事——我只是觉得我们应该做点什么，我当时就是这么想的。”但是他的这些话他的老板却没有听到。

当发现某人显然犯了一个严重的错误，或是违反了什么规章制度，或是让你失望了，你的自然反应就是认为他确实做了你所看到的事情，从而立即采取措施。这样的反应是错误的，在这之前你必须弄清楚事实的真相。

1. 不了解情况使你的行为显得很草率

一个管理者不能让自己的行为看起来很草率，应该对自己的每一个行为负责任。

2. 有些人受到冤枉而有些人则逃脱了责任

不了解情况就对员工进行界定，会让你赏罚不明。

正确方法：

布莱特的上司应该至少了解最基本的事实后，再决定如何对待布莱特。即使布莱特的决定不怎么恰当——况且现在还看不出来——他也有解释的权利。很清楚，讨论进行到这一步，布莱特的上司应该这么说：

"我还不能确定这是最好的处理方法，我们先得谈谈。不过，你设法处理这件看上去似乎很棘手的事情，我还是非常感激的。谢谢你。"

然后，他们就能对布莱特的处理方法是否得当进行讨论了。

那么你该怎么做呢？请遵循下列步骤。

（1）告诉自己，应先弄明白事实的真相，因为有可能你对事情的了解还不足以使你做出判断。

（2）不要让感情占据上风。散一散步，完成一份报告，关上办公室的门大叫几声，做你必须做的事情。但在处理事情前要冷静地思考，因为一旦你的决定错误，要想抚慰便成了一件吃力不讨好的事情。

（3）如果不是有特别的原因要相信听说的事情，先从有利于员工的方面提出质疑。这样做，就能为了解事实打好基础，或许还能帮助你更快地平静下来。

（4）与那位员工面谈，告诉他你听说的事情，然后给他解释的机会。仔细倾听，积极思考，并向他提出问题。既不要简单地接受他说的话——他的理由可能与事实相差甚远，也不要让他觉得你是在逼供。抽出必要的时间，去了解他对形势的看法。

（5）有必要的话，获取更多的事实，这样你就能处理面对的情形了。

请认真看待这一点：管理者所犯的一些最严重的错误，往往是因为他们在尚未了解全部有关事实的情况下就做出决定。是的，在质询一位员工时，他说的可能不是事实，员工可能会在你同他谈话时慌忙掩饰自己的过错。但每次有类似的情况发生时——至少在一个运作相当不错的组织中——你最初得到的信息往往会欠缺关键的事实。如果依据这种不完整的信息行事，你就会做出错误的举动。

这并不意味着你不能严格地对待自己的员工，也不是让你忙于分析，在得到必要的事实后仍不停手。这只是说，你应该做出明智的决定——为此就应该了解必要的事实。至少这对员工而言，是公正的。

妙语点评

深入了解详情，不要被一些表面现象蒙蔽。也可能在某一个错误的工作结果背后，藏着一个重大的企业突破机会。不能草率行事，让你的员工在不知所以然的情况下听到你的评价。这种评价很可能是不公正的，不公正的评价也会损害一个管理者的威信。

不能有效解决下属情绪低落的问题

管理者要能随时照顾到员工的情绪，不断提高士气，鼓励干劲。

管理事典

一大早，杰西就接到了麦克的电话。电话里，麦克直接向他询问："我有个下属最近好像工作情绪低落。他的工作并不是特别重，但是总是抱怨连连，对于任何交办事项都只能做到60分。但是他以前不是如此，做事积极又主动，我不知道他到底是出了什么问题。而且，我担心这样的状况长久不解决，会影响到整个团队的工作士气。我该怎么办呢？"

从上面的案例中，我们可以看到这位管理者是积极主动的，而且能随时关注员工的情绪，他的团队的工作气氛应该是非常好的。

基于上面的情况分析，这可能是员工出现工作倦怠或是失去热情的原因。如果是在重视双向沟通的环境中，管理者很容易从沟通中发现下属的工作状态如何。

不同的人、不同的情境，就有不同的原因。不过，其实大部分的原因可能很简单。例如下属不知道关于企业的未来走向的信息，觉得自己的意见没有被充分沟通，或是没有足够的机会表达自己的想法。有些员工是有自己的想法的，但是有时候有想法却没有与管理阶层讨论的机会，所以就会觉得受挫。

而且，沟通之后还要采取行动。有的企业虽然有很多沟通，但是并没有记录下来，也没有进一步采取行动，员工就会觉得不管自己有什么想法、表达什么意见一点也不重要，反正不会有任何改变。管理者不是只倾听完就算了，还必须记录下来，接下来看能如何改善、解决问题。

正确方法：

1. 在专业上彼此了解

也就是就企业的层面来考虑，如果下属不了解企业未来的走向，主管可以在沟通的时候再次提醒下属，组织的愿景、价值观以及公司对他的期待、他在工作上应该要有什么样的表现与贡献。同时，下属也应该告诉主管自己有什么需要、什么期待。

2. 管理者应该及时与员工进行沟通

前面我们说过管理者要扮演朋友的角色。在培养、拔擢下属的过程中，管理者还要扮演教练、导师。而且，有时候下属的问题是个人的，如果这个时候主管可以像朋友一样倾听下属想说的话。其实这么个简单的举动，就可以对下属有很大的帮助与激励作用。下属与主管本来就是不断地服务彼此的。

3. 当员工对工作失去兴趣，管理者要学会激励

下属如果在同一个工作上做了很长的时间，难免会倦怠，那可能就需要新的刺激。许多人一转换到新的工作、新的环境、接受新的刺激后，就觉得大受激励。

而且，组织文化也会有影响。如果大家都看到不断有新的事物、周围的同侪都在不同的领域不断前进，自己就会觉得很兴奋、受到刺激，比较不容易倦怠。

4. 提供很多学习的机会

我们把工作看作是一个终身学习的历程，在这个过程中，总是会经历停滞的时候。有时候学习到一些新事物又会变得很兴奋，但是再过一段时间又会觉得好像该学的都学完了、没有什么可学习的，又会觉得自己被困住了。

5. 相同性质的工作轮换

任何员工觉得自己工作情绪低落、好像失去了兴趣，就可以告诉主管想到哪个部门去看看，主管就会视工作情况安排适

当的时间与长度。这样一天或一星期短暂的转换，也可以刺激员工新的想法。

6. 尽量鼓励员工寻找新的机会与新的挑战

不过，希望不要变动当然也是员工个人选择的一种。总是有人不适合这样的方式的，也可能原来适合的人也有不适合的时候。

7. 好的管理者应该能够让员工在一个良好的氛围中工作

这是一点一滴的功夫，不要在员工出现情绪低落之后才开始解决。管理者在这里要扮演的角色就是一个家长，他的每个员工都是他的孩子。

有些情况是如果员工觉得在这个组织中找不到有兴趣的事情做，可能在其他地方有更适合、对他更好的工作，那可能就是他自己决定是否要离开的时候了。员工会找对自己最好的未来，我们也鼓励大家发展个人生涯。我们在组织内提供很多新的机会、新的挑战，有很多人善用这些机会，但是每个人适合的方式不同。

如果员工出现情绪低落，最好的管理者应该鼓励员工与自己沟通。管理者要提供比较人性化的管理，除了告诉下属组织里面有哪些资源可以帮助他改变现状，还可以询问下属他心里面想要、需要什么样的帮助，他期待主管给予什么样的支持。管理者可以问下属：你告诉我，我可以怎么样帮助你？

妙语点评

管理者应该根据每个员工的个别状况而扮演不同的角色，这是彼此有效沟通的关键。管理者有时候要扮演导师，有时候要做教练，有时候要做个专业上的主管，每个角色都很重要。而且，如果管理者真的坐下来与下属好好沟通、用心倾听，一定可以发现很多问题，了解到员工特殊的状况，从而解决员工情绪低落的问题。

没有一颗宽容的心

心胸豁达、胸怀坦荡是管理者的必备素质。

管理事典

“我一直想要给我的员工一个很好的领导者形象，而且我也试图与他们多接触，多了解他们的喜怒哀乐。可是每当我走到员工中间时，他们总会像避瘟神一样地避开我。”

“那么，你平时对他们怎么样呢？比如说，你是否是真正地关心他们？你是否能以宽大的胸怀来对待你的下属？”

“我总是想方设法向他们多了解情况，以便决定我的态度。”

“问题就在这儿了。据我了解，上次你的一个员工因为和你说了你不能容人，你就把他给辞了。有没有这回事？”

“我辞了他是不假，但是因为他的工作做得不好。”

“无论真正的原因是什么，你表面上鼓励员工向你诉说，可是实际上你却暗中猜疑员工。这不应该是一位领导的作风。”

当今社会是服务的社会，人人为我，我为人人。唯有能容

人，才能为他人所容，谁也不能独自生存。因此，宽大的胸怀不仅是处世之基本，也是成功的基础，身为企业领导，容人是首要。能容一个班的人，只能当班长；能容一个团的人，只能当团长；能容亿万人的人，才能为首脑和领袖。现代企业管理者就是要以领袖、首脑的心胸来要求自己，才能够适应企业发展的需要。

让我们来做一下深入分析：

1. 胸怀是一个“肚量”问题，是大智慧的体现

胸怀是一个“肚量”问题，这是大智慧。凡事要有“肚”、有量、有标准，这是企业领导的大修养。要有谦让之德、容人之肚、纳人之量、大智若愚之风，高处着手，妥善处理，既展现了领导者的高尚风格，又赢得了他人的尊重，这是一种大智慧的体现。

2. 胸怀是一个立志建业的抱负问题

什么样的胸怀反映什么样的抱负。从企业领导者的志向和抱负可以看出企业领导者的心胸，大志向需要大心胸，胸不藏志，再大的抱负也只是纸上谈兵。企业做大做强就要胸怀大志，站得高，看得远。

3. 胸怀更是一个企业的战略、人格化、价值观问题

企业管理者的胸中所藏直接反映出其价值观问题，企业家的价值观体现在企业当中就是企业的“人格”。为了大多数人的利益、为了时代的使命而发展的企业，企业管理者的价值观是社会化的、利他的，企业在社会上体现出来的“人格”是服务大众的，为大家创造利益的。所以，企业管理者的胸怀就是一扇窗，从窗子里可以看出企业管理者的人格、价值观，更能体现企业战略、前途问题。

4. 企业管理者胸怀宽广才能站得更高、看得更远

企业家既要胸怀全局，又要办事不分巨细，务真求是。企业的经营环境在不断地变化，面临的竞争情况也在不停地改变，企业管理者必须要从全局来考虑问题，要站在时代、行业的高度上去思考发展战略，既要长短结合，又要虚实相配，在胸怀中透出眼光、智慧，确保企业不断地发展壮大。

正确方法：

管理者应该敞开胸怀、拥抱发展。

企业管理者的首要责任就是促使企业不断地发展壮大，特别是要成为一个成功的企业管理者更应该如此。为此，企业管理者必须敞开自己的胸怀，不断接受新的信息，进行开放性思考，不为小利所困惑；既要有政治家的心胸，又要有金融家的信誉，既要有经济家的头脑，又要有军事家的胆略，不断致力于企业和社会的利益。

企业的发展要求现在的管理者要不断地修炼自己的胸怀，不断地更新自己心中的信息结构，不断扩大自己心胸的“容量”。修炼心胸的方法很多，以下几个方面是应该注意的：

1. 大舍而后大取，没有舍就没有得

小取小舍是百姓的心胸，大舍而大取是大气魄、大胸怀、大气象，是领导之气。若心胸只能装下柴米油盐，那就只能得到柴米油盐；心胸能包容天下得失，那就一定能够得到天下人的认同。故能舍一池之水，便能做一池之主；能舍一江之水，便能成一江之气。企业管理者要懂得取舍之道的真谛，要修炼胸怀就要先修炼取舍。

2. 走过地狱到天堂

管理者要修炼自己的胸怀，让企业不断地发展壮大，就要有承受巨大痛苦的心理准备。心胸开阔的本质就是在不断的痛苦考验中锻炼出来的。管理者追求的是更大的成功，需要宽广的胸怀，就要能够承受巨大的痛苦。只有从炼狱中走过的人才会发现通向幸福的途径，才会达到通过炼狱到天堂的境界。

3. 学会释怀

成大业者要有平常心，要有那份拿得起放得下的豁达与豪

迈，要有气概，要显英雄本色。耿耿于怀的小家子气，既伤害自己身体，又影响企业士气。得与失在企业发展中皆属正常，胜与败更是兵家常事，几分超然，几分大度，放心胸于天地间，置得失胜败于坦然处；留一步路宽，让一份人前，学会释怀方见天地宽。

4.“夹着尾巴做人”是心胸开阔的真谛

“夹着尾巴做人”并不是说管理者要畏首畏尾、瞻前顾后，这里是提倡管理者要有谦虚的美德，戒骄戒躁，站在高处看远处，开阔心胸，提高自身的修养，防止动辄骂人、睚眦必报，要能够虚心接受他人的意见和建议，汇集百家之长。相反，自高、自傲、自大则是心胸狭小的表现，不是真正管理者的本色。

妙语点评

心胸宽则能容，能容则众归，众归则才聚，才聚则企业强，这是企业管理者制胜的基本之道，也是企业健康成长的基本原则。心胸宽则思路广，思路广则出路多，出路多则竞争力强，竞争力强则企业兴，企业兴则国家旺，国家旺则人民才得到真正的幸福。胸襟开阔、雍容大度、有容乃大不仅是政治家的治国策略，也是一个成功领导人的基本素质。同样，这种美德和素质对于现代企业的管理者来说显得越发重要，是一个成功管理者的必备素质。

不愿意承担下属的责任

为了不做“夹心饼干”，管理者应该站在下属一方，勇于替下属承担责任。

管理事典

丹妮丝以前是某跨国公司的职业经理人，负责南大区的运作，职位已经很高了，但总感觉到有一层“玻璃天花板”，使才能没有充分发挥，很苦恼。她正好有个机会结识了企业家史密斯，史密斯很看重丹妮丝，重金聘其为销售部经理。但刚上任3个月，销售代表杰克被客户投诉贪污返利，审计部去查，果真如此，返利单据上面还有丹妮丝的签名。这件事惹得史密斯很是光火，于是他亲自到销售部质问此事。

“我不知道你是怎么当经理的，”史密斯对丹妮丝说，“你手下的销售代表竟然敢贪污客户的返利，这么长时间了，你居然不知道？要等到客户投诉到我这里才知道，也不知道你是怎么做管理的。”

“我也知道了这件事，”丹妮丝辩解道，“按照流程，杰克是把返利单报到我的助理那里，她审一下，整理好，给我签字，我的工作也多，可能没有看清楚。”

“是没有看清楚那么简单吗？你的工作比我多吗？”史密斯怀疑地看着丹妮丝。

丹妮丝无奈地说道：“是我工作的疏忽，回头我会和助理商量改进工作流程，并要求公司处理她，也请处理我。”

“处理助理能补回公司的损失吗？这件事应该负全责的是

你！”史密斯对于丹妮丝这种模糊的态度很气愤。

“是这样的，”丹妮丝继续辩解道，“史密斯，你也知道我刚来，销售部很多关系还没有理顺，我们都知道，这个助理很能干，在工作上是一把好手。但她和我的关系，我感觉总存在问题，没有理得很顺，甚至有时我还要顺着她的意思来签署一些文件。毕竟我是新来的，要有适应的阶段，我保证今后这样的事情不会再发生了，你再给我一次机会吧。”

“本来我过来是来了解一下事情的原因，并不是要处理你的，”史密斯说道，“不过现在得考虑一下你的能力问题了。”

当出了问题时，史密斯问起来，丹妮丝要首先认错，而不是推脱，更不是拿小小的助理垫背，这些行为都为老板所不齿，一定会遭到怒斥。这些是缺乏责任心的表现，公司的

经理都不愿意承担责任了，怎么能管理员工呢？员工怎么能服从呢？

老板知道出了问题惩罚当事人不是唯一办法，关键是不让问题再发生。有人主动承担责任了，大家才好尽快静下心来，寻找解决问题的办法，否则人人自危，怎么有心思想办法呢？大家花时间在谁是责任者上，这在老板眼中没有多大意义，除非确实能起到杀一儆百的作用。

反过来看，只有经理先把责任扛下来，下属才可能和经理一起想出根本的解决问题的办法，而不是想责任到底在谁。

只有经理把责任扛下来，下属才可能跳出来承担属于自己的责任，因为这时比较“安全”，不会一个人“死”。

正确方法：

面对自己部门里的员工造成的错误，要有勇于承担责任的勇气，这样才会给下属一种安全感，也给老板一种信任感。

1. 要先和下属沟通

和你的下属关系处得很好的话，他首先不会在主观上来找你的麻烦。

2. 及时找老板承认错误

丹妮丝应在老板没有问起来的时候，就直接到老板办公室，向老板汇报这件事情的过程和自己的建议。

“这个事情是我的疏忽，我应该仔细审一下返利单的，如果仔细一点、严格一点可能就不会这样了。我要为这事负责任。”那么即使这个事情的影响很坏，即使你的老板很恼火，他也会好好考虑一下，而不会片面地对你做出惩罚。

3. 要有事后的补救措施

当你进入老板办公室时，你的主要目的不是来接受批评，而是给他更好的补救措施。因为老板们也会明白，处理你不是根本的办法，关键是以后不再出现这样的事情，主要是看你有什么好的建议。

上面案例中，丹妮丝如果这样说："我觉得以后还是把返利直接由财务部计算出来，再在客户下一次进货时扣除，这样就不通过销售代表了，就没有人为的干扰了。"那么史密斯还有什么说的呢？他只会对丹妮丝更加赞许，而且也会肯定丹妮丝的成绩。

4. 在领导面前赞许犯错误的下属

领导不会不明白你的苦心，这样，你不但赢得了下属的尊敬和钦佩，也赢得了老板的赞许。所以，无论从老板的角度，还是从下属的角度，经理都要首先站出来承担责任。而承担了责任的经理会得到上司的看重，也得到下属的拥戴，这样反而更"安全"。

要得到上司的信任、下属的支持有一个过程，这个过程中可能要失去一些东西。这个例子中是丹妮丝羽翼未丰，受到了小小助理的欺负，这是很正常的——谁能在工作中真正完全地掌控全局呢？摆脱环境的影响，要时间，也要实力。自己受了委屈，打掉牙齿和血吞，怎么能让老板知道呢？老板不会认为你"情有可原"，只会认为你无能，连个助理都搞不定。

妙语点评

面对下属造成的错误，不能以错误不是自己直接造成的而加以推脱，这会让老板对你印象不佳。而当你直接承认了自己的错误时，如果老板还要训斥你，可能有两个原因：一个原因是这个错误太严重了，老板只能通过训斥你的方式发泄发泄，也让你知道错误的严重性；另外一个原因就是，老板根本不信任你，根本没有必要给你面子，所以要训斥你，甚至当众训斥你，这样让你早日“醒悟”。当然了，老板也可能不训斥你，一般来说也有两个原因：一个是老板在给你时间，要你主动承认错误；另外一个是已经准备对你“动手”了，正在找合适的人，所以暂时不对你下手。综合起来看，只要是部门的问题，还是主动找老板承认错误比较好，因为这样更安全。

第三篇

礼仪篇

PART 01

你在仪态、服饰礼仪方面最可能犯的3个错误

仪容礼仪错误

把不修边幅当潇洒

生活中有许多人穿脏兮兮、皱巴巴的裤子，有时候还故意在衣服上剪几个洞；男性留络腮胡，女性留爆炸头；头发尽可能地让它乱去，裤子尽可能地让它破去，手和脸也顺其自然地让它们灰扑扑的……似乎这就是“潇洒”。

这真是大错特错。有些人的形象是经过精心设计的，且通常出现在需要这种装扮的场合。我们常人不修边幅，应该说是对自己形象的亵渎、对别人的不尊重。况且我们不可能总出入于摇滚音乐会、舞会、狂欢派对等场合，在大多数时间和场合，还是让自己的形象清新整洁比较好。

以为面无表情就是酷

许多明星的标志性表情是严肃、冷漠。如果你觉得面无表情就是酷，那你的观点绝对是错的。明星的酷是一种包装策略，是一种风格，目的是用精心设计的“面无表情”来传达多

元化的流行信息，塑造令人难忘的演艺形象。

无论别人说什么、做什么，都无视别人的身份和与自己的亲疏关系，一味以“面无表情”来应对，并自诩为“酷”，真是太辜负“礼仪”二字了。

女性出席正式场合不化妆

“素面朝天”是一种姿态，也是一种风格，代表着朴素和真实。但对于面部有明显瑕疵且要参加大型活动的女性来说，不化妆就出席是一种错误。

女性出席正式场合一般都要穿正式的套装或礼服，搭配质地精良的首饰、合适的发型。

如果女性出席正式场合而不化妆，会使自己在所有的参加者中黯然失色，且与环境极不相称。恐怕连她自己环视众人后，也会为自己没有精心打扮而后悔。

温馨提示

耳饰一定要配合脸形、肤色、气质，还要迎合所处环境；在工作场合中佩戴的耳环、耳钉等耳饰，不宜选用造型夸张、色彩耀眼、不停发出响声的类型；残损的、陈旧的、有脏污的耳饰不宜佩戴。

妆容与服饰不协调

妆容与服饰不协调，也是不合格的。

穿一身华贵的粉色真丝礼服，却涂了深棕色的唇膏和眼影，这会让你的妆容与服装的色彩严重冲突；佩戴贵重的黄金首饰，却化了显得很“居家”的淡妆，这会让人怀疑你首饰的真假；穿着休闲装逛街，却化很浓的妆，这会让人觉得你的整个外表很怪异。

妆容与服饰不协调，就无法体现出整体的和谐；带着与服饰风格迥异的妆容与别人交往，会给人难以接近、缺乏共同语言的感觉。

妆容与季节、时间不协调

冷了要添衣，热了要减衣，春天要穿浅色的衣服，冬天宜穿深色的衣服。妆容也要随季节和时间而变。一年四季化同样的妆，一天到晚化同样的妆，是说不过去的。

及时变换妆容，能给人以新鲜感。一个从来不忘在人前树立好形象的人，一定更受别人的欢迎。因为别人从你对妆容一丝不苟的态度中感受到了尊重，反之，对方会觉得他在你心目中可有可无。

化妆、补妆不避人

很多女性在办公室里、餐桌上、火车上等公众场合当众化妆、补妆，这是有失礼貌的。当众化妆是没有修养的表现，其性质好比当众换衣服。当着长辈、领导的面化妆、补妆是不敬，当着同性的面化妆或补妆是炫耀和轻视对方，当着晚辈的面化妆、补妆是自毁风度。在工作时间和工作场合化妆、补妆，暗示自己对工作热情不够、工作能力欠缺。如果是当着不熟悉的异性化妆或补妆，在一定程度上，这种行为意味着挑逗和勾引。

一只耳朵上戴多个耳环

一只耳朵上戴多个耳环也不合礼仪。

有些职业是不允许戴耳环等耳饰的，比如电信行业的女性服务人员或空姐。在传统礼仪中，耳朵上的饰物应当成对佩戴，也就是一只耳朵上戴一个。

女军人穿军装、女性穿套装和礼服时，不能只戴一只耳环或一只耳朵上戴多个耳环。时尚男性只能在非工作场合、非正式场合佩戴耳环，并且只能戴在左耳上。如果男性右耳戴，在西方会被认为是同性恋者。

牙齿上沾有食物残渣或口红“唇红齿白”是形容人健康而美貌的常用语，可见人们对牙齿的基本要求很简单，那就是“白”。

当我们看到两排沾着食物残渣的牙齿，首先会感到恶心，然后会替对方感到难为情。

牙齿上沾了口红，视力不好的人会误以为对方牙龈出血，近距离交谈的人会感到对方无半点气质和教养。如果牙齿上残留着饭菜或者口红，张口说话时必然大煞风景。如果恰好参加电视台的直播节目，没刷好牙的人，丢人可就丢大了。

不修剪指甲，过度修饰指甲

不修剪指甲或者在指甲上过度彩绘、贴亮片、粘假指甲……都是错误的做法。

指甲不修剪容易存留脏物。从交际礼仪的角度而言，这样有碍观瞻，会让准备与你握手的人感到尴尬。

如果你不是演艺界人士，在指甲上做太多文章只能说明你不重视工作，无视职场规则，从而给人不成熟、不专业、不可靠的印象。

温馨提示

一定要用专用甲钳定期修剪指甲，使指甲的边缘与指腹的边缘平齐，并及时清除甲缝中的污垢；应避免在指甲上做夸张和过于怪异、显眼的修饰，一般的职业女性涂无色或单色指甲油即可。特别值得提出的是，在任何公共场合修剪指甲都是不文明、不雅观的举止。

仪容与言行不相配

在大街上走着一个衣饰精致、妆容雅致的女孩，路人正暗自赞叹她的美丽优雅，不料她一张口就吐出一串脏字；某明星的仪容堪称典雅，但面对提出一个棘手问题的记者大动肝火，接连做出威胁和鄙视的动作。这样的人，是不是辜负了自己的一身打扮？

如果你的仪容是“贵族”级别，言行举止却是“小市民”级别，在工作场合，你将难以获得重要的工作和职位；在社交场合，你不仅难以得到新朋友，连老朋友也可能失去。

仪态礼仪错误

坐满整张椅子

自己就座时把整张椅子都坐满，也许这样很舒服，但却是不合适的。

把椅子坐满的话，身体必然是紧靠椅背的，并且稍微后仰，这种姿势看起来很慵懒，也显得有点自负。如果接待客人时这样坐，客人会因为感到受了轻慢而不快；做客时这样坐，主人会因为你的过于随便而感到不快；招聘时这样坐，你可能会把一个很优秀的人才气走；参加面试时这样坐，你可能会被一个很难得的老板“判处死刑”。

在家里独处，或与很熟悉的亲朋私下交谈，坐满椅子不算失礼。但面对不太熟悉的人，或者身处公共场合、工作场合、社交场合时，坐满椅子既是对他人的不敬，也是对自己形象的不负责。面对客人、主人，或在较为正式的场合，坐椅子前端的2/3即可；坐在椅子上时，不要把脚架在椅子扶手上或用力向下、向后缩在椅子下面。

站立时趴伏倚靠

站姿能体现一个人的风貌，也能毁了一个人的风貌；能促进交际的成功，也能加速交际的失败，就看你是否懂得站姿对于礼仪的意义。

站立时趴伏倚靠，显得无精打采、心不在焉，给人的印象要么傲慢、目中无人，要么是懒惰、没有主见。教师讲课，站立的时候趴伏在讲台上，一定会让学生难以提起精神；礼仪培训师培训时仰身靠在椅背上，必然难以令人信服其职业的水平；演讲者发表演说时站立在台上背靠墙壁，无疑会令现场气氛沉闷。站立时趴伏倚靠，很容易使别人产生不快。

温馨提示

站立时，身体应自然挺直，不倚靠任何桌椅、墙壁等物，不随意扭动，不能有跺脚、踏步、抖腿等小动作；站立劳累时，可稍事走动或坐下休息、找人替换等，但不应随意借力。

女性穿裙装随意下蹲

女性当众下蹲本来就已经很失礼，有损形象，更不要说穿容易“走光”的裙装随意下蹲，这简直就是给自己的形象泼脏水。

女教师在课堂上随意下蹲，损害的不仅仅是自己的形象，更是老师的形象；女主持人在舞台上下蹲，她的举动会引发出负面的娱乐新闻。女性穿长裙随意下蹲，飘逸之美顿失；女性穿短裙下蹲，无意间会给偷拍者制造机会。

无论如何，女性穿裙装随意下蹲都是极其缺乏教养的表现。在公众场合，即使自己面对的只有一个人，女性也应避免穿裙装随意下蹲。

温馨提示

女性穿裙装下蹲时，动作应缓慢、从容。穿长裙下蹲时，不要让裙角拖地，应适时挽一下；穿短裙下蹲时，两膝要靠近并拢，可采取一膝稍高于另一膝的高低式蹲姿。

下蹲不注意姿势

东西掉了，鞋带开了，别人的东西散落在你脚边，在这些非蹲不可的时刻下蹲时，你是否注意过自己的姿势呢？

上身下弯，臀部高高耸起，姿势难看不说，一不小心就会露出内衣，惹人耻笑。有的人蹲下后，两腿打开，极为不雅。

还有的人蹲下后，因为伸长手臂，一条腿不自觉地远远伸在身后，姿势更是滑稽。

蹲姿在我们的社交生活中极少用到，但是一旦用到，我们就要做到得体美观，否则再好的修养都会因那不雅的一蹲而打折。

走路时东张西望

“走马观花”是很多人的习惯，尤其是到了旅游胜地，边走边看、目光四处投射再平常不过。但是，如果你养成走路时东张西望的习惯，就会让别人习惯不了。

假设你和一个人面对面行走，如果你东张西望，对方就不太清楚你会向哪个方向走，再假设你走路速度快一些，对方就会很担心与你相撞；假设路边有人在交谈，你东张西望的姿态会使对方误认为你在偷听；假设你路遇领导，领导借同路的时机向你交代一项任务，你的表现会使领导误以为你心不在焉。

边走边吃

早起时间紧张，于是随便抓起一个面包，在上班或上学的路上边走边吃；周末逛街，被街头的小吃所诱惑，拿一把麻辣烫边走边吃；食堂里新出一种麻花，令人垂涎欲滴，买一个来，不等落座就边走边吃。这样吃东西、走路两不误的人，谁遇到了都要绕着走。

在鸡尾酒会、自助餐会上边走边吃，让人怀疑你的素质；在公共食堂里边走边吃，让人笑话你的粗俗；在办公场所边走边吃，让人怀疑你的工作态度；在公园、景区等场所边走边吃，让人反感你破坏风景。无论在什么场合边走边吃，别人都会担心你把食物撒到他们的身上。

边走边吃，既有损自己的仪态，又容易给他人带来不便，显得很不礼貌。

服饰礼仪错误

男性随意戴首饰

男性首饰丝毫不比女性首饰的品种少，但男性若不分场合、不顾身份地随意佩戴首饰，还不如不戴。

在商务洽谈会上戴一枚超大的金戒指，客户会认为你故意露富、华而不实；在公务访问中戴一条耀眼的金属项链，别人会认为你作风不严谨；一个股票经纪人戴华丽的领带夹，别人会认为你经不起风险，不可信赖；一名教师戴粗犷的手链，人们会认为你不具备教书育人的素质。

男性随意戴首饰，也许看起来很漂亮，但不分场合佩戴却只能给交际带来负面影响。

温馨提示

公务员、商务人员中的男性不应戴戒指、耳环等首饰；在时尚媒体或娱乐界工作的男性可以佩戴数量有限的戒指、耳环和项链；在正式场合，男性可以用精致大气的袖扣、皮带扣来作为装饰。

穿着不符合场合

出入不同的场合应该遵循相应的规则。在着装方面，不同场合一样有其规则。

在对着装要求严格的写字楼里办公时穿休闲装，是在向别人暗示自己厌倦工作，公然藐视公司规定；在盛大的晚会上穿牛仔服、职业装，是在表示自己对晚会和参加者的轻视；代表公司参加展销会时穿质量低劣的衣服，无异于向别人声明：我们的产品质量像我们的衣服一样不过关。

穿着不符合社交场合，就无法很好地融入其中并赢得其他人的好感，从而顺利展开交往。着装除了看场合，还要看档次和规模。出席严肃场合，着装要庄重大方、中规中矩；出席休闲、娱乐场合，可以穿得活泼多样。

穿衣不符合习俗

如今，人们的着装风格千变万化，有的人更以“惊世骇俗”为标准，习俗似乎不怎么重要了。但实际上，在和某些国家、地区或少数民族的人们交往时，如果不符合他们的习俗，就会出现交往障碍。穿得过于怪异，会被对方认为是故意轻视他们；服装的颜色犯了对方的禁忌，对方会认为你是在故意侮辱他们；你所穿的衣服暴露了在他们习俗中不该暴露的地方，对方会认为你是在公然挑逗、没有诚意。不能在衣着上对别人表达尊重，别人会认为你在行为上同样难以做到符合礼仪。

温馨提示

在一些国家，不允许女性穿暴露的衣服，必须身着长袍和头巾；蒙古族认为黑色不吉利，与蒙古族人交往时应避免穿黑色衣服。

商务人士穿棕色西装

服装的色彩在很多人看来是个人喜好的问题，并不重要。其实，颜色问题并非这么简单，比如商务人士穿棕色西装就是一个错误。

西装的颜色必须与人的肤色、所处环境相搭配。棕色系的服装不适合亚洲人的肤色，会使人脸上呈现出病态。还有一点，英国人忌讳在正式场合中穿棕色西装，会见英国客人穿棕色西装，显然意味着不庄重。

无论从塑造自身形象的角度，还是从尊重别人的角度考虑，穿棕色西装都是不合适的。

温馨提示

蓝色、灰色、黑色等深色系是西装的经典色彩，素色或暗条纹都可以。

穿灰色与蓝色西装时，不要搭配棕色皮鞋。

穿西装时，除了出席重大活动时胸口的口袋可以放装饰性手帕或鲜花，其他场合不要放任何东西。西装上衣两侧及裤子上的口袋也不能放东西。西装上衣胸部内袋可以放不影响西装造型的东西。

在正式场合穿休闲西装

休闲西装款式多样，色彩丰富，能塑造出轻松活泼、有青春活力的形象，但是不能不分场合地穿。

穿休闲西装去谈判，就算你谈判技巧再高，也免不了失败的结局；穿休闲西装做礼仪培训，首先在以身作则方面，你就无法令学员信服，更不要说指导他们了；穿着休闲西装参加葬礼，死者的亲人估计会把你当作捣乱分子驱赶出门。

在正式场合穿休闲西装，既发挥不了休闲西装的作用，又会给别人留下糟糕的印象。

在法庭、葬礼等场合，应穿深色、款式正式的西装；在婚礼等庆典场合，应穿浅色、款式庄重的西装。

在涉外场合，应穿不犯交往对象禁忌颜色的西装或民族服装。

穿西装不讲搭配

很多人穿衣不讲搭配，单看西装、衬衫、领带、皮鞋都很得体，穿到一起却给人一种“大杂烩”的感觉，不仅视觉上令人眼花缭乱，心理上也会令人感觉不舒服。

高级毛料西装配化纤领带，西装的高贵顿时被劣质领带所抵消，你的身份也会同时被领带所贬低；黑色西装搭配黄色皮鞋，必然会让你被高级社交场所拒之门外；正装西装搭配一件休闲的花衬衣和牛仔风格的皮带，无论参加正式活动还是参加娱乐活动都不成体统。

服装的质料、颜色、款式以及皮包、手表、腰带等配饰的风格都搭配得和谐、合理，才不算失礼。

穿深色西装配白袜子

深色衣服配白袜子，尤其是黑白配，从中国传统审美而言的确很经典。但现在，穿深色西装、黑色正式皮鞋配白色袜子出席正式场合会被人讥讽为“驴蹄”。

穿衣打扮是私人的事，任何人都不会强制要求你必须怎么穿。但无论穿成什么样，别人都会根据你的着装为你划分“国界”。国际商务界公认：穿深色衣服和鞋子配白袜子是失礼之举。如果你穿深色衣服配白袜子去跟国际知名的企业谈合作事宜，你的白袜子首先就会在你和对方之间划了一条“三八线”，结果以失败告终一点儿都不会令人意外。

色彩太艳的花袜子也不能穿。白色袜子只能配白色西装、运动装和运动鞋穿。应穿棉质袜子，避免穿不吸汗的尼龙袜子。

袜子的颜色应该与衣服相近或比衣服的颜色深。

西装里面的衬衫袖子太短

西装是不能配短袖衬衣的，如果你的衬衣袖子太短，容易给人造成穿短袖衬衣的错觉。在正式场合，这是绝对不允许的。

衬衣的袖子如果太短，通常是因为不合身，穿着这样的衬衣举手投足之间容易出现领子变形、衣服变皱的现象。当你的衬衣因为短小而使胸前的纽扣之间露出皮肤，造成尴尬是必然的。

穿西装时，衬衣的袖口要长出西装袖口两厘米左右。

衬衣的经典颜色是白色和淡蓝色，条纹和方格图案均可，但必须线条细小、色彩浅淡。

衬衣的领口要高出西装领口两厘米左右。领带不能从西装后面的领子露出来。

穿西装不打领带

在正式场合穿西装不打领带，也许有的人认为这样会显得轻松、随和，事实上这是很失礼的行为。

法官在法庭上穿西装不打领带，是不尊重法庭和出庭人员的行为；司仪在主持婚礼时穿西装不打领带，是对新人的侮辱；出席高级会议时穿西装不打领带，是无知、无视规则的行为。即使在非正式场合，穿正式的西装而不打领带也不算会穿西装。

温馨提示

如果你参加的是娱乐界的典礼，穿的是休闲西装或时装款的西装，可以不打领带。

领带的质地以丝质最佳，图案可选小的点状、斜条纹状、素色等。除非是穿制服，原则上不要使用领带夹。

穿短袖衬衫打领带

穿正式西装时一定要打领带，而穿衬衣时就不一定要打领带。

穿短袖衬衣打领带，在深谙着装之道和社交礼仪的人们眼中，是严重的无知和粗鲁。穿短袖衬衣打领带去见银行家、证券专家，对方会因为你不够严谨而不愿与你合作；穿短袖衬衣打领带去听音乐会，剧院会因为你衣冠不整而拒绝你入内；穿短袖衬衣打领带去参加要求正装出席的多方会谈，大家会因为你无视规则与惯例而拒绝给你机会。

但如果你所穿衬衣为带领带的制服，则不在限制范围之列。

温馨提示

穿休闲衬衣、花衬衣、立领衬衣时，可以不打领带。

穿硬领衬衣时，无论是长袖还是短袖，都应将下摆束在裤子里。

在非正式场合穿西装不打领带时，衬衣最上端的纽扣要解开。

在正式场合系图案夸张的领带

领带是男人最常见的装饰品，但却不是什么样的领带都能系的。

出席正式场合，“礼仪”二字往往使人们联想到遵循传统。系卡通图案的领带，说明人不够成熟；系有骷髅等图案的领带，说明这个人不太合作；系色彩杂乱的领带，说明这个人不够沉稳；系美女、人像图案的领带，说明这个人急功近利。在一个集体中以这样的面貌出现，明显会使别人觉得你“另类”。

虽然以上说明都是领带给别人留下的直觉印象，却至少证明图案夸张的领带在正式场合所起到的作用是负面的。

领带上的图案应该尽量小，圆点、斜条纹、小方格、净面等都可以。

人像、动物、数字、艺术字等特别符号都不应出现在领带上。

领带上的颜色不宜超过3种。

男士腰带上挂满钥匙等物

腰带上挂着钥匙、手机、打火机等杂物，挂得越多，说明主人越低俗、越不自重。

腰上挂满东西的男人，给人一种婆婆妈妈、没有魄力的印象；腰带上挂满东西，走路时难免相互磕碰、发出响声，从而使人心烦，交谈、同行时，别人的注意力必然会受到影响。男性腰里挂满东西也是炫耀的表现。以这样的形象与别人交往，尤其是与政界、商界等领域的高层人士交往，必定会招致对方的轻视。

在正式场合穿闪闪发光的衬衣或外套

穿闪光的衣服会让你的形象也闪光？错误！

首先，闪光的衣服与公务、商务场合以及办公室、会议室的环境格格不入。如果你身为一个白领或蓝领穿闪光衣服，别人会认为你心思不在工作上；外出拜访别人或执行工作任务时穿闪光衬衣或外套，会显得不伦不类。其次，闪光的衣服对形成良好的修养、高雅的气质、不卑不亢的态度毫无帮助。能把闪闪发光的衣服穿得有品位、有气质的人不多，一般人穿上都会与“庸俗”和“低劣”这两个词结缘。

闪光的衬衣、外套只适合舞台造型。

温馨提示

在娱乐性的晚会上，偶尔穿闪光衣服不算失礼。

应避免选择那些点缀金银线、人造宝石、流苏的衬衣和外套。

如果穿皮衣，应选择亚光质感、色彩柔和、款式简单的类型。

女性穿套装配露趾凉鞋

女性穿的套装也包括工作场所穿的制服。穿套装的场合一般是办公室、各种正式会晤等，氛围比较严肃。

露趾凉鞋的休闲意味比较浓，如果搭配套装，第一，会使女性的形象显得突兀、不雅，使所在场合的庄重色彩减弱；第二，露趾凉鞋会凸现女性的性别色彩，从而使自己的职业身份被掩盖，容易使女性受到别人的轻视；第三，会违背一般正式场合的着装规则，给人一种以自我为中心和轻佻的印象。

露脚跟的凉鞋也上不得正式场合的台面，坚决不能配套装穿。

女性穿套装时，应该穿中跟或高跟的皮质船鞋。

在公务或商务场合，女性的皮鞋应该以暗色为主，如黑色、暗红色、深褐色，并且要与套装颜色相配。

穿套装时所配的皮鞋款式应尽可能地简洁，不要有耀眼零碎的彩色亮片等装饰。

女性穿“嗒嗒”响的高跟鞋

许多女性喜欢给高跟鞋钉上金属鞋掌，走起路来“嗒嗒”响，觉得这样很有味道。其实这种认识和行为都是错误的。

女性的高跟鞋“嗒嗒”响，说明她比较张扬，甚至会令人觉得她“飞扬跋扈”。女性公司职员在办公室里穿着“嗒嗒”响的高跟鞋走来走去，必然会影响别人工作；女服务员穿着“嗒嗒”响的高跟鞋为顾客服务，无形中就降低了服务水准；女公务员穿着“嗒嗒”响的高跟鞋参观访问，会让人认为她作风浮躁，做事走过场。

女性穿的高跟鞋声音太响是不恰当的炫耀，应当避免。女性走路时脚步轻一点，可以避免发出沉重的脚步声。

女性的高跟鞋如果发出刺耳的声音，应该钉上橡胶垫。

另外，女性不要穿鞋跟太高、太细的高跟鞋。

女性在商务场合穿平底鞋

商务场合，女性应该穿得庄重保守，但这并不代表女性可以穿有居家味道的平底鞋。

随便穿双平底鞋上阵，不是明智之举。穿平底鞋，第一会使职业套装失色，第二会使女性显得不出色。如果一个女性高管穿平底鞋主持动员会，员工们会觉得她底气不足；如果一个女秘书陪上司谈业务穿平底鞋，对方会认为女秘书所在的公司不规范。

温馨提示

平底鞋只适合在休闲场合、配休闲风格的服装穿。

女性在商务场合应该穿3-4厘米高的高跟鞋。

鞋跟超过7厘米的高跟鞋不应在商务场合、办公场合出现。

业务代表穿得比客户还高贵

业务代表见客户，无论客户身份高低，穿得正式一些是无可厚非的，但是如果穿得比客户还高贵就不合礼仪了。

客户身着休闲装约你在咖啡厅见面，你穿一身特别正式的名牌西装，想必客户会认为你对他的揶揄多过对他的尊重；你践约到客户的经理办公室商谈，却穿得像董事长，客户多半会认为你是在暗示他实力不足。

比客户穿得高贵只能说明你不把客户放在眼里，而不会对你的业务进展助力。如果你仍然意识不到业务代表穿得比客户好在礼仪上是种错误，则必然会失败更多。

服装颜色过多

衣服上的颜色并非越多越好。

服装的颜色过多，就是没有重点。如果是在工作场合，别人会从你的着装风格上联想到你处事的风格，从而不放心把重要工作交给你；如果是在社交场合，别人会认为你性格乖张，从而不乐于与你交往。如果你身上衣服的各种颜色之间相冲相撞，则更会令人厌烦。

浑身上下汇聚多种色彩，不要认为这是时髦、是美，这只能让你像一个会行走的“鸡毛掸子”，并且成为人群中不受欢迎的一员。

配饰不追求品位

塑料手镯、样式笨重的镀金胸针，诸如此类的配饰都是没有品位的体现。佩戴这样的配饰是错误的行为。

一个戴劣质配饰的人，会让人觉得不踏实；一个戴样式夸张配饰的人，会让人觉得不稳妥；一个戴陈旧、有瑕疵的配饰的人，会让人觉得思考问题、办事不周全；一个戴色彩杂乱配饰的人，会让人觉得浮躁。如果你展现出的形象“级别”很低，那些“级别”较高的人们自然会觉得你不适合与其交往。

如果配饰没有品位，则无法起到积极作用，还不如不戴。

配饰的选择标准是质优、精致、简洁。

配饰的佩戴法则是少而有特色。

配饰的色彩要求是同色。

戴劣质手表，戴造型怪异的手表

戴什么样的手表，可以看出一个人个性上的特点甚至为人处事的习惯。

戴劣质手表不能说明一个人简朴，只能说明他对自己的期望值不高；戴怪异的手表不能说明一个人有个性，只能说明他耐心不足；戴卡通造型的手表，说明这个人幼稚、不够独立；

戴花色艳丽的手表和运动手表的人，说明这个人多变。

为了证明你的人品、实力、品位，在最短时间内得到别人的欣赏，一定不要戴劣质手表和造型怪异的手表。

温馨提示

要戴经典款式的高档精工机械表。

手表的材质以钢、合金等质地上乘的金属为好。

手表的首选颜色是黑色，其次是金色和银色。

PART 02

你在生活交际礼仪方面最可能犯的 6 个错误

寒暄礼仪错误

把手插在口袋里和人打招呼

把手插在口袋里打招呼，是轻视别人的表现，是不提倡的。

手插在口袋里和人打招呼，除了能使用语言，就只能使用眼神和头部动作。试想：一个人傲慢地冲你微笑一下，然后点几下头，这种打招呼的方式是不是很令你失望呢？没有人愿意理会不尊重自己的人。看似无关紧要的动作，实际上已给别人留下了不懂礼貌的印象。

温馨提示

打招呼时应把插在口袋里的手拿出来。

如果你正在吸烟或吃东西，打招呼时，应该把烟从嘴上拿下来，或把食物吃完再说话。

打招呼时不看对方的眼睛

眼睛是最能传情达意的器官，目光是人际交往中最重要的交流媒介之一。健全的人如果没有眼神的交流，成功的交际就无从谈起。

打招呼时不看对方的眼睛，首先会让对方怀疑你是不是在跟自己打招呼；紧接着，对方又会怀疑你的诚意——你是害怕我，还是讨厌我？还是看不起我，不屑与我打招呼？再怀疑下去，就涉及你的心理问题了，对方就会想：你是不是有什么心事呢？你是不是不够自信？

打招呼时不看对方的眼睛，就无法让对方感受到尊重。看着别人的眼睛说话才不失礼仪，打招呼时看着对方的眼睛，这个招呼才算得体。如果不习惯看人眼睛，看对方眉毛之间、额头、鼻梁也可以。

敷衍应对别人的寒暄

敷衍应对别人的寒暄，等于让别人的热情碰到了寒冰，看来是不值一提的小事，却能反映出一个人是否有修养、懂礼貌。

当你热诚地和一位偶像打招呼，他却做出一副不耐烦的样子，以“哼”“哈”来应对你的寒暄，估计你以后再也不会认为他值得崇拜了。如果你很忙，没有时间说话，短暂回应一下对方的问候也是能做到的；即使你身份、地位非同一般，真诚地回应别人善意的问候也是应该的。

将心比心，敷衍应对别人寒暄的行为是不礼貌的。故意躲避想要与自己寒暄的人，也是不应该的。

遇到认识的人不吭声

中国有句话叫“多一事不如少一事”，表现在打招呼、寒暄上，就是看到自己面熟却不熟悉的人就当不认识，一掠而过，也省得认错了人而尴尬。

这么做是不对的。如果对方是你的新朋友，你沉默地从他身边走过，对方会认为你存心不愿与他深交；在电梯里遇上面熟的人不吭声，下次再见面，双方肯定都觉得尴尬而不好相处；在走廊里与一个其他部门的人同行时一声不吭，这短短的几分钟内，足以让你给对方留下顽固而不擅交往的印象。

如果你在狭小的空间遇到自己认识的人，无论你是否确定他认识你，都应当礼貌地打个招呼。如果是在大街上、肃静的公共场合遇到自己认识的人，可以不打招呼，只用目光向对方

表示你认识他即可。

在和自己认识但不熟悉的人打招呼、寒暄时，可以先作简单的自我介绍，以便使对方加深印象。

称呼礼仪错误

在非正式场合称呼别人不假思索

在非正式场合称呼别人并非不需要讲究。

对女服务员称“小妞”，会被对方视为侮辱和调戏；用对方恋人专用的昵称来称呼异性朋友，对方难免认为你有什么企图。在把“小姐”当作某种不良职业象征的地区称呼年轻女性为“小姐”，对方一定会生气、恼火。从你对别人的称呼中，别人考察着你的素质和教养，判断着你对别人的尊敬程度，甚至从称呼中判断你的人际关系。不假思索地使用称呼，既容易造成误解，又可能给自己招来意外的麻烦。

温馨提示

称呼别人之前，应先了解当地习惯，考虑自己和称呼对象的关系。

称呼同事、朋友、邻居、熟人，可直呼其名，或只叫对方名字而省略姓，或以“老×”“小×”的方式称呼其姓。

在公共场合称呼陌生人，应根据对方的年龄和性别称呼，如“女士”“先生”“小伙子”“老伯”“大妈”等。

在职场上对别人使用不当的称呼

在职场上使用不当的称呼是不礼貌的。

初入职场，跟着别人叫同事为“小王”，其实他比你大两岁且资格很老，你这种“自来熟”的称呼一定会令对方不悦。

在公司总结会上，莽撞地以私下的叫法“小王”来称呼王总监，这对于王总监本人和你所处的场合来说都是不尊重的。同事已经换了部门，你却还用对方原来的职务称呼他，如果对方提升了，他会认为你嫉妒他；如果对方降职了，他会认为你在挖苦他。由此看来，在职场上称呼别人不单是凭自己的经验就能让对方满意、让大家满意的，你必须综合考虑自己的身份、工龄、与别人的关系等各个方面，这样才不会出错。

在正式场合可按对方的职务以姓相称，如“某教授”“某主任”等，在特别正式的场合应以对方的全名加职务相称。

在对称呼有特定习惯的单位，应按照惯例称呼别人，比如在一些外企中彼此直呼其名。

不要随便用自创的绰号称呼同事，如果绰号不雅或含有戏弄意味就更不能使用。

和别人说话不用任何称呼

和别人说话不用任何称呼，无论是对熟人还是对陌生人，都不是礼貌之举。

不使用称呼，只是用眼神、动作来告诉别人你是在叫他，有涵养的人会认为你是不好意思或害怕出错而不和你计较，自尊心或虚荣心强的人则会认为你轻视他而明里暗里地责怪你。

想向陌生人求助，你突兀地走过去直接表达了你的想法，对方先是会被吓一跳，接着就会为你的莽撞而不悦，继而不愿意提供帮助。称呼不用占用几个字，但它包含了一个人对另一个人身份的肯定和最起码的尊重。只要与人说话，就不能省略称呼。

使用不适当的简称

使用简称在我们生活中非常普遍，比如称北京大学为“北大”，称社会科学院为“社科院”。

公司里有一位姜工程师，同时有一位江工程师，如果你在别人面前对他们都简称为“某工”，别人就无法知道你说的到底是谁；你将“国家图书馆”和“国际图书大厦”都简称为“国图”，告诉别人地址时就容易误导别人；将刑事诉讼案件专用名词“被告人”简称为民事诉讼案件专用名词“被告”，明显是南辕北辙。有些名词是约定俗成的，不能简称，或者不能使用别的简称，你自创简称就会给别人以无知或狂妄的印象。

简称如果使用不当，不但不能简化问题，反而会使自己乃至他人徒增烦恼。

握手礼仪错误

握手不看场合

握手是一种礼貌，但如果不看场合握手，就不能说是礼貌之举了。

听名人做报告，对方报告完毕，正在喝水解渴，你热情地伸手相握，无疑是对他的不敬；初次拜访别人，对方正在接电话，你迫不及待地与对方握手，显然是对他的打扰；别人双手抱着一堆资料从图书馆出来，你殷勤地伸手与对方相握，明显

是给对方出难题；参加社交聚会，看到一个朋友正在和别人交谈，你马上要求握手，一定会被人视为冒犯。

握手不看场合会引起误会和尴尬，因此，握手之前一定要事先“观察好形势”。

握手的同时应该看着对方的眼睛，并致以问候。

在餐桌上、厕所里以及别人有事在身时不要与之握手。

握手的时候男士先伸手

握手是表示友好和问候的一种方式，那是否谁先伸手就表示谁更礼貌呢？不一定，面对女性，如果男士先伸手就是不礼貌的。

在公共场合，如果女性并不打算认识陌生男士，男士先伸手就是为难女性；在社交场合，如果男士先伸手，会给女性留下强势、自大、倨傲的印象；在公务和商务场合，男士先伸手与身份较高的女性握手，对方会觉得你“不知天高地厚”。

握手时，男性一定要看清情况再伸手，不能贸然先于女性主动伸手。

温馨提示

在社交场合，握手时应由女士先伸手；在公务和商务场合，则应根据职务和身份高低确定谁先伸手。

握手的原则是尊者先伸手，即长辈、身份高者先伸手。

客人上门时应主动与主人握手，客人告辞时主人应主动与客人握手。

无故拒绝握手

无故不要拒绝握手，否则让别人伸在空中的手放也不是，不放也不是，从而陷入尴尬无法收场。

无故拒绝与人握手，别人的第一反应多半是："他是不是看不起我？"名人在签名售书时拒绝与读者握手，就是摆架子；记者采访农民工时拒绝与对方握手，就是身份歧视；颁奖典礼上颁奖者拒绝与受奖者握手，就是暗示对方不配受奖；谈判双方无故拒绝握手，说明彼此缺乏信任；普通职工在接受上级慰问时拒绝与对方握手，就是冒犯上级；依次与一行人分别握手，却拒绝与其中的某个人握手，是公开蔑视对方。

无故拒绝与别人握手，不容置疑是礼仪的失败。别人提出握手时，应该主动配合并回应。握手时不可勉强敷衍，而应真诚且力度得当。面对需要与一群人握手时，要一视同仁。

名片礼仪错误

名片上乱印头衔

有的人名片上的头衔多达五六个，更夸张的人把各种名誉主席、某某协会等有名无实的头衔都列到名片上，达到10个左右。这是欠妥的行为。

名片上乱印头衔对交往不利。名片上头衔太多，别人就难以确定你的身份，且不利于别人记忆。任何人乱印头衔都会给人一种虚张声势的印象，甚至会让人误以为你有欺骗目的而容易引起别人的反感和戒备心理，此外还会显得滑稽可笑。因此，名片上印什么头衔，一定要仔细斟酌。印最主要、最关键的一个或两个头衔即可，不应超过两个。

在名片上印自己的生活照、大头照、艺术照等任何个人照片，也是多余的。

不要在名片的一面上同时印两种或两种以上文字。名片上的字体不要使用太多，字号应适当。

名片用纸低劣、色彩杂乱

无论你出于什么初衷，都不要用劣质纸张印名片，用纷乱、刺目的色彩修饰名片，因为这不仅仅是美观与否的问题，更是礼仪问题。

名片用纸质量低劣，别人就会怀疑你的人品和能力同样低劣；名片的色彩杂乱、突兀，别人就会怀疑你没有良好心态，性情乖张，为人处世的方法怪异。另外，名片用劣质纸张印刷也不利于别人保存。无论接受你名片的人身份如何，都会因为接受这样的名片而觉得自己受到了贬低。

名片用纸太过豪华，甚至用塑料、金属、木片等材质代替纸张，同样是不合适的。

左手递接名片

名片虽小，送出和接受时也不该只用左手，甚至只用左手的两个手指，因为这是令人厌恶的行为。

左手递名片是对接受者的不敬，左手接名片是对递出名片者的不敬。在公众场合中，如果你的公众形象很好，左手递接名片会使你的形象受损；如果你尚未达到一定的知名度，左手递接名片会让你的公众形象贴上负面标签。面对长者这样做，你会给对方以“犯上”的印象；面对晚辈这样做，你会给对方以“耍大牌”的印象；面对平辈人这样做，对方会觉得你对他有消极看法。

递接名片时动作应从容，应用双手或右手。

男性不应主动向同性的配偶或其他女性亲属递送名片。

递名片时把正面朝向自己

递名片给别人时，不少人没有想过应该把正面朝向对方。

递名片时正面朝向自己，表明你对自己更为关注。将名片文字的反方向递给别人，对方阅读起来会有困难。虽然这个“方向性”问题是极小的细节，却能体现出一个人是否懂得为他人着想、是否有值得敬佩的合作精神。如果不想引人误解和不快，还是不要把名片正面朝向自己吧！

如果你的名片背面是空白的，将背面朝上递给别人同样是错误的。

收到名片后不作任何回应

收到名片后，在表情和语言上没有任何表示，往往会让送出名片的人摸不着头脑，从而产生怀疑、失望、生气等负面情绪。

代表单位外出参观访问或接待来宾时收到对方人员名片后再无任何表示，对方会认为你所在的单位员工素质低下；作为个体与别人交往时接到名片后不作回应，别人会认为再没有与你继续交往的必要。收到名片而不作回应，在别人看来，你把送出名片的人当成了“透明人”。

收到名片不理不睬，就像得到别人的帮助后表现得若无其事一样令人厌恶。

收到名片就立刻放入皮夹

收到名片后立刻放入皮夹不是一种好习惯。

名片相当于对方的脸，一眼都不看就装起来肯定是不礼貌的。如果对方地位远远高于你，对方会认为你情绪紧张，没接触过“大人物”；如果对方身份比你低，对方会认为你无意与他交往，心生失望；如果对方身份、年龄与你相仿，对方会认为你缺乏耐心，不够成熟。

收到别人的名片后，首先应仔细阅读名片上的内容。如果你能重复一下名片上的职务，对方会很高兴。

拿到别人的名片后，不要拿在手里把玩，更不能折叠。

放入名片夹中时动作不要显得仓促、满不在乎。

用餐过程中交换名片

别人刚把酒杯举起准备干杯，你就提出要交换名片；别人相谈正欢，你提议交换名片；别人正忙着夹菜，你提出交换名片……餐桌上交换名片看似便利，却很不妥当。

在进餐过程中交换名片，会影响大家吃菜、饮酒、交谈，影响宾主尽欢的气氛，而且不卫生，将名片上的细菌等脏污带到手上，会引起别人的不快。再者，在餐桌上交换名片，给人的感觉是功利性太强，容易引起别人的戒备心理。

从任何角度来考虑，在用餐过程中交换名片都是不合礼仪的。

交换名片不懂次序

不按次序交换名片会使在场的人产生疑惑和误解，给人际交往带来不必要的障碍。

陪同上司出访，接待单位的人员提出交换名片，上司尚未递出自己的名片，你就抢先向对方送名片，你的举动既抢了上司的风头，又给对方留下目无尊长的印象；面对一群陌生朋友，你先给衣着最鲜亮的人递名片，必然会落得个“势利眼”的评价；只和年轻女性交换名片，一定会受到其他人的指责，而接受你名片的女性也会心存戒备。

交换名片不遵循次序，不仅贻笑大方，还会招来质疑。

交换名片应该按照对方身份、地位的高低依次交换。

可以按照顺时针方向交换名片，可以按照对方与自己的距离由近及远交换名片。

介绍礼仪错误

同时招待几个客人时忘记作介绍

如果你同时接待几个客人，而他们彼此又不熟悉，不作介绍是很失礼的。

组织两个集体进行联谊活动却不对双方成员进行介绍，彼此间就不太容易确定身份，从而阻碍交往，产生交流障碍。如果不事先作介绍，个别人因为互不了解而随口说了不利于在座的其他人的话题，会让彼此都有误解，无法继续交流。

当有人拜访自己而又与在场者不相识时，不将来访者介绍给在场的其他人也是不可取的。

应该把晚辈介绍给长辈，把职务低的人介绍给职务高的人。

应将男性介绍给女性，把后来者介绍给先到者。

应将本单位的人介绍给外单位的人，将自己的家人介绍给客人。

为他人作介绍不看时机

别人正在和同伴讨论问题，你突然插入他们要介绍一个刚认识的朋友过来，对方一定会为受到打扰而不快；别人正在忙于公事，你强行介绍他给别人，对方一定没有心情接受；别人正在欣赏艺术作品或投入地运动，你上前为他介绍自己的同伴，对方一定会心不在焉；别人刚听到一个噩耗，正陷入忧伤，你上前热情为其介绍新朋友，对方会觉得你不会察言观色，不懂得体谅别人；别人正准备开车赶路，你热情地邀他认识某人，对方一定不胜其烦。

为他人作介绍不看时机，不仅事倍功半，还会招人诟病。

作介绍不看场合

在大型会议上，作为主持人的你介绍嘉宾时滔滔不绝，大谈与会议无关的嘉宾逸事，与会者会认为嘉宾爱出风头，嘉宾则会因为你暴露他的私生活而不悦；进行演讲前，作自我介绍时大谈自己曾经获得什么奖励，听众们会认为你过于自恋；在列车上与陌生人交谈，详细介绍自己的姓名、职务等个人信息，对方会认为你“少根筋”；别人正在办公，你推门而入大谈自己要推销的产品，对方会以干扰工作为由将你赶走。

什么情况下该介绍什么、该保留什么，不能随心所欲。作介绍时，无论是介绍人还是介绍事，都要看场合。在不同的场合作介绍要遵循相应的规则。作介绍要先选定介绍人，通常由东道主或对被介绍的对象都较为熟悉的人充当。介绍个人给集体时，可以只向集体介绍个人的姓名、职务、籍贯或主要成就；被介绍的双方是集体时，应先介绍规模小或级别低的一方。

未经同意将某人介绍给别人

如果自作主张地充当介绍人，往往事与愿违。轻者别人怪你多管闲事，重者对方为此恼火，与你关系僵化。

如果甲与乙身份、地位悬殊且生活和工作环境完全不同，

介绍双方认识则没有意义；如果甲与乙原本认识而有过节，介绍双方认识会使他们矛盾加剧，且会对你产生误解；如果一个人对某个群体没有兴趣，你介绍他加入是徒劳无功；如果某些人迫切想结识甲，但甲反感与陌生人接触过多，你未经同意介绍一群人给甲，必定会招致他的厌烦，且无法向群体交代。

因此，千万不要未经同意就将某人介绍给别人。对于被介绍的任何一方，这条法则都是适用的。

为他人作介绍之前，必须私下分别征求双方的意见。

先把女士介绍给男士

一般情况下，先把女士介绍给男士是不对的。

所谓女士优先，不是说先介绍女性，而是女性有优先认识别人的权利。如果把一位女性经理介绍给外单位的普通男性业务员，把年轻女士介绍给年龄相当的男士，把年长的女士介绍给年轻男士，双方都会尴尬。先把女士介绍给男士，女士会认为你不尊重她，男士则会感到不安。大家会觉得你连起码的礼仪规则都不知道，有负于介绍人的身份和职责。

如果没有特殊情况，一定不要先把女士介绍给男士。

温馨提示

同时为多位女士作介绍时，可将年轻女士介绍给年长女士。

在正式场合，或者男士的年龄或地位远远高于女士，应将女士介绍给男士。

不作自我介绍

有的人在社交场合或公务场合不主动作自我介绍，也许他认为，让别人来介绍自己才够面子。这是错误的。

到外单位公干不作自我介绍，对方就不能肯定你的身份，甚至不相信你的身份；在社交场合遇到自己想结识的人，单方面询问对方而不作自我介绍，对方会摸不清你的来路；求人办事时不作自我介绍，对方就无法接受你的请求。即使你是著名的公众人物，初次到异地访问或出席正式活动而不作自我介绍，别人会认为你把自己抬得太高。

只要你面对的人与你是初次交往，就不能不作自我介绍。

自我介绍时可以用介绍信、名片等做辅助工具，或者请别人辅助介绍，如请别人把你带入一个陌生的交际圈。

自我介绍应突出自己的优点和特点，讲究方式；自我介绍应该组织好内容和语言逻辑，防止杂乱无序。

交谈礼仪错误

不注意交谈距离

交谈不注意距离，交谈就可能无法成功。

距离关系一般的人太近，对方会感到受到威胁；与异性交谈时距离太近，对方会感到不安。亲朋好友距离太远，对方会疑心你对其不满或有事相瞒；领导与下属谈话时距离太近，有损领导威严，在别人看来也超越了上下级的关系。集体开会时距离太近，不利于大家集中注意力谈论正题；距离太远，又有逃避责任的嫌疑。

一般关系的交谈应该保持社交距离；如果关系比较亲密，可以将彼此距离保持在1米或半米以内；对于自己不熟悉的人或异性，交谈时距离不应少于两米。

听别人讲话时身体后仰

听别人说话时身体后仰，这样做是错误的。

身体后仰的姿势显得无精打采，更谈不上优雅，谁见到这样的姿势也不会感到愉快。身体后仰，必然使自己与说话者的距离拉得更远，显得傲慢，同时也给人以“不想听”“不屑于听”的印象。身体后仰又暗示出你对别人所说的话不感兴趣，对方会认为自己的话有问题，再说下去可能会紧张或不自然。

如果对方停止讲话，听话者会认为说话者对自己不感兴趣，双方的误解也就由此产生了。

注视他人的部位不正确

注视别人时，不是对方的任何部位都能随便看的。

注视别人时，只将目光投射在对方眼睛以外的部位，从不与对方目光相触，是内心怯懦或心里有鬼的表现；对着别人周身上下扫描不停，是不信任对方的表现，还容易被对方认为你想打探他的隐私；专向别人的某个部位注视，则是骚扰的表现。

交谈时，目光应放在对方胸部以上，双眉之间、双眼之间，嘴唇以上的部位。

不要居高临下地注视别人，不要斜视别人。

不肯主动与他人交谈

不肯主动与他人交谈的人是不受欢迎的。

在社交场合，不主动与他人交谈就会错过结识很多新朋友的机会；在工作场合，不肯主动与他人交谈容易“脱离群众”，使同事、上级、下属不便于了解你，从而不能更顺利地开展工作；在私人聚会的场合，不肯主动与他人交谈，别人会觉得你不合群或脾气古怪，从而也不愿意和你交往。第一印象总是很有影响力的，如果你给人留下了难以接触的印象，再和见过的人深入交往就会比较难。

只要是在适合交谈与沟通的环境和场合，就不要做不肯主动交谈的人。

温馨提示

在聚会等场合，如果身边没有熟人，应主动与他人沟通、交谈。

在陌生的环境里应注意自己的表情和动作，不要做出冷若冰霜的样子。

遇到自己希望与之交往的人时，应该使用积极的目光。

在谈话中纠正别人的错误

在谈话中纠正别人的错误很容易让对方下不来台。

首先，每个人的知识水平和分析能力、经验阅历都不一样，因此各自的观点以及对某人某事的认识也不尽相同。有些时候，有些问题根本不能用是非的标准进行评判。其次，也许有的人在某个常识性问题上的确错了，但他是其他领域的专家，纠正他的错误等于是否定他的能力和地位。此外，有些错误的记忆和认识在说话人看来是正确的，别人再纠正也不会动摇其固有的认知，反而会伤彼此的和气。

对非原则性口误、无关紧要的常识性错误，不要纠正。

当对方地位高、身份重要时，不应纠正对方的任何错误。

纠正别人的错误应该在私下场合，并使用委婉的语言和语气。

聚会时用方言与同乡交谈

聚会时用方言与同乡交谈是错误的做法。

聚会时用方言与同乡交谈，一方面会让人觉得你有小团体主义，另一方面会让人觉得你是在哗众取宠，此外还让人觉得你利用方言谈论对别人不好的话。聚会时用方言与同乡交谈，让别人有受到排斥的感觉。在有的人看来，使用方言是降低自身的做法。

无论从沟通的角度还是从礼仪的角度而言，聚会时用方言与同乡交谈都是不妥当的。

聚会时不应总是与同乡谈话。与同乡谈话时不应压低声音、神态诡异。

参与多人谈话时只和其中的几个人交谈

参与多人谈话，和每一个在场的人交谈是必需的礼貌，也是结识他人的良好途径，如果只和其中几个人交谈就不合适了。

老同学聚会，你只和距离自己较近的人交谈，就会让距离较远的人感到生疏；参加熟人聚集的社交晚会，如果只和身份、地位较高的人交谈，就会让身份一般的人感到受歧视；参加朋友组织的聚会，只和与你是同乡的人交谈，别人就会认为你排外、闭塞。

贸然拒绝别人插话

贸然拒绝他人插话是一种强硬的姿态，给人以压迫感。

某人接受采访时，说话太多，当主持人试图插话来调整话题时，他贸然呵斥拒绝，主持人必然会有些尴尬。下级向上级汇报工作时，上级想起一个问题，想要插话询问却遭到下属的贸然拒绝，上级一定会觉得自己的尊严受到了侵犯。

别人插话的目的也许是提醒、建议，也许是打圆场，都不应贸然拒绝。即使对方插话的原因是由于不耐烦，但贸然拒绝也是不应该的。

谈话过程中如果有人想说话，应该礼貌地予以肯定。

如果环境不适合别人插话，应该用手势或目光示意。

如果有人强行插话，应向对方表示尊重和礼貌。

强行加入别人的讨论

强行加入别人的讨论，就像强行侵入别人的领地一样，不但不礼貌，而且惹人讨厌。

未经允许加入别人的讨论，会打乱对方的思路，扰乱对方的心情，甚至迫使对方中断正在谈论的话题。如果别人正在谈不便公开的事情，强行加入别人的讨论就是打探对方的秘密。如果别人谈的是专业话题或工作内容，你不懂而强行加入，是无理取闹。

强行加入别人的讨论还是一种急于表现自己的浅薄行为，懂得自爱和尊重别人的人不应这样做。

想加入别人的讨论应事先征得同意。

应在对方讨论告一段落时再进行询问，询问对方时要恭敬、礼貌。

贸然加入异性的谈话圈

不要以为贸然加入异性谈话圈是活泼、善于交际的表现。

同性之间通常会有特定的话题，异性之间则不同。如果男性贸然加入女性的谈话圈，会被认为是“耍流氓”；女性贸然进入男性的谈话圈，会被认为是“水性杨花”。贸然加入异性的谈话圈，还会给异性圈子交谈带来不便，对方又不好拒绝贸然入侵的异性，双方都难免尴尬。

单独一个人时，不要加入异性的谈话圈。

加入异性谈话圈时，应该先确定对方的话题是否属于大众性的。

不要偷听异性谈话圈的话题。

随意打断别人的话

不随意打断别人的话是最基本的礼貌。

人与人的表达能力和说话速度不同，有的人长篇大论，滔滔不绝；有的人边想边说，吞吞吐吐。如果别人好不容易获得一点灵感，正在陈述他的想法，突然打断会使其灵感遭到破坏。人与人说话的态度和语气不同，有的人言辞犀利，有的人言辞谨慎。如果你因为难以接受对方的观点而随意打断别人说话，会显得急躁、武断、沉不住气。如果你在参加辩论会的时候急于打断对方的话，结果可能是给评委留下不好的印象而得到低分。

即使你想反驳对方或补充、纠正对方，也不应打断他的话或抢着发言。

温馨提示

让别人把话说完，是对对方的尊重和肯定。与别人谈话时，要给别人说话的自由。

想要提醒别人什么或表达看法时，要事先用表情或手势向说话者示意。

对别人的私密谈话表示好奇

没有人欢迎对别人的私密谈话探头探脑表示好奇的人。

极力想了解别人私密谈话的人会使人觉得没有教养、好奇心重，而且在不该好奇的地方好奇。与这样的人共事，别人一定会缺乏安全感，担心自己的隐私被他窃取，更担心他向别人泄密。对别人的私密谈话表示好奇的人使人觉得他不安分守己，不能专心工作或不负责。

不侵犯别人的私密空间是一种礼貌。

如果别人做出明显的拒绝加入的姿态，不要对其表露好奇。

应克制自己探究别人话题的想法，不要经常对聚成小圈的人做出探头探脑的样子。

谈论别人不喜欢的话题

谈论别人不喜欢的话题，即使你的话再多，说话技巧再高超，也难以引起别人的兴趣，更不要说引起对方的共鸣了。

和目不识丁的人谈论文学理论，和十几岁的孩子谈论国企改革，和讨厌动物的人谈论宠物喂养经验，和喜欢看爱情电影的女性谈论车祸现场……都会让对方如坐针毡。

谈论别人不喜欢的话题，结果只会让原本想和你交往的人打消交往念头，让你和对方的关系更疏远。

故意使用专业术语

每个行业都有其专业术语，但在非专业领域的场合，面对对自己行业所知甚少的人交谈时，专业术语是不宜使用的。

内行人士在外行人士面前故意使用专业术语，使人觉得学究气浓，不易融入大众；不同行业的人士相互交谈时各自故意使用专业术语，有拒绝与对方交往和卖弄学问、抬杠赌气之嫌；经销商与客户商谈时故意使用专业术语，难免让对方有上当受骗的担心。

谈话时应避免卖弄学识；谈话时遇到别人不懂的名词和术语，应该用通俗的、别人能够听明白的说法进行解释。

谈话时不要故作高深、故弄玄虚。

批评与攻击不讲尺度

批评过了火就容易变成攻击，会让人的好意变成恶意。本意是希望对方能改变工作方法，结果却变成声讨对方智力低下，这就是将批评变成了攻击；本意是希望对方节省一些，结果却变成数落对方招蜂引蝶，这就是将批评变成了攻击；本意是希望对方思考问题再缜密一些，结果却变成了讽刺对方是非不分，这也是将批评变成了攻击。

批评能使人进步，攻击却使人发怒，造成严重的负面影响。

批评别人要就事论事，批评时不要进行人身攻击，不要牵扯到人品问题。

不明是非乱传话

不明是非，却积极做“传声筒”，是错误的。

道听途说单位要裁员，你立刻第一时间向同事们传播，必定造成人心惶惶；偶然听说某人蹲过监狱，某人得过怪病，你转身就告诉别人，如果是真，是对当事人的伤害，如果是假，是对当事人的诽谤。不明是非乱传话，如果传话人不怀好意，你就成了他的帮手；如果事件不能公开，你就是违反纪律，提前泄密。不明是非乱传话，别人会认为你头脑简单、容易被利用，而且是不可信任的“小人”。传播消息时应该保证它的准确性和积极性。不要养成传播小道消息的习惯，应该保密的消息不要进行传播。

任意对任何事情发表意见

任意对任何事情发表意见，很容易说错话。

如果自己的经验只限于道听途说，为凑热闹而对自己不了解的事情发表意见，容易因为断章取义而“帮倒忙”；如果自己无权对某事指手画脚，随便发表意见就是越权行事；

如果别人需要独自思索，自己任意对其发表意见，就是喧宾夺主；如果事实已成定论，自己不分青红皂白随便发表意见，就会显得很无知、很无聊。有时随便发表意见，还会有颠倒黑白的嫌疑。

任意对任何事情发表意见，只能暴露出你的莽撞和浅薄，并且让别人感到不受尊重。

对于自己不了解的事情和不在自己责任范围之内的事情不要随便发表意见。

PART 03

你在通信、拜访、待客礼仪方面最可能犯的 6 个错误

电话礼仪错误

拨打电话不选择时间

打电话不选择时间，坏处多多。

别人正在午休，你打电话必然会让对方休息不好，如果再加上你的电话无关紧要，可打可不打，更会让对方生气；别人正在开会，你打电话必然令对方无法招架，如果再加上你喋喋不休，会无端让对方难堪；别人正在专心工作，你打电话必然影响其状态，如果再加上你倾诉痛苦，对方说不定必须加班才能做完他的工作。

温馨提示

上午8点前、11点以后不宜打电话。

中午2点前和下午5点以后不宜打电话。

晚上8点以后不宜打电话，深夜更不宜打电话。

电话问候不遵循职业规范

电话问候如果不遵循职业规范，就不合礼仪。

涉外单位接到外国人的电话时不按规定使用外语，值班、接线人员接到电话后不懂得自报家门和询问对方目的，客服人员接到电话后问候语混浊不清、态度不恭……这都是电话问候不遵循职业规范的做法。人们常说“以小见大”，这样做会给来电者以不专业、不负责任、不热情诚恳的印象，不利于接电话者所在单位的形象和声誉，还容易招致来电者的不满，引起误解、耽误事情。

接、打电话时应根据本行业要求使用规范、礼貌的语言。

电话问候应根据语言环境、对方身份适当变化。

让电话铃声响的时间过长

让电话铃声响的时间过长是不负责任的表现。

夫妻、恋人、朋友来电话时让电话铃一直响，对方会认为你不在乎他；窗口单位的电话铃声响的时间过长，来电者会认为你所在的单位名不副实；关系一般的人来电话，让电话一直响，对方会认为你对他不屑一顾；闹过矛盾的人来电话，让电话铃声响的时间过长，对方会认为你小心眼；如果对方是向你提供机会的招聘者、招商者，电话迟迟接不通会让对方失去耐心和好感。

接电话时，不应让铃响超过3声。

接通电话后不问对方是否方便

接通电话后不问对方是否方便就自顾讲话，必然会造成“不方便”。

张三正在开会，你接通电话后不问对方是否方便就开始聊天，对方即使想回应你，也无法应答自如；王五正在上课，你

接通电话后不问对方是否方便，对方就会耽误学生的时间，造成“教学事故”；对方是个正在准备为病人做手术的医生，你接通电话后不问是否方便，对方就容易分心，影响工作状态；对方正在接待客人，你不问对方是否方便，对方就不能很好地待客。

别人接你的电话表示他尊重你，但你接通电话后不问对方是否方便，就是对别人的不敬。打电话应该懂得为对方着想，这样于人于己才都方便。

请对方回电不留下可靠的联系电话

请对方回电话，却不留下方便对方找到你的电话号码，导致联系失败是很常见的。

要找的人不在，给代接电话的人说：“让他打我家里电话吧！”对方一定会为这句话摸不着头脑。请对方回电话却不留下可靠的联系电话，你的电话就是无效的。如果你和受话人不太熟悉，或者你身在外地，使用的又是公用电话，接电话的人会为确定你的身份而大费周折，为找寻你的电话号码而干着急。

不要以为任何人都清楚地记得你所有的联系电话，如果请对方回电话，务必要留下可靠的联系电话。

温馨提示

请对方回电应告知对方自己的电话号码和姓名、单位等有效信息。

请对方回电话应告知对方自己方便接听的时间。

请对方回电话应该告知对方有效期限。

错过电话后不及时回拨

错过电话不及时回拨，错过重要信息的同时往往也错过了对方的热情和坦诚，甚至错过机会。

新闻记者错过电话，也许会错过重要线索；医生错过电话，也许会延误病人的生命；演员错过电话，也许会错过重要角色。在工作岗位上错过电话，就是失职；在私人交往中错过电话，就是逃避。错过电话而不及时回拨，就一定会错过更多信息。

别人打电话没有找到自己，得知消息后一定要回拨给对方。

如果别人传达给自己速回电话的消息，一定要按时回电；如果不能及时回电给对方，一定要在回电时首先向对方道歉。

代接电话不做记录、不及时转告

代接电话时不做记录、不及时转告，是很令人生气的做法。

代接电话时，无论来电者事大事小，不做记录就可能无法准确传达来电者的意图，不及时转告就会使来电者的电话失效。如果来电者的电话很紧急，并且不可能再打来，代接电话者不做记录、不及时转告，就可能给来电者造成不可弥补的遗憾。即使来电者身份低微、事情微小，代接电话者替其做好来电记录、及时转告也是起码的礼貌。

替来电者叫人时不懂礼貌

来电者是同事的男朋友，你当着满屋子的人捏着嗓子大声叫受话者："丽丽，你亲爱的找你！"同事一定会觉得你很可恶；对方是同学的爷爷，你接电话一听是个老年男性的声音，立刻大叫："某某，一个老头子找你！"同学一定会感到气愤。替来电者叫人时不懂礼貌，对来电者和受话者都是侮辱。

替来电者叫人时，务必要尊重来电者和受话者。

通话中不注意自己的表情举止

通话过程中不注意自己的表情举止，就像当面谈话时不注意自己的仪态一样，会令人讨厌。

阴沉着脸说话，从话筒中传出的声音往往会生硬冰冷，令听者不快；弯腰弓背地说话，话筒中传出的声音就会底气不足、慵懒无力，令听者怀疑对方的信心和态度；坐立不安地说话，从话筒传出的声音就会时高时低、容易颤抖，让听者怀疑对方的诚实和心理状态。

通话中不注意说话方式

通话时不注意说话方式，很容易影响通话效果。

与领导通话时大大咧咧，就算你电话里的内容很重要、很关键，也无法改变你留给领导"办事不牢靠"的印象；和急性子的人通话时吞吞吐吐，对方耐心听完你啰嗦后，必定已经火冒三丈，因为你已经给对方留下了效率低下的印象；和异性下属通话时不停地开玩笑，对方听你说话的同时，一定在心里悄悄打鼓，因为你已经给对方留下了轻浮的印象。通过电话告诉别人不幸消息时劈头就说，对方一定会被突如其来的打击搞得精神压抑。

所以，通话时要考虑对方的身份和说话习惯。

通话时要考虑对方的年龄和性别。

通话时要考虑自己和对方的关系以及通话目的。

通话中不注意控制音量

通话中不注意控制音量的做法是行不通的。

在集体办公室里接打电话时音量过大，会影响同事们工作，也让对方听起来觉得“聒噪”；在较为安静的场所接打电话时声音过大，会被周围的人视为“怪物”，有扰民之嫌；谈论私密话题时声音过大，会让周围的人感到尴尬，对自己的形象不利，对保护自己的隐私不利。同样道理，通话时声音太小，对方与你沟通就会困难，并怀疑你“心虚”、说假话。

通话过程中音量应以对方能听清楚而不至于吵到周围的人为宜。

通话过程中不要突然放大音量，也不要突然压低声音。

通话时应注意自己的嘴与话筒的距离。

通话不控制时间

本来一分钟可以说完的话，絮絮叨叨说半个多小时；本来需要详细谈论、解释的事情，你几句话就打发了对方。这都是错误的。

商谈公事时通话过于啰唆，给人一种不务正业和效率低下的印象；沟通私事时通话时间过长，给人一种无聊透顶的印象。如果通话时间太长，必定耽误其他人使用电话；如果通话时间太短，该说清楚的问题说不清楚，给别人以不负责任的印象，而且使人心情郁闷。

商务电话通话时间一般应控制在3分钟以内，应该尽量长话短说。

通话时应避免谈论与通话目的无关的事情。

接电话的一方提出终止通话的要求

接电话时主动提出终止通话是不对的。

如果对方是长辈或上级，接电话的一方主动要求终止通话，会给对方以不受尊重的感觉；如果对方是晚辈或下属，接电话者提出中断通话，对方会有受挫感。如果对方尚未说完想说的话，主动提出中断通话会让对方觉得如鲠在喉。

所以，接听电话时一定要仔细听对方讲话并听对方讲完，如果对方说话太啰唆或无聊，可以以适当的理由礼貌地提醒对方“时间不短了”。

使用手机不注意场合

使用手机务必要注意场合。

很多场合都不适合使用手机。如果你在公共场合用手机接打私人电话，泄露隐私的同时会制造噪音，扰乱环境，打扰在场者的心情。在人多的场合使用手机会降低你的身份，显出你没有修养和没有公德。不分场合使用手机或者在禁止使用手机的场合接打手机，还可能因为辐射而引起事故。

在会议、剧场等需要安静的场合不要使用手机。

在规定不允许使用手机的场所不要使用手机。

书信与邮件礼仪错误

给别人写信字迹潦草马虎

给别人写信字迹潦草马虎是不礼貌的表现。

给亲近的人写信不注意字迹和措辞用语，是敷衍的表现；给上级写信字迹潦草、书写马虎，是工作不认真的表现；给下级写信字迹潦草，是不能以身作则的表现。私人信件不认真书写，说明自己做事拖泥带水、邋遢随便；写公务信件字迹杂乱，说明自己办事不妥当、不负责，所在单位管理不到位。任何人收到需要费力才能看清的信都会不高兴。

写信时应该保证字迹工整、清楚，尽量不要涂改。

写信时不要在同一封信上使用两种字体、两种信纸或两种颜色的油墨。

写信不注意格式

因为电话、传真机和电子邮件的普及，越来越多的人不注意写信的格式，如不写称呼、乱写落款、不分段等，这是不应该的。

写私人信件，如果对方是你的亲人或好友，也许不在乎有没有格式、合不合格式，但若对方是初次与你交往，收到格式乱七八糟的信，心里一定会不乐意。如果你通过信件来联系供应商、投资对象、合作伙伴等，或者向上级单位或下级单位发公务文件，不注意书写格式就会阻碍工作的进展，你也会被别人认为是工作不负责、待人不真诚的人。

温馨提示

一封完整的信应该包括称呼、问候语、正文、结尾、落款和日期。

书信的称呼要顶格写在第一行。

书信的问候语要根据收信人的身份以及与自己的关系来写，最后的结语也是如此。

将私人信件公之于众

失恋后将过去恋人的情书公开；与某人闹矛盾后将其写给自己的倾诉秘密或痛苦的信件曝光；无意中发现借来的书里夹着主人的信件，自作主张地传阅给别人看……这样的行为令人深恶痛绝。

如果你是收信人，这样做是对写信者权利的侵犯；如果你是写信人，这样做是对收信人的伤害。如果你无意中发现别人的私人信件而将其公开，是对写信人与收信人双方的侮辱；如果你故意找别人的私人信件并将其公开，你的行为已经超越礼仪而涉嫌犯罪。

收到信后不回复

收到信后不回复是不可原谅的错误。

如果对方的信件内容紧急且重要，不回信就会耽误事情甚至让你永远无法弥补；如果对方与你关系密切，不回信会使对方盲目等待、徒增烦恼；如果对方与你关系一般，不回信就使对方认为你不肯与之交往；如果对方是亲人，不回信就会使对方担心你的状况，使其增加心理负担；如果是公务、商务信件，不回信就可能导致信誉危机或被别人认为没有效率、没有规范。

所以，收到信后应根据信的内容进行回复。

如果信件很重要，应采用电话等形式进行回复。

发送电子邮件不讲礼节

很多人写电子邮件时不规范，这样做不好。

使用色彩鲜艳的信纸模板和字体、使用太大或太小的字号会让电子邮件看起来眼花缭乱，缺乏严肃性；不使用敬称或称呼、不注明落款，会让电子邮件看起来太过随便，缺乏规范性。在电子邮件中插入与信件内容无关的图片和音乐，会使其看起来不伦不类，不简洁、不缜密。

电子邮件虽然不需要动用笔墨纸张和信封邮票，但也不能不讲礼节。

电子邮件也应该像手写信件一样有问候语和结语及相应的格式。回复私人邮件可以稍微忽略格式，但也不能太简略。

写电子邮件时不要使用太花哨的文本修饰功能。

写电子邮件不要使用网络流行语，商务、公务用途的电子邮件更要保持语言的规范和准确。

用传真机发感谢信和邀请函

传真机是不能滥用的。

用传真机发感谢信和邀请函，会使这些表达感谢和邀请的信件显得不够正式和庄重，更无法体现对感谢对象和邀请对象的重视和尊重；用传真机发的感谢信和邀请函无法保证纸张的质地和内文的清晰、美观，很容易出现污渍和字迹模糊的情况，这也是对感谢对象和邀请对象的侮辱。

用传真机发送私人信件和秘密文件也是不允许的。

用普通信纸和信封写商务信件

不要用普通信纸和信封写商务信件。

用普通信纸和信封写商务信件会降低你所在单位的档次和可信度，也会降低信中所述事件和内容的重要程度。用普通信纸和信封写商务信件，说明写信人对收信人不尊重、不重视、不礼貌、不真诚。收信人会觉得你所在的单位不正规，实力不足，甚至怀疑发信人有欺骗的动机。如果用普通信纸和信封商谈重要合作事宜，成功的可能性很小。

温馨提示

写商务信件应使用专用的商务用笺和信封。

写商务、公务信件的信纸和信封质量应上乘，没有瑕疵。

写商务、公务信件时字迹一定要清晰，语言和格式要规范。

用公务信纸和信封写私人信件

用公务信纸和信封写私人信件是不允许的。

用公务信纸和信封写私人信件，会让收信人有种公事公办的感觉，对方还会觉得你装腔作势，不利于私人情感的交流。

用公务信纸和信封写私人信件是对单位的不敬和资源的滥用和浪费，说明你爱占小便宜。如果被领导知道，你的人品在他心目中必定大打折扣。如果你用公务信纸和信封写求职信，相信没有哪个单位愿意接收这样无视公司利益的新员工。

拜访与待客礼仪错误

贸然上门拜访

贸然上门拜访不是礼貌之举，如果你有事相求或商量，则失望的可能性会加大。

因为公务性或商务性事务上别人的办公地点贸然拜访，对方可能正在处理事务而无暇顾及，如果对方已经出差，你连向对方打个招呼的机会都没有。如果是拜访私人而贸然上门，对方可能在招待客人、举办小型聚会或休息，甚至有可能在和家人吵架，你的到来必定会让对方感到不知所措。贸然上门拜访，对拜访者来说会让主人感到突兀、为难，对接待者来说会导致行为仓促而难以让来客满意。

所以，上门拜访前应该和主人预约。

上门拜访时应保证不打扰主人的正常工作和生活。

单独夜访异性朋友

单独夜访异性朋友引起别人的猜疑和误解自然是难免的。

无论是让异性朋友误解，让异性朋友的伴侣或家人误解，还是让异性朋友周围的熟人、陌生人误解，都是不应该的。好心拜访别人，反倒让对方背负名誉上的负面影响，给对方心里“添堵”，这能说是符合礼仪的做法吗？

约定聚会不考虑对方是否方便

你准备发起一场老友聚会，确定了不妨碍自己工作、有闲暇、精力充足的时间，然后挨个和朋友们联系，要求他们在你定的日子里参加聚会，其结果会很难让你满意。

约定聚会不考虑对方是否方便，对方则无法兼顾自己的事情和聚会的事情，同时还会认为你自私、强硬、自以为是。虽然请对方参加聚会是好心，却让对方为难。不为对方考虑，显然是不礼貌的。

约定聚会前应询问对方是否方便。

不要强迫别人答应你的约会或参加你组织的聚会。

预约拜访不提前确认

预约了别人在某天前去拜访，拜访前却不确认，这样做不礼貌。

约定好的事情，对方可能会因为事务繁忙或记性不好而忘记，或者因为临时有事而需要做出其他安排。如果拜访前不确认一下，就可能导致拜访时找不到人、对方没有时间等结果。既然是你主动约别人，就应该对约定更加负责。有的重要约会，如果不由预约者提前确认一下，对方就会疑心预约者已经忘记或另有安排，或者根本就不是真心相约。预约了对方却不在拜访前通过确认让对方放心，显然是不礼貌的。

到朋友家做客带小孩同行

到朋友家做客带小孩同行并不礼貌。

如果你的孩子很小，必然需要时时悉心照顾。带孩子上门，吃喝拉撒都在朋友家，不但不雅观，还会制造令人不舒服的气味和噪音，想必给朋友带来的麻烦会多过乐趣。如果你的孩子特别闹，到朋友家后“人来疯”一上来，难免会打破东西、索要朋友家新奇的物品、撒娇哭闹，这样大人自然就无法正常交谈，更不要谈开心和乐趣了。到朋友家做客，除非朋友强烈要求，否则不要带小孩。

随意放置随身物品

拜访别人时，自作主张地放置自己的随身物品，如把围巾扔在桌上，把皮包和外套扔在沙发上……这种毫不拘谨的方式并不能起到积极作用。

随意放置自己的随身物品，你会在对方眼里变得很放肆；随意放置自己的随身物品，会使主人的居室显得杂乱，这是对主人居室整洁的破坏，显然是不受欢迎的；随意放置随身物品也暗示出你对主人不信任。这种举动显然不能说是合乎礼仪的。

坐下时，随身的皮包应放在自己腿上或座椅上。

如果随身物品较多，应放在指定位置。

如果没有人规定或指定位置，随身物品应放在自己方便取用而又不妨碍别人的地方。

不在指定位置停放交通工具

随心所欲地停放交通工具是不合礼仪的。

随处停车可能会违反对方单位的规定，妨碍别人行车走路；停车位置不对，会占用过大空间，给他人停车造成障碍；随便找个地方停车，还可能因为位置偏僻而给偷车贼机会，如果车丢了，接待你的单位或个人必然尴尬。无论是前往外单位考察、开私家车到公共场所游玩，还是骑摩托车、自行车找朋友聊天，任何交通工具和出行理由都不足以说明你有随意停车的权利。

拜访不控制时间

拜访任何人都不应该不控制时间。

拜访好友、拜访自己崇拜的人、拜访亲戚等，兴致上来，一坐大半天，几个小时过去也没有走的意思，即使对方再有谈话的兴致和良好的涵养，也会感到疲惫。如果对方与你是初次交往，说不定会被你这种超级热情吓得再也不敢接待你。拜访别人时逗留时间长到让对方厌恶甚至害怕，没有人会觉得这样是礼貌。

同样，拜访时间太短，见一下，没过5分钟就走，对方会认为你是嫌弃和敷衍，这样也是不合礼仪的。

临时性访问应该控制在15分钟左右。

一般关系的拜访和事务性的拜访时间应控制在半小时以内。

好友聚会时间最好不要超过两小时。

访友不问候对方家人

访友时不问候对方的家人，其实是对朋友的不敬。

访友时不问候对方家人，表面上看来，你是目标明确，专找自己要找的人，干脆利落，其实这样反倒让别人误解。别人会想：他是不是看不起我的家人？他是不是很功利？他是不是太害羞了？难道他不知道这是我家吗？

访友不问候对方家人，即使你对朋友展现出全套合乎标准的礼仪，朋友和他的家人也不会认为你懂礼貌。

对主人家的宠物表示厌恶

对主人家的宠物表示厌恶是很失礼的做法。

宠物是主人家庭的一分子，向宠物表示厌恶，就是对主人的厌恶。如果你满怀希望地向好朋友展示自己心爱的宠物时，对方露出嗤之以鼻的神色，想必你心里的难过一定不亚于对方嘲讽你时的感觉。

所以，对主人家的宠物要表露出喜爱之情。

即使害怕宠物，也不要对其表示出害怕和做出驱赶动作。

做客时，最好能摸一摸主人家的宠物。

做客时频繁看表

做客期间频繁看表绝不是值得欣赏的举动。

做客时频繁看表，一个原因是你有重要事情要做，暗示主人你必须马上离开；另一个原因是暗示主人对你的招待未能使你满意，或者主人的话题太无聊；第三个原因可能是你的手表是新买的名牌，你需要用这种动作来引起主人的注意。频繁看表会让主人认为自己不招客人喜欢，客人不接受自己的款待，也可能会认为客人太过急躁，不关心别人的感受。

不为互不相识的客人作介绍

当同时招待几位互不相识的客人时，作为主人不为他们作介绍是很无礼的。

不为互不相识的客人作介绍，他们就不方便很快认识彼此。因为彼此不知道对方的身份、性情、背景等各方面情况，某些客人很容易无意间说出令其他人反感的话题。不为互不相识的客人作介绍，地位高的客人会觉得自己没有面子，身份低的客人会认为主人不屑于向别人介绍自己。总之，不为互不相识的客人作介绍，既不利于客人交流，也容易引起客人不满。

待客时不照顾来客的小孩或陪同者

待客时，别忘了照顾来客的小孩或陪同者。

既然是待客，每一位随自己邀请对象来到家中的人都是贵宾，不应当有贵贱之分，不应当区别对待。待客时不照顾客人的小孩或陪同者，会让客人误以为主人讨厌自己带来的孩子或其他人，或者认为主人是在故意做给自己看，贬低自己，客人自然无法很放松地享受主人的招待。忽略了客人的小孩或陪同者，小孩或陪同者自己也会感到备受冷落，很容易显得拘谨或故作轻松。

所以，待客时对客人带来的小孩应悉心照顾，给其准备玩具和空间；对待与客人同来的陪同者应一视同仁。

当主人与客人单独交谈时，应为陪同者安排接待者或娱乐休闲项目。

自认为在外宴客比在家请客隆重

许多人认为，请客理所当然要去酒店、饭店，酒店或饭店越豪华，花费越多，表示对客人越尊重。其实不然。

高级酒店再好，气氛再迷人，也说明主人把客人当“外人”；在家宴请，则能体现出主人的关切和真诚。何况家庭所独有的温馨气息是任何奢华的饭店都无法营造的。主人请你去家里吃饭，也表示主人对你很信任，已经把你当“自己人”了。

设宴款待贵宾，尤其在私人关系中，宴请客人时应该在家中设宴。

在家设宴时，应该根据客人的身份而设定规格。

点菜不问禁忌

点菜不问客人有什么禁忌，不是合格的主人。

请客人吃饭不问禁忌，为不喜欢吃甜食的人点甜点，为喜欢吃辣的人点一丁点辣椒都没有的清淡菜，为喜好素食的人点大量味道厚重的肉食……也许你点的菜都是你最喜欢吃的，也许是花费最高的，也许是当地最有特色的，但不一定是客人喜欢的或者是客人能吃的。

点菜不问禁忌，非但不礼貌，还会让人误以为是侮辱或故意为难，虚情假意。

温馨提示

点菜前应询问客人有什么饮食上的爱好和禁忌。

点菜时如果在场者有少数民族或外国同胞，应询问对方的饮食习惯。

如果在场有身体不适的客人，应询问对方健康方面的禁忌。

在家待客打扰邻居休息

主人在家待客时打扰邻居休息，说明他不懂礼仪。

在家待客时，乘车而来的客人把各种车子停在主人家院子里、楼道里、门外，杂乱的声音传得很远；在家待客时，大张旗鼓地炒菜、喝酒，浓烈的气味透过窗子飘出很远，猜拳的声音让邻居也能听见。有的人在家开私人舞会，吵得楼下无法休息；有的人深夜接待客人，发出很大的开门、关门声以及寒暄声。这样待客，热闹的同时也影响了周围的邻居。邻居会为你的自私而恼火，朋友也会因为声音太吵而感到烦躁。

因为照顾不周而冷落客人

同时招待几个客人时，主人因为照顾不过来而冷落个别客人，这样做不好。

如果同来的是一个关系很好的小团体，冷落其中任何一个客人都是对他们全体的不敬，这等于是在向他们暗示：某人不适合和你们在一起，这是挑拨离间；如果客人身份较低，冷落他是对他的不屑；如果客人地位较高，冷落他是对其挑衅；如果客人生性腼腆，冷落他是以强欺弱。冷落一个客人，其他的客人全看在眼里，大家会从礼仪到品质都对你产生怀疑。

所以，待客时要时时为客人着想，客人多时应该照顾到每个客人。

待客时如果主人有事不能照顾客人，应该让亲戚朋友代为照顾。

下逐客令不讲方式

下逐客令不讲方式，任何人都不会坦然接受。

觉得客人坐的时间足够长了，主人不耐烦地对客人出言不逊、语气生硬、横眉竖目地向客人说“走吧走吧”， 客人一定会很尴尬。一点不为别人的感受着想的主人，一定很难有机会再接待曾经遭遇他驱赶的客人。

下逐客令不讲方式，让客人难堪，自然是不礼貌的。

温馨提示

客人如果迟迟不走，主人应该委婉而礼貌地进行提示。

可以用看表的动作来暗示客人。

主人可以用询问客人是否有其他事以及告诉客人自己的安排来暗示客人。

不照顾第一次远道而来的客人

客从远方来，而且是头一次来，如果主人不关心他是否吃得惯异地的饭菜，不问他对什么地方感兴趣，不告诉他出门应该注意什么，这样的主人最容易让客人扫兴。

客人第一次远道而来，人生地不熟，主人对其淡然处之，会让对方有受冷落、不受欢迎的感觉。客人离家远，自然会因为主人的态度而心生不适应和不愉快。

不能让客人感到受尊重和被体贴，这样的礼仪就是错误的。

对待第一次远道而来的客人，应悉心照顾其饮食和生活。

主人应向首次远道而来的客人提供当地交通路线和出行建议。

送客时走在长者前面

送客时，主人不应该走在长者前面。

尊敬长辈、尊敬贵客的行为应该体现在待客过程中的任何一个细节。送客时走在长者前面，会让客人有“主人嫌我走得慢，他巴不得我早点离开”的误解。送客时走在长者前面，还会让客人觉得主人不懂尊重长辈，好大喜功，爱出风头。

送客时主人走在长者前面，无法让长者体会到尊严。

深夜让客人独自返回

深夜让客人独自返回是错误的。

如果客人年老体弱或者是年轻女性，深夜令其独自返回是对其安全的不负责任；如果客人住处很远，深夜令其独自返回会让客人受颠簸以及牺牲睡眠之苦；如果天气不好，让客人独自在深夜返回会让客人深受恶劣天气的侵扰。深夜让客人独自返回的主人，会给人无情无义、铁石心肠的印象。

无论如何，深夜时分让客人独自返回，从交通、安全、健康等各方面看，对客人都很不利。主人待客却让客人返回时遭遇不愉快，显然是不合礼仪的。

温馨提示

深夜聚会结束后，应将客人尤其是女性客人送回住所。

深夜聚会结束后，如果客人住处不远，应陪同行一段路。

如果客人住处较远，应为客人安排住宿。

办公场合礼仪错误

在办公室想穿什么就穿什么

办公室可不是想穿什么就能穿什么的场合。

穿着超短裙和露脐吊带衫的女秘书，无法让人相信她有良好的作风和工作能力；穿着无袖上衣的女教师，无法成为为人师表的模范；穿着休闲装参加谈判的老总，难以让对方相信他的实力和诚意；穿着皱巴巴衬衫的男性员工，很容易被认为是“小混混”……办公室里着装随便，会给他人低劣的视觉印象。在办公室乱穿衣的人，无法传达出对别人的敬意。

穿制服不注意职业形象

身穿制服的人，如医生、警察、服务员等，都给人一种专业、干练的印象。但如果身穿制服却不注意职业形象，就令人不敢苟同了。

身穿制服走路东摇西晃、满嘴脏话，这样出入社交场合，这些表现都会玷污职业形象，使人倍添厌恶之感，容易被人疑心为“扯虎皮拉大旗”、不务正业，还让人分不清穿制服的人究竟是在工作还是玩忽职守。

穿制服时，应按照规定整齐着装，不宜搭配其他非职业装。

穿制服时，言行举止要符合工作条例，不要出入非工作场合，更不要出入娱乐场合。

同时佩戴胸针与胸牌

同时佩戴胸针与胸牌不合礼仪规范。

执勤人员佩戴胸牌，同时佩戴一枚时尚胸针；检查人员佩戴胸针，同时佩戴单位的胸牌……不要以为这样的装扮很惹眼，很有风度，很让人羡慕。同时佩戴胸针和胸牌会显得杂乱无章，也会显得虚张声势、不够稳重内敛。

胸针与胸牌，两者只能佩戴其一。佩戴胸牌时，应将其戴在左侧胸口的位置。

胸针宜戴在带领衣服的左侧、无领上衣的右侧，还应与发型的偏向相反。若穿带领上衣，发型偏左，胸针应戴在右侧。

胸针的位置应在最上端两粒纽扣中间。

在办公室里放与工作无关的物品

办公桌上放着一件未完工的毛衣，窗台上放着一排化妆品，墙上挂着两幅明星海报，抽屉里还放着薯片……这样的办公室似乎已经成了私人领地，是不对的。在办公室里放与工作无关的物品，一来会分散精力，影响工作效率；二来会影响个人形象，让别人怀疑你的工作能力和积极性。接待客户或领导时，对方会认为你自私、懒惰。再者，每个员工都是他所在公司的形象代表，每个办公室都从侧面反映着整个单位的风格和实力。在办公室里放与工作无关的东西，无法营造严肃、正规的工作环境，有损集体形象。

在办公室接待亲朋

在办公室里接待亲朋是不妥的。

不准在办公室接待亲朋，应该是大多数单位的明文规定。

从礼仪角度而言，在办公室接待亲朋，如果你是领导，就难以为下属树立一个以身作则的形象；如果你和其他同事共用一个办公室，容易影响别人工作；如果接待亲朋期间正好有公务上的客户来访，对方会认为你以及你所在的单位制度不严、信誉不佳。

必须在办公场所接待亲朋时，应在接待室进行。

在办公室接待亲朋时间不要太长，最好不超过半小时。

接待亲朋时不要高声喧哗。

访客占用对方工作时间

访客不问时间，想什么时候找别人就什么时候找，甚至不放过对方的工作时间，这是错误的。

别人手头有要紧工作要做，你却坐在对方办公室里和对方说话，明显是干扰对方工作。对方虽然没有重要任务，但在工作时间内无法违规接待你，你坚持要和对方见面，就是为难对方。如果在别人工作时间硬要对方陪你闲聊、做无关紧要的私事，就是自私、不为对方考虑。

在办公区域遇到访客不打招呼

在办公区域遇到访客，无论是生人还是熟人，都不要视而不见。

在办公区域见到陌生访客视而不见，说明你心中没有“个人即单位形象代表”的概念，不懂得从自身做起树立单位形象。如果客人是准备与单位合作的人，对方会被单位员工的冷漠所打击；如果对方图谋不轨，漠然视之会给对方可乘之机。

即使对方是推销员，漠然走过也是不礼貌的。

温馨提示

在办公区域遇到陌生访客应礼貌地微笑致意。

如果看到陌生访客有迷茫的神色，应上前询问并适当指点对方。

在办公区域看到等待中的访客，可以为其提供茶水、报刊等。

接待客人时站立不到位

在单位接待客人，尤其是在饭店、商场等服务性行业，站立不到位是很不礼貌的。

接待客人时站立不到位，一来容易妨碍客人行动，同时使服务人员不能及时提供服务；二来容易给客人造成该单位人员素质低、服务水平低的印象；三来容易让其他人对该单位的档次和其他方面情况产生不信任，进而影响该单位声誉。

在大门口迎接客人时，应站在门边。

陪同客人时，应站在客人的外侧。

迎接重要客人时，接待人员应分列入口两边夹道欢迎。

忘记传达小事情

下午两点要开集体会，明天上午要去某科室填表，该领新的办公用品……诸如此类的小事情，不费脑筋，不用思考，只是简单的传达即可。但即使这样，也总有人做不好，因为他忘记去向他人传达了。

别人托给你的事，无论大小都需要负责。忘记传达小事情，简单地说是“忘记了”，严格地说是辜负了别人的信任，耽误了别人的时机，同时也说明你心里“没有别人”。这是办公室礼仪所不允许的。

所以，平时应养成随时作记录的习惯；对于需要及时传达给别人的事情，应该尽量在第一时间通知对方。

如果担心自己遗忘，可以请别人代为传达。

上级领导来办公室视察时不起立

各个企业、学校、机关经常能遇到上级领导来办公室视察的情况，有的人在这种情况下依然专注于自己的工作，不起立、不抬头、不问候，这样做是不对的。

平时办公室里来一个普通访客，工作人员礼貌迎接都是应该的。领导既然是上级，下级就更应向其表示尊重，而这尊重就应该体现在基本礼节上。上级领导来办公室视察时员工不起立，就显得倨傲，这并不是专注于工作的表现，而是没素质。

一个人不起立，整个办公室乃至整个单位的形象都会受损。

会上发言不看对象

有的人会上发言慷慨激昂，结果却令听众摸不着头脑；有的人会上发言气势恢宏，结果却让听众昏昏欲睡；有的人会上发言自我感觉良好，结果却让听众厌烦透顶。

造成诸种情况的根本原因就是发言者没有考虑到听众的具体情况。给文化水平不高的村民们开会讲话使用大量专业术语、引用文言词句，对方一定会认为发言者故作高深；给生性好动的小学生开会语气沉重、发言词没有精彩之处，对方一定感觉“度秒如年”。

会上发言让听众听不懂、不爱听、听不进去，必然是无效的，同时这也是对听众的不尊重、对他们时间的浪费。

所以，会议上发言要根据听众的身份和层次拟写发言稿，有针对性、鼓动性。

会上发言不列提纲，没有重点

不列提纲、没有重点，这是很多会议发言的特点，但绝对不是“优点”和“亮点”。

会上发言不列提纲、没有重点，会让与会者感到不知所云、心烦意乱、浪费时间；会上发言不列提纲、乱说一气，会让别人感到你思维混乱、没有逻辑、准备不充分，或者根本就没准备；会上发言不列提纲，发言就难以发挥效用，变成让人不愿聆听的“紧箍咒”。

发言没有条理性是对与会者的不尊重，听众会认为你对会议不重视，心中不满，甚至会离开会场。

面试礼仪错误

参加面试穿浅色衣服

参加面试不宜穿浅色衣服。

每个招聘单位都有其不同的企业文化和用人标准，有其独特的风格。穿浅色衣服也许可以让你显得有活力，但不一定能让你显得更成熟、稳重、专业、可靠。有的人肤色本就不适合浅色，再穿浅色服装参加面试，无疑是自己给自己降低标准。

参加面试时应该穿深色衣服。男性参加面试时可以穿深色西装，女性参加面试时可穿深色套裙。

参加面试时，应穿款式简单大方、风格适合招聘单位的服装。

参加面试时，不要穿崭新的、特别昂贵的名牌服装。

进入面试场所时不敲门

进入面试场所时不敲门，不是礼貌之举。

是否懂得尊重人、是否懂得如何尊重人也是面试的重要考查内容。进入面试场所不敲门，首先就会给招聘方一个莽撞无知的印象。俗话说“先入为主”，不佳的印象自然会影响到对方对你的评价。进入面试场所不敲门，还会让对方认为你急于求成、不够沉稳和成熟。如果招聘者正在抓紧时间认真准备，而房门又紧闭着，不敲门就进入面试场所会让招聘方有受惊之感。

温馨提示

进入面试场所时，如果房门紧闭，应有节奏、有力度地在门上轻敲两三下。

如果房门虚掩，也要在门上有节奏地轻敲两三下。

离开时不随手关门

面试结束离开时，不随手关门是不礼貌的。

关门动作虽小，却体现出一个人做事是否有始有终，是否懂得为他人着想，做事是否细致用心。离开时是否随手关门，从这个细节也可以判断出面试者心理素质是否良好。如果他很紧张或因为自己感觉胜券在握而得意忘形，就容易忽略关门这个动作。单从尊重别人的角度来看，离开时随手关门也是必需的礼节。

离开时应态度恭敬、动作轻柔地将房门带上。

关门时应避免发出沉重、刺耳的声音。

进门不打招呼，不回应招呼

参加面试时，进门不打招呼是无礼的，不回应招呼更是无礼。

不打招呼，不回应招呼，一个原因是你怯场，不敢打招呼，不知道如何打招呼；另一个原因是你不懂面试的基本礼仪，忽略了打招呼这一环节；再一个原因就是你自视清高，不屑与招聘者打招呼。这3个原因的任何一个都足以让招聘者将你筛出候选者名单。

进入面试场所后，应向在场的主考官礼貌问候“您好”或“大家好”。

进入面试场所后，如果面试官向自己问好或微笑，应礼貌地向其回礼。

问候或应答面试官时，声音要清晰、饱满。

未经允许自主落座

参加面试时，未经面试者允许就坐下，会让别人反感。

未经允许而自主落座，也许你会坐错位置，与此同时，你已经给招聘者留下了过于随便、自我的印象。如果不在招聘者指定的位置就座，你会被认为是没有听清楚他的指示，或者故意挑选自己喜欢的座椅。

温馨提示

进入面试场所后，应根据招聘者的提示和指示就座。

如果招聘方未提供座位或未说明请你落座，应礼貌询问。

落座时动作要轻而敏捷，坐下后身体要端正。

不善于打破沉默

面试时不善于打破沉默对应聘者是不利的，也是不礼貌的。

有时因为面试官故意探试，有时因为面试官正在寻找合适的话题或词语，面试过程中出现短暂的沉默是很常见的。不懂得打破沉默，说明你不善于与人沟通，不善于寻找话题；说明你不会随机应变，不够灵活；说明你胆怯自卑，不善于思考。

更重要的是，沉默对于面试官而言是尴尬的，任由沉默继续会让双方感到别扭。

在面试过程中，如果出现沉默，应尽快做出反应。

在面试过程中，可以用询问考官招聘方的企业文化等问题，补充介绍自己的个人情况或自己对招聘方的认识来打破沉默。

说话速度过快或过慢

参加面试时，说话速度过快或过慢都不会给你的表现加分。

说话速度太快，容易给人以慌张失措之感。如果面试接近尾声，语速过快会显得你急于结束面试。在面试者看来，这是不耐烦和没有诚意的表现。说话速度太慢，容易给人以傲慢无礼之感。如果一直这样，面试官会觉得你不尊重对方，并故意摆出老成持重的样子，同样显得虚伪、没有诚意。更主要的是，说话语速过慢给人以思维能力差、反应能力差的印象，这显然对应聘不利。

温馨提示

参加面试时，说话速度应以对方听起来不费力为宜。

参加面试前，可以事先练习说话速度，请别人帮你体会速度是否合适。

面试过程中，可根据面试者的表情适当调整说话速度。

谈话内容不简洁

参加面试时，面试官请你作一分钟自我介绍，结果你却用了一分半；面试官请你用一句话来陈述自己的观点，你却断断续续用了5句话；面试官请你用两句话概括一下你对招聘单位的

印象，你却滔滔不绝地讲了一大堆。这些说话内容不简洁的表现是不应该出现在面试场合中的。

说话内容不简洁，首先，面试官难以快速了解你说话的重点和含义；其次，会为面试官营造出一个啰唆、低效的形象；第三，明显地会耽误时间，如果面试官每天要面试很多应聘者，你这样的表现无疑会使其心情很不好。

与面试官套近乎

有人觉得与面试官套近乎可以加深对方对自己的良好印

象，促使自己获得更多的分数，实际上并不是这样。

与面试官套近乎，会让你的目的昭然若揭。如果在场的有多位应聘者，你这样做等于向面试官脸上抹黑。如果面试官恰好是个很讨厌套近乎的人，你的举动无疑是撞到了枪口上。即使是普通人，也不会乐意陌生人一下子向自己表现出很熟络、很讨好的样子。

与面试官套近乎非但不合礼仪，反而是对别人自尊和信誉的侵犯和对礼仪的亵渎。

所以，不要以行贿、暗示、攀亲或借同姓、同乡等关系向面试官套近乎。

不要向面试官做出谄媚的动作和表情，不要主动离开座位向面试官靠近。

面对多位面试官时只注意某个人

参加面试时，面前有好几位招聘者，你却只对正中间的那位行注目礼，或者只对长得漂亮的那位行注目礼，或者只对长者行注目礼，这么做可不算聪明。

只注意一个人，其他人就会被“晾起来”、受到冷落；只注意一个人，你就无法及时感受到其他人对你的态度，从而及时调整自己的状态；只注意一个人，说明你不能纵观全局，不善于和团体进行沟通；只注意一个人，还有“只认衣裳不认人”以及掩饰内心紧张之嫌。再说，你所注意的那个人也许恰好不是最高面试官，不向每个面试官以目光致意，既是对他们整体的不敬，也是对他们被忽略的个体的不敬。

参加面试时，首先应向在场的所有面试官行注目礼，环视众人，与他们每个人对视。

参加面试过程中，要随时注意每个面试官的表情、举止，并向其做出适当回应。

滔滔不绝

滔滔不绝会让你的口才变成缺点甚至败点。

无论是回答问题、提出问题还是参与讨论，在面试过程中，滔滔不绝地说话绝不是令人欣赏和赞叹的举动。这样做会让招聘者处于被动的位置，而且容易让他们产生疲劳感。如果你说话前后矛盾、瞻前不顾后，就正好应了“言多必失”这句话。如果同时有几位应聘者，你的做法会让其他人有威胁之感，急于表现成为你的突出特点而非优点。

所以，回答招聘者的提问时要控制时间，点到为止。

谈论自己时不要夸夸其谈。

向招聘者提问时不要重复。

对应聘单位妄加评论

不要对招聘单位妄加评论。

很多招聘单位会在面试中提出类似的问题：“你觉得我们单位如何？”“你可以从你所见所闻对我们单位提出建议吗？”别因为面试官表情殷切、态度和蔼、眼神中充满期待就认为这是你表现自己的大好时机，从而妄加评论。招聘方所有的问题都是本着尽可能全面地考查你的目的来设置的，他们想知道的是你的思维能力、应变能力和做事态度等，答案并不太重要。但是，如果你的答案太“个性”，就会犯错。对招聘单位妄加评论，说明你狂妄自大、自制力差、经不起诱惑，同时说明你忘记了最基本的礼仪——尊重。

评论招聘单位时，态度应诚恳而谦虚、谨慎。

对于自己难以判断的、有争议的地方，不要妄加评论。

批评和诋毁原单位

有些人可能觉得批评自己工作过的单位，更能表明自己对招聘方的忠诚和渴望，这是完全错误的。

批评原单位工作压力大、工资低，抱怨老板脾气不好，同事不好相处、素质低，批评原单位管理不善、效率低下……这都是不对的。原单位对你进行过培养，给了你经验，招聘方更希望知道你从原单位学到了什么，而你此时离开原单位并诋毁它，那么你将来很可能再诋毁现在的单位。身为一名员工，不能对自己服务过的企业没有一点感谢之心，你的诋毁会让你的人品在面试官眼中下滑。

诋毁原单位就是诋毁你自己和所有的雇主，这是不礼貌的。

温馨提示

当表达自己对原单位的看法时，应从客观角度进行评价。

对原单位进行评价时，应从它对自己所产生的积极影响入手。

主动打探薪水和福利

主动打探薪水和福利，说起来是应聘者对自己权益进行维护的表现，不值得大惊小怪，其实不是这么简单。

投简历的时候，如果在电子邮件中询问对方待遇，无论你能力如何，对方多半会把你排在面试者名单的最后一名；面试之初先向对方询问待遇，对方一定会第一个否定你。主动打探薪水和福利，给人一种唯利是图的感觉。摆出一副“工资不高咱就免谈”的样子询问薪水和福利，就算招聘方能给出足够高的薪水，也不愿意接受这么性急和狂傲的员工。

有些问题我们有权知道，也应该询问。但是如果在不合适的时候、不假思索地问，绝对不合礼仪。

询问薪水和福利时应该注意方式，不宜太直白。可以用“我希望多了解些公司各方面的情况”之类的话语进行暗示。

询问薪水和福利问题适合在面试基本内容结束以后。

询问薪水和福利问题时态度要礼貌，不要表现出过于急切的样子。

礼貌有始无终

有的应聘者顾头不顾尾，礼貌有始无终。这样做是不对的。

应聘时点头哈腰，一口一个“老师”，一口一个“先生”，面试结束后却判若两人，连招聘方的“再见”都不理会；进门时笑容满面，出门时却满面冰霜；礼貌恭敬地进门，却趾高气扬地出门。应聘者前后差距太大，会让人觉得表演意味太浓：之前的礼貌和热情都是装出来的。

所以，面试整个过程中要讲究始终如一。

走出招聘场所时，不要得意忘形或神情沮丧。

离开面试场所时，应对自己见到的所有工作人员礼貌问好。

不注意及时告辞

不及时告辞，很可能让唾手可得的工作机会与你擦肩而过。

不及时告辞，双方都会陷入没话找话的境地，彼此尴尬；不及时告辞，就会影响招聘方计划中的工作，影响到对下一个应聘者的招聘；不及时告辞，会让招聘方对你产生不珍惜时间、不懂得察言观色的印象；不及时告辞，除言行举止等各方面的一些缺点，还会让你因为找话题而做出不合适的言行举止，不经意间暴露出缺点。不及时告辞，对你和招聘者都不利。

所以，当面试基本结束后，要趁沉默的时候主动提出告辞。

不知道是否该告辞时，应该礼貌地询问“请问我还需要做些什么”，以此试探。

提出告辞后不要进行过多的寒暄。

打击应聘者

招聘方打击应聘者，不仅会失去一个应聘者，还可能失去更多的人才，甚至损害招聘单位的声誉。

打击应聘者，第一，暴露出招聘者自以为是、刻意摆谱的心态；第二，显示出招聘者不尊重应聘者的人格、无视其尊严；第三，说明招聘者不注意维护所在单位的形象。打击应聘者的招聘者会给人留下恶劣的、没有教养的印象，相信没有人愿意进这样的单位、在这样的领导手下工作。

温馨提示

不要对应聘者的外貌做出批评和讽刺。

可以对应聘者提建议，但不要对应聘者的能力和临场表现进行嘲笑。

态度傲慢，盛气凌人

态度傲慢、盛气凌人本来就是不礼貌的做法，更不要说用这样的态度对待应聘者了。

一个人是否有修养，从他的言谈举止就可以看出。招聘者用居高临下的目光看待应聘者，会让对方有受辱之感；招聘者对应聘者略显幼稚的问题嗤之以鼻，会让对方有受挫之感；招聘者用刁难的语气对应聘者说话，对方会有受敌视、被误解之感。

招聘者代表的是他所在的单位，而不单单是他个人。如果用不礼貌的态度对待应聘者，相信他所在的单位会让很多优秀人才排除在外。

作为招聘者，应以严肃而和蔼的态度对待应聘者，不要斜眼看人，不要故作高深、倨傲待人。

作为招聘者，不要对应聘者提出的任何问题嗤之以鼻。

提不适当的问题

面试过程中，招聘者提出问题是必须要慎重的，并不是说招聘方占据主动位置就可以随便提问。

男性招聘者询问女性应聘者婚否或有没有恋人还不算过分，但如果问她谈过几次恋爱就有骚扰意味了；询问应聘者在农村长大还是在城市长大，有歧视农村出身之嫌；表情神秘地询问应聘者是否愿意接受某些“有挑战性的工作”，会让对方疑心招聘单位存在不正当行为。招聘方提出不适当的问题既是对应聘者的侮辱或挑衅，也是对招聘方个人及单位形象的污损。

所以，招聘方不要提出涉及应聘者隐私的问题。

招聘方不要提出刁难的、无意义的问题。

职场工作礼仪错误

在上司面前逞强

在上司面前逞强是愚蠢的行为。

在上司面前耍小聪明、做手脚，宽厚的上司会不动声色，性急的上司则会立刻将你开除；在上司面前故作深沉、卖弄才学，会让对方觉得你不满自己的职位或待遇，意在取代其地位；在上司面前大量使用他不熟悉的名词，对方会觉得你有意为他设置障碍，有意让其尴尬；在上司面前逞强，对方还会认为你考虑事情和做事不周全，不懂得尊重领导，不懂得谦虚谨慎，非可塑之材。让上司感到不愉快，肯定是不礼貌的。

只跟老板打招呼

在工作场合中，不要只和老板打招呼。

初入职场的新人，面试时印象最深的是老板，上班第一天第一个见到的也是老板。开始只和老板打招呼情有可原，但过一段时间以后仍然这样，就令人匪夷所思了。别人会觉得你和老板关系不一般，如果你和老板不是同性，大家更会如此认为。只跟老板打招呼，别人会认为你故意冷落同事或者害怕与同事交往；只跟老板打招呼，不利于你与同事展开合作和交流，会给人留下不合群、孤僻的印象。

越级请示领导

越级请示领导，在有些人看来是工作积极、办事及时、讲究高效且利于树立自身形象的行为，其实不是。

你做事前越过直接领导而请示高级领导，既会给高级领导增加工作量，又会使直接领导感到自己被忽视、被隐瞒。如果高级领导下查，难免给你的直接领导带来“失职”的麻烦。越级请示领导，别人会认为你和直接领导有个人恩怨，或者认为你有特别的目的。越级而打乱秩序和流程，本来就不合乎办公礼仪，再惹出一串不必要的麻烦，更是错上加错。

所以，平时应该与直接领导及时沟通，保持联系。

与自己的直接领导沟通时要注意方法，要尊重对方。

发生矛盾时，首先应该冷静思考后礼貌而委婉地与自己的直接领导沟通。

制造小团体

制造小团体的行为不宜提倡。

团队精神要求我们做到齐心协力、坦诚互助、共同进步，但如果你认为小团体可以发扬团队精神，那就大错特错了。小团体注重的是极个别人的利益，其性质是排他性强、我行我素、破坏力强。如果你制造了小团体，恰似给自己筑了一堵墙，屏蔽了自己的视听。小团体的一大特点就是制造风波，其结果往往是不利于其他同事、不利于集体的。

制造小团体，与任何公司、任何单位的文化都不相容，不仅不合礼仪，而且从人际关系、集体发展等各个角度来看，都百害而无一利。

温馨提示

不要主动拉拢别人制造小团体，不要参与小团体。

不要对小团体进行攻击，也不要对他们冷眼相待，而应有礼有节。

热衷于传播小道消息

小道消息是办公场所的暗流。如果热衷于传播此类消息，无论是对工作还是对你的个人形象，都极为不利。

单位要裁员了，某些部门要改组撤并了，某位领导正在被司法机关查处，某位同事家里出事了，某位女同事怀孕了，某位男同事有新女友了……这些小道消息，有的无关痛痒，有的纯属胡编乱造，有的则是人身诽谤。如果小道消息制造者的目的是伤害别人或搅乱大局，传播它们就等于是煽风点火。常常传播小道消息的人，会给人留下人品不好的印象，容易受到别人的鄙视和排挤。如果你传播小道消息而使别人身陷困境，还可能触犯法律。

在办公室谈论、评论别人的无能

在办公室谈论别人，评论别人如何无能，这么做永远都是不受人肯定的。

当面谈论甲工作中出现的种种错误，必定让他在同事面前抬不起头，觉得自己受到了鄙夷和排斥；私下谈论乙的种种失误，如果传到乙的耳朵里，他一定会自觉地远离你；参与你话题的人，必然会在内心里认为你“站着说话不腰疼”，只看到别人的不足。

在办公室讨论别人的无能，对你、对别人都没有半点益处，反而可能导致办公室风气不良、人心不齐。这个结果必定是办公室礼仪规范所不允许出现的。

如果某位同事的确能力上有所不足，应该礼貌而委婉地向其提出建议。

如果无法向业务水平欠缺的同事提供帮助，就不要对他进行议论。

大肆批判公司制度

批判公司制度的人并不鲜见，如抱怨公司制度苛刻、没有人性、不公平、有漏洞，等等。

批判公司制度，首先是言行上对所在单位的不敬，当然也表露了内心的不满。只在与同事闲聊时批判，有蛊惑人心之嫌；只在受到批评时批判，有发泄私愤之嫌；只向不如自己的人批判，有变相自夸之嫌；只在背后批判，有造谣生事之嫌。

对公司的制度要严格执行。

如果对公司制度有意见，可以向相关部门提建议，但不应攻击。

与异性同事交往过密

办公室恋情多半没有好结果，疑似办公室恋情也是一样。

与同一办公室的异性同事交往过密，你会吸引其他同事的过多好奇、不友善的目光；与其他办公室的异性同事交往过密，别人会觉得你无心再在现在的办公室待下去；与异性上司交往过密，别人会认为你别有用心。无论与你关系密切的异性是什么身份，都对你的事业和生活不利，对良好、和谐的办公室社交不利。与异性同事交往过密的直接结果就是传出绯闻、影响名誉，别人还会因此而产生你不安心工作的错觉。

所以，上班时间不要频繁出入异性同事的办公室。

不要向异性同事过多透露自己的私生活。

不要向异性同事过多地打听对方的私人生活。

泄露公司机密

任何公司都有自己的机密，并且严禁员工外泄。

泄露公司机密，说明你目光短浅、经不起诱惑、自制力差；泄露公司机密，你的信誉就不再被同事和上司看好，你不仅会丢掉目前的工作，还可能失去进其他单位的机会；泄露公司机密，你的人品会因此而遭到怀疑，别人会迅速而自然地疏远你。

泄露公司机密既违背公司规定，也违背礼仪原则。无论是有意还是无意，通过什么途径，泄露公司机密都是不应该的。

PART
04

你在会议与商务礼仪方面最可能犯的 2 个错误

会议礼仪错误

展览会上无讲解

展览会上无讲解，不能算是合格的展览会，也不能算是完整的展览会。

没有讲解人员，参观者就无法更全面、更有效地了解展览会的整体设置，难以更有效地寻找到自己需要的信息；没有讲解资料，参加者就难以充分了解参展物品，留存相关资料，整理所见所感。

展览会的目的必然是让更多的人了解自己的展品，从而更有利地开发市场或传播知识与文化。但如果没有讲解，这个目的就难以圆满实现。对于参观者来说，这是“招待不周”的表现。

所以，展览会上应安排针对整个活动的专职讲解人员，准备详细的讲解资料以便免费派发。

参加展览会的商家应安排针对客户的专职讲解人员。

有顾客询问时，展台负责人应热情讲解。

举办展览会不注意展品排列

举办展会、参加展览会，如果不注重展品的排列位置和方法，就可能导致失败。

参展的展品东一个西一个，排列得毫无章法，展台布置得令人眼花缭乱，即使是再好的展品，也难以在第一时间抓住参观者的眼睛。展品分类不清楚，不同色彩的展品位置安排不和谐，展品的质量和档次就容易受到怀疑。参展的展品新旧不一，漂亮的展品掩藏在外观一般的展品背后、主次不分，参展者可能就没有兴趣深入研究下去。

温馨提示

用于参展的展品，一定要保证质量上乘，优中选优，而且应保证外观上的完美。

展品的陈列摆放要讲究整齐有序，有重点、有陪衬、有美感。

展品的背景布置应与展览的主题相呼应。

展会上对观众滔滔不绝

热情的服务态度会给人留下良好的印象，但过于热情则是错误的。

参观者还未走到你所在展位的“势力范围”，你就立刻做出热情洋溢的表情上前拉对方参观，对方如果无心前来，会为你的鲁莽而生气；如果对方有心前来，可能会对你的过度殷勤产生反感，反倒坚决不来了。如果参观者只是询问了一下自己想要了解的问题，更希望自己看，你却滔滔不绝，对方必定会觉得不自由而迅速离开。

所以，展会上对观众作介绍时应适可而止。对于不打算停留的观众，不要强行拦住对方向其进行介绍。

参观展会时不注意自己的公众形象

作为参观者参加展会时，如果觉得自己只代表自己，无须注意形象，那就大错特错了。

参观展会时旁若无人地与同伴喧哗，会影响他人的参观；参观展会时不注意避让，会妨碍他人的行动；参观展会时随处丢垃圾，会破坏展会场所的整洁，并给工作人员增添负担。如果在展会上随便把玩展品，却又不轻拿轻放、不放到原位，容易破坏展品，影响展位的宣传效果。

温馨提示

参观展会时，不要对展位和展品以及其他观众指指点点。

参观展会时不要长时间抓摸展品。

应邀参加典礼却无故缺席

应邀参加朋友的婚礼、应邀参加同行的开业典礼、应邀参加商务或公务性质的各种典礼……应邀参加典礼却无故缺席，受邀而不出场，肯定会令主办者感到不满。对于任何人而言，这都是无法与礼貌沾边的事。

每个人都不会无缘无故邀请别人参加自己主办的各种典礼，邀请你本身就说明了对你的重视和关心。如果你应邀而无故缺席，结果可能是对方觉得你不尊重、不重视他，因而与你疏远。

所以，接受邀请后，一定要提前做好准备，按时出席。

如果临时有事而不能参加典礼，必须及时通知邀请者并向其道歉。

接受邀请后，出席典礼前应计算好路程和车程。

参加典礼不遵守程序

典礼通常都有约定俗成的程序，如果参加典礼却不遵循程序，忽略程序或程序乱套，必然是错误的。

典礼派发了请柬，来宾却不按照相关规定和程序出示请柬，登记签到；典礼上请了嘉宾，主持人却不对他们进行介绍；主持人引领大家起立、奏国歌时，作为普通来宾的你却径自坐在位子上不予回应……无论是典礼组织者还是参加者，在典礼上不按照特定程序来都是对典礼不重视的表现，同时也是无知的表现，还有可能被别人误认为是挑衅。

典礼通常包括来宾入场、正式开始、主持人致辞、嘉宾发言、礼成几个环节。

参加典礼时应首先熟悉相关程序，以免自己在需要出现的某个环节关键时刻出丑。

参加典礼时，应在参加一个环节的同时为下一个环节做好准备。

参加会议不签到

人们举行大型会议时一般都有签到的环节，如果你到会而不签到，是错误的。

参加会议不签到，如果你身份、地位特殊，人们就会认为你摆架子，搞特殊化；如果你是个无名之辈，参加会议不签到会让人们认为你故意捣乱。对于限制人数的大型会议，不签到不利于组织者统计人数。

参加会议并遵循相关程序是会议礼仪的基本条目。有签到环节而不签到，是对会议程序的破坏，是对会议举办者的公然反对。

不在指定位置就座

参加会议而不在指定位置就座是不合礼仪的。有人觉得参加者众多，坐哪里都无所谓。如果这样做的话，引出麻烦是在所难免的。

当你作为嘉宾出席会议时，不在指定的、放有名牌的位置就座，有逃避责任、藐视主办方的嫌疑；当你和其他代表被安排到特定区域就座，唯独你不遵守安排混入其他单位所在区域，有缺乏集体观念之嫌。不在指定位置就座，容易打乱会议举办者的计划。如果会议上需要在不同区域就座的人商议并发言，你就会无形中被孤立起来。

所以，参加大型会议时，应按照指示标志就座或询问服务人员，寻找自己的座位。

普通与会者应避免坐到嘉宾席上。

与集体一起参加会议时，应坐在自己集体所在范围内。

别人发言时小声嘀咕

别人在台上发表对某个问题的看法，你在台下一边小声嘟囔一边做出古怪表情；别人在台上公布获奖名单，你在台下不停与旁边的人嘀咕；别人在做分析报告，你在台下向前后左右讲八卦新闻。这样做不礼貌。

别人发言时小声嘀咕，首先有对发言者表示不满和抗议、诽谤之嫌；其次是容易影响会场秩序，甚至带动其他人嘀咕；再次，会影响你的公众形象。不该说话的时候说话，并且是小声嘀咕，容易令人产生疑心和反感。

自由发言时保持沉默

多数会议都会给与会者自由发言的机会。在这个环节，不应该保持沉默。

别人在自由发言环节争相举手时，你一言不发，会显得很突兀、不合群。如果你平时很热衷发表言论，此时的沉默会引起别人的怀疑，有破坏现场气氛之嫌。主持人点名请你发表意见，你却面露难色、一言不发，对方会遭遇尴尬，从而造成暂时的冷场。自由发言时保持沉默，容易让别人认为你心不在焉或心存不满。自由发言时，态度应积极主动；应避免与他人争抢；如果自由发言的环节中自己被点名，应予以配合。

主持活动不注意与会者的情绪变化

主持人主持活动时如果只顾按照既定程序背台词，丝毫不注意与会者的情绪变化，肯定不是合格的主持人。

主持人准备的台词与现场气氛不相符，却不做丝毫改变，参与者难免会皱眉头，这时主持人仍然对与会者的情绪无动于衷；现场出现骚乱，众人表情各异、情绪不稳定，主持人却视而不见；主持活动时，主持人如果不注意与会者情绪的变化，就会影响整个现场的氛围，影响大家注意力的集中，导致人们的厌倦心理。同时，这样的主持人会给人冷漠、以自我为中心的印象。

强请不擅表演的人出节目

强请不擅表演的人出节目，不要说这是为他们好，可以促使他们变得善于表演。事实上，这么做是不厚道的。

强请不擅表演的领导出节目，你是不是想告诉大家你有足够的本事能让领导出丑？强请不擅表演的同事出节目，对方可能会疑心：我什么时候得罪他了？强请不擅表演的人出节目是对当事人的折磨，你将其推上舞台的中心，同时也将其推到了尴尬的地带。

如果有即兴表演的环节，应事先了解自己要请的人是否乐意。

如果被请出表演的人拒绝表演，不要引领别人起哄。

如果恰好叫到不擅表演的人，对方又拒绝时，应礼貌道歉。

在社交聚会上扎堆

在社交聚会上看到哪里人多就往哪里钻，或者专门聚集多人在一起扎堆。这种做法不可取。

在社交聚会上扎堆，给人的感觉像是街头巷尾的闲人议论别人的是非，容易引起他人误解，也显得好事、缺乏修养。此外，这样做给人以此次社交聚会格调不高的印象，大家因此难免降低彼此交流的热情。

温馨提示

参加社交聚会时，应避免几个熟人在一起长时间热烈交谈。

在社交聚会上，可以变换交谈对象，并将人数控制在三四个以内。

商务与公务礼仪错误

商务谈话时常作补充、质疑

商务谈话中不要时常作补充或质疑。

如果针对商务谈话中对方说出的观点或意见，你总是“很及时”地进行补充，对方会认为你轻视对方而热衷于炫耀自己。你的合作伙伴刚刚提出一点建议，你就表示出怀疑，追问对方可靠性和可行性，对方会认为你怀疑他的经验和为人，也可能会认为你故作姿态，或者认为你根本就是无知、胆小、没见过世面。

商务谈话中时常作补充或质疑，一方面会引起双方交流的不畅，另一方面会影响双方对彼此的印象，此外还会拖延时间、降低效率。

谈判时不尊重对手

谈判时如果不尊重对手，谈判将很难取得成功。

谈判时对对手流露出猜疑的表情，不时向己方人员递眼色；谈判时由于对对方所在的国家或民族有偏见，就使用暗示性、侮辱性词语；自认为己方实力雄厚，就处处做出自以为是的表情；想凭借特殊手段达到目的，就使用威胁、拖延时间等方式进行谈判。如果你这样做了，对方必然不会对你产生良好印象。无论是你的个人形象还是内在素养，都会给谈判对手留下恶劣印象。虽然谈判主要是双方利益上的事，但个人态度和形象对于谈判结果也起着相当重要的作用。

所以，谈判时应以尊重、平等的态度对待谈判对象。

谈判过程中说话、讨论时应避免攻击性言语。

谈判过程中应避免使用容易引起对方反感的肢体语言。

谈判时不懂得让步

如果你把谈判当作一味追求自己所在一方利益的行为，丝毫不管对方是否觉得合理，就是极端的想法、错误的认识。

初次谈判时不懂得让步，可能你就不会有下一次谈判的机会；谈判最关键的时候坚决不让步，谈判就很可能白费时间而没有结果；已经达到预期目标，却仍然紧追不舍，不肯做出让步，谈判很可能功亏一篑。如果谈判不懂得让步，你给人的感觉像只一毛不拔的铁公鸡，对方多半会认为和你合作没有意义。如果留给别人如此印象，你会很容易失去其他的潜在客户，因为与你打过交道的人已经将你的苛刻行为广为传播了。

温馨提示

谈判应力求双赢的结果。

谈判时应考虑长远利益，应在满足自己一定目标的基础上为对方的利益适当考虑。

谈判过程中人事不分

谈判最忌人事不分。谈判对手是你的朋友，谈判中就不自觉地向对方的利益靠拢，你会造成我方利益的损失，这是对自己单位的不负责，也是失职行为；谈判对手与你个人有过节，谈判中便处处刁难，这不仅是对我方利益的损害，也是对对方人员的不尊重，更是自私和目光短浅、心胸狭窄的表现。谈判过程中人事不分，容易造成判断失误和难以达到预期目标，不但会给自己的团队带来损失，而且给对方团队留下不值得合作的印象。

所以，谈判过程中应避免因双方的态度而干扰谈判本身的进程。

如果谈判对象是自己的熟人，不要掺杂私人情感。

谈判过程中不要根据自己的好恶作决定。

商务宴请的菜单安排失当

商务宴请不同于普通性质的宴请，因为关系到生意、事业，所以菜单的安排不能马虎大意。

自作主张点店里的招牌菜，却不知道客人对这几道菜毫无兴趣；点菜时只管照准价格高的点，却不知道客人最喜欢的菜恰恰在低档菜栏中。菜单全由自己定，显得霸道、不体贴；全由对方来定，又会显得懦弱。菜单上品种单一，全是肉食或全

是素食，会显得“一根筋”；菜单上菜品味道单一，同样无法显出请客者的诚意和周到。

温馨提示

准备商务宴请时，菜单必须由主人与客人共同来商定。

商务宴请时，菜单的安排应注意菜品、味道与色彩的搭配。

作业务介绍时诋毁竞争对手

作业务介绍时，诋毁竞争对手是不会有好结果的。

向客户推荐甲公司的产品时把乙公司贬得一文不值，但恰恰客户就是乙公司的忠实用户，你的做法只能让客户对你产生严重的不信任；在专柜向顾客介绍某品牌化妆品时大肆批判其他品牌，但被批判的品牌就在你所在专柜的旁边，难保对方的负责人不会过来与你争辩。做业务介绍时贬低竞争对手，你会给对方留下恶意竞争的印象；此外，这样做容易使人产生“王婆卖瓜，自卖自夸”的怀疑。贬低竞争对手，更多的时候起到的是相反的作用。诋毁了对手却又难以为自己取得口碑，这样的做法无论如何也称不上聪明。

选择的会谈人员身份不对等

正式会谈时选择的代表与对方人员身份不对等，这是严重不合礼仪的做法。

选择身份低于对方的人员参与会谈，一方面，显得我方“朝中无人”“底气不足”，是对自己的贬低；另一方面，会让对方误认为我方小视他们，以此向对方表明“我们用小兵对付你们，已经很看得起你们了”。选择身份高于对方的人员参与会谈，一方面，显得我方傲慢自大，故意将会谈变成了“接见”对方；另一方面，也会让对方觉得受到了愚弄和侮辱。

选择的会谈人员身份不对等，不利于双方会谈正常进行。

温馨提示

应选定身份、素质与对方相当的人参与会谈。

选择参与会谈的人员时，人数也应与对方保持一致。

不会处理谈判中的冷场

谈判中因为某个细节问题发生分歧而冷场，谈判中因为其中一方态度恶劣而冷场，谈判中因为一方太过沉默而冷场，谈判中因为判断失误而冷场……在谈判过程中，出现冷场是难以避免的，但如果任其继续，谈判可能就会泡汤。

谈判冷场时保持沉默，容易使谈判对象纳闷，觉得你在打小算盘；冷场时乱开玩笑，对方会觉得受到了奚落；冷场时出言不逊，谈判各方都会受到干扰，谈判就难以继续。谈判中出现冷场已经让人难以忍受，再不好好处理就更显得失败。对于主方谈判者来说，这是无法挽回的错误。

谈判中出现冷场时，不应消极地保持沉默，应以适当的提问或讨论对气氛进行缓和。

谈判中出现冷场时，可暂时休息。

双方签字不讲座次

举行双方签字仪式时千万别忽略了座次的排列，否则签字仪式可能会最终无果。

举行双边谈判时主客不分，容易使谈判对象缺乏被尊重、被信任之感；举行双边签字仪式时双方签字人员不按照规定就座，容易给人以傲慢自大之感。

签字仪式是谈判成功的结果，如果进行这个重要环节时在座次安排上出了问题，可能就会功亏一篑了。

双边签字仪式座次排列方式之一是横桌式：桌子在室内横放，主方背门而坐，客方对门而坐。双方陪同人员分列主谈人员身后一侧。

另一种座次排列方式为竖桌式：桌子竖放室内，客方人员居右。

双方主谈人员的右侧可坐副手。在涉外谈判时，则要安排翻译人员。

签字不遵守程序

签字仪式不仅是一个仪式性很强的完整活动，也是一个很必要的使谈判各方达成一致意见、体现各方合作诚意的重要仪式。如果不遵守程序，就不能令人信服。

宣布仪式开始后不按顺序入场，有对最后结果轻慢、不满之嫌；签署文件时抢着签自己的名字，有自视过高之嫌；签字完毕后不礼貌地交换签字笔，有不尊重对方之嫌；不准备饮酒环节，大家会觉得签字仪式不够圆满。

签字仪式第一步是宣布开始，相关人员依次进入签字厅依序就座，接下来签署文件。

签字一般实行轮换制，每位签字者都有机会将自己的名字列在由自己保存的文本的首位。

签字完毕后各方交换文本，签字者彼此握手相互祝贺，并互换用过的签字笔，其他在场人员应鼓掌祝贺。最后，大家喝香槟酒庆贺。

公务接待不注意规格

公务接待是很重要的事，规格是衡量一次公务接待是否合格的重要标准，绝不能马虎大意。

迎接上级领导，却按照接待下属单位前来参观的规格进行招待，对方会觉得受到了轻慢；迎接友邻单位，上次接待安排对方在三星级酒店住宿，此次却安排对方住在普通小旅店，对方必然会觉得双方可能产生了什么矛盾。接待时过于奢侈，有浪费、讨好、摆阔之嫌；过于吝啬，则有不欢迎、贬低之嫌。

公务接待的规格能体现出接待方对接待对象的态度以及接待能力，千万别认为规格是可以随便定的。

温馨提示

公务接待应按照来宾的身份、所在单位的级别来安排规格。

公务接待时，如果不是第一次接待，规格应不低于以前。

迎接客人不提前到达

客人首次远道而来，等候多时却没有人接站，必定会觉得自己受到了冷落；客人虽然不是第一次来访，却依旧对走访的城市交通生疏，到站后询问许久才找到前往接待单位的路线，客人必定会充分体会到举目无亲的感觉。

迎接客人而不提前到达，客人就必须等待多时而浪费时间和精力。这样接待单位会显得办事没有效率，待客不周到、准备不充分，显得仓促、敷衍。如果客人是外宾或上级领导，对方必然对我方没有好印象。

迎接客人时，应至少提前10分钟到达。

迎接首次到来的客人时，应提前到达客人的落脚点。

迎接熟客，也应提前在大门外守候。

待客不懂“热情三到”

待客时皮笑肉不笑，或者客人已经走进大厅了，你尚且面无表情；待客时只点头微笑却不说话，或者虽然问候对方，却语调生硬；待客时虽然言语热情、表情生动，却让人感到虚伪……这些都是不懂得“热情三到”的表现。

“眼到、口到、意到”，这“三到”非常重要。待客不懂得“热情三到”，你的热情就不能说是“到家”，客人就无法感受到“宾至如归”的氛围；不懂得“热情三到”，就无法展现接待单位的优良素质和工作人员的训练有素，当然也无法给客人留下专业、热情、真诚的印象。

不细心安排礼宾次序

迎接客人时不按照一定顺序为礼宾排序，以此来安排座位、出场顺序等，就是接待工作的重大失误。

在任何规模的接待活动中，都不能忽视礼宾的身份、地位和尊严，应尊重对方的要求和感受。在涉外交往中，外国来宾无一不会关注自己在众多礼宾中的次序，无论其国家大小、强弱。如果不细心安排礼宾次序，礼宾就可能认为东道主歧视他们所在的国家，或者对他们心存芥蒂。

不细心安排礼宾次序，礼宾之间就可能产生误会。这是接待活动失败的体现，也是不懂礼仪的表现。

温馨提示

在政治性接待活动中，可按照礼宾身份、职务的高低次序排列。

在会议、比赛等场合，可以按照礼宾的国籍第一个字母在字母表中的位置依次排列。

当礼宾身份不太好确定时，可按照对方接受邀请的日期或到达接待方时间的早晚依次排列。

拍照时排错位次

拍集体照是我们司空见惯的场面了，拍照时为众人排错位置也不少见：将长辈和重要客人的次序与普通陪同人员混淆，将本单位人员与外单位来访者位次混淆；让参加合影的人高矮错落，矮个子排在高个子身后，且不为矮个子脚下作任何铺垫，等等。

拍照时排错位次，首先无法留下“美好的回忆”，反而会让人一看到照片就皱眉头、生气或发笑；其次，也会让参加合影的人员怀疑你的接待能力，并通过照片，使你办下的“不完美”事件永远定格。

强求前排的人蹲下来拍照也是错误的。

拍照时安排次序应该同时考虑到人数、合影者的身份和身高。

没有外宾参与拍照时，通常将重要人员安排在前排、中排或左侧位置。

拍集体照时，通常主方在右，客方人员在左。

行进中的位次没讲究

陪同来宾走平地、上楼梯等，与来宾一起行进时，位次的问题不能忽略不计。

几个接待人员与一位来宾并排行走时把对方挤在外侧；一个接待人员陪同一位来宾时将其甩在自己身后；一个接待人员陪同几位来宾时，不懂得根据来宾的身份、地位以及他们彼此间的关系进行位次排列……这些都是不讲究行进位次的表现。

行进中的位次不讲究，容易让来宾误解，同时暴露出接待方准备不充分、不注意细节的弊病。如果是商务性考察，对方会怀疑接待方乃至当地人的素质。

与来宾并排行进时，应请对方走在中间或道路内侧；与来宾单行行进时，通常应请客人走在前方。

上下楼梯时应采用单行行进的方式，请客人走在前面。如果客人是身穿短裙的女性，应走在客人前面。

来宾不止一个时，应根据他们的身份、年龄进行排序。

上楼梯时请女士走在前面

上楼梯时要请女性走在前面。许多人对此不以为然，因为上楼梯时跟随在引导人员身后是天经地义的。如果多人同时行进，请女性走在前面是对女性的尊重。但如果引导人员是女性，而且穿短裙，走在她后面上楼梯就有窥视之嫌；与女性同伴结伴上楼梯这样做，也有窥视对方裙下风光之嫌。

如果几个人同行，男性比女性更熟悉环境，请女性走在前面就是不妥当的。

与女性同行时，应出于尊重对方的目的考虑问题，否则是有违礼仪规范的。

轿车上不讲究座次排序

我们乘坐轿车的机会很多，但你是否注意过轿车座次的排序呢？如果没有，你就要立刻补课了。

单独坐朋友的私家车时坐后排，给朋友的感觉是你把他当做出租车司机；与别人结伴乘坐出租车时让别人坐副驾驶座，等于是向别人说你比对方地位高；陪领导乘接待单位的轿车时自己坐到司机背后的座位，这是在礼节上抢领导的威风。

轿车上不讲座次，容易引起他人误解，尤其是引起身份、地位较高者的误解，甚至导致工作无法顺利进行、交往难以顺利发展。

温馨提示

轿车由主人驾驶或为吉普车时，副驾驶座最尊贵，前排为上。而轿车由专职司机驾驶时，副驾驶座最次，后排为上。

轿车由主人驾驶时，通常副驾驶座上不应空着。

轿车座次通常是以右为尊。

陪同客人乘电梯后入先出

陪同客人乘电梯时，不能后入先出。

陪同客人乘电梯时，让客人先进等于是让客人领路，如果电梯无人控制，客人还要负责按电梯按钮；陪同客人乘电梯时，先于客人走出等于是把自己摆在尊贵的位置，将客人放在“小跟班”的地位。陪同客人而不能令对方感受到周到的服务，甚至连起码的正确服务都得不到，显然与接待人员应有的职业素养相违背，与正规的服务礼仪标准相违背。

正式活动不发邀请函

举办正式活动而不发邀请函是不够礼貌的。

举办大型公益晚会、举办颁奖晚会、举办年度庆典……种种大型的正式活动举办时如果没有邀请函，会失去其隆重的味道，也显得对被邀请者不够尊重。对活动举办者而言，不发邀请函不利于统计与会者情况，不利于活动顺利开展。对受邀者来说，没有邀请函，对方就容易忘记，从而出现不能及时赴约的情况。

举办正式活动前，应该先确定活动规模，并确定参加人数。

举办正式活动前，应向被邀请者发送请柬。具体提前时间应以活动规模和被邀请者的情况而定，一般提前两周或半年以内。

发出的邀请函应保证及时到达被邀请人手中并征求回复。

应邀不遵守邀请函的提示

应邀参加一个重要的商务晚会，却不按邀请函的提示穿礼服入场，主办方及其他宾客一定会觉得你不尊重他人，或者没有足够的社交经验；别人给你的邀请函上注明不能转送他人，你却让自己的朋友代替自己参加聚会，结果朋友未如愿入场，你也会让主办方极为失望；应邀参加长辈的寿筵，却不按邀请函的说明到相应的桌上就座，主人会认为你对自己的座位感到不满，故意制造麻烦。

别人发邀请函给你是对你的尊重和重视。如果你不按邀请函的说明应邀出席，就是对邀请者的不敬，当然不合礼仪。

陪同上司出行不注意自己的身份

陪同上司出访，见到接待方时有意无意地走在上司前面，以至于对方误以为你是上司而殷勤与你握手，上司必定会给你脸色看；陪同上司视察时，不顾自己的角色滔滔不绝地讲话，上司一定会觉得你是个“话痨”；陪同上司出行乘坐轿车时，上司还未上车，你就抢先开了上座旁边的车门坐进去，上司一定会觉得你不知道自己是谁。

陪同上司出行时不注意自己的身份，既是无视上司存在的表现，也是给自己单位丢脸，还将自己置身于难堪境地。

以左为尊

以左为尊在国际惯例中是行不通的。

中国传统文化中，在秦、唐、宋、明时期，人们以左为尊，“男左女右”“左膀右臂”等词语可见人们对左的重视。直到现在，中国人仍然习惯说“左右”；然而在英语国家，却是“右左”。作为东道主与国外商人谈判时将客人安排在左侧位置，对方会认为你没有诚意，甚至不懂基本礼貌。将国外友人作为贵客接待时让他坐在左边，对方会认为你不重视他。

PART 05

你在送礼与宴会礼仪方面最可能犯的 4 个错误

送礼礼仪错误

送礼没有合适的理由

如果送礼没有合适的理由，受礼人就无法接受礼物。

突然送礼给陌生人，对方一定有戒备之心；贸然送礼给已婚异性，对方一定避之不及；没有缘由地送礼给领导，对方一定觉得蹊跷；无缘无故送礼给朋友，对方可能会以为你做了什么对不起他的事。

无故送礼或者送礼的理由太勉强，就会造成误解，引起别人的猜疑，甚至引来不必要的麻烦。这样，受礼者难以坦然接受，同时还可能造成双方关系的疏远。

送礼前，应该明确为什么而送礼，并且让受礼人也明白。

送礼前，可以先通知受礼人，以免对方不方便接受。

送礼的方式可根据你与受礼人的关系和距离采取亲手送、请人转送或邮寄。

滥送红玫瑰

红玫瑰虽然美丽可爱，却不是任何人都可以送、任何人都能接受的。

红玫瑰是爱情使者。男性向普通关系的女同事或女上司送红玫瑰，有谄媚和调情之嫌；男性向女性下属送红玫瑰，有骚扰和胁迫之嫌；男性客人向已婚女主人送红玫瑰有向男主人示威之嫌；男性第一次与女性见面送红玫瑰，对方会觉得你莽撞、粗鲁。滥送红玫瑰给人一种轻佻的印象，并且很容易引起误会，造成不愉快。

红玫瑰只能由男性送给恋人、爱人和情人。

送花应该事先知道花语，并根据对方的喜好和年龄选择。

送花应该根据对方的身份、地位和职业、国籍进行选择。

送礼不重档次

送给自己的恩师一座石膏底子涂金粉的塑像，似乎是在嘲笑对方没有真才实学；送给自己的上司一对粗制滥造的网球拍，对方一定会认为你轻视他的品位；送给自己的女友一条地摊上买的假银项链，对方一定会怀疑你的动机是否真诚；送给自己的好朋友一件假冒伪劣的名牌服装，无疑是在你们的友情上踩了一脚。

送礼不重档次，就无法让礼品起到传情达意的作用；送礼不重档次，就会让送礼失去意义，反惹受礼人的误解和其他人的嘲笑。

温馨提示

送礼时不应送华而不实、质量低劣的礼品。

送礼时应根据受礼人的身份、年龄、性别、爱好来确定礼品的档次。

送广告礼品给别人

送广告礼品给别人是对人的不尊重。

送广告礼品给别人，对方会认为你想利用他做活广告，替你免费宣传；送广告礼品给别人，对方会认为你想敷衍了事，不是真心实意地送他礼品；送广告礼品给别人，对方会认为你吝啬成性，不肯花钱买真正的礼品；送广告礼品给别人，对方会觉得你小看他，认为他只配接受不花钱的广告礼品。

送礼的目的自然是促进双方关系的进展和巩固，但如果让对方产生不愉快的印象和感受，则可见送礼人不懂得礼仪。

广告礼品不应送给关系良好的朋友或外国友人。

广告礼品只能在公务场合送，只能作为纪念品送给客户。

送太贵重的礼品或现金

送太贵重的礼品或现金不受欢迎。

向上司送名表、现金，对方会疑心你在行贿；向关系一般的异性送钻戒、现金，对方会怀疑你在勾引他，甚至怀疑你认为他品行不端；向朋友送昂贵礼品，对方会觉得受之有愧，如果对方无力回赠你价值相当的礼品，更会感到尴尬。

送太贵重的礼品或现金给别人，会给对方造成极大的心理压力，而且有露富、炫耀之嫌。

不宜向关系一般的人、异性送太贵重的礼品。

在公务关系和私人关系中，除非是结婚等有必要送礼金的场合，都不宜送现金。

选送礼物不打包装

送礼物却不打包装，这让受礼人多少会感到遗憾和不满。

送礼物不打包装，会让人觉得送礼人太过匆忙，礼物并非精心选择，而是随便买了一个就拿过来；送礼不打包装，会让人觉得送礼人对受礼人不太重视，有敷衍对方的嫌疑；送礼不打包装，会让礼物缺少美感和正式、庄重的味道，再高档的礼物也会因为没有包装而降低品位；送礼不打包装，别人一眼就会看出礼品是什么，不具有私密性，有招摇之嫌。

温馨提示

送出的礼物应该有适当的包装。

礼物的包装应该根据礼物的风格和材质进行选择。

送华而不实的礼物

送华而不实的礼物给别人，往往会引起对方的反感和误解，对交往不利。

送外表金光闪闪其实质地是劣质金属或塑料的摆件给客户，对方会认为你虚假，与你合作不会有好结果；送包装精美而内装不新鲜、不好吃的糕点的礼盒给亲朋，对方会认为你太重视形式，实际上却没有真心实意；送体型巨大，但造型和质量却都极其低劣的玩具娃娃给过生日的孩子，孩子和大人都会认为你在敷衍他们。

送华而不实的礼物，只能让受礼者对你的礼物感到为难，而不能感受到你的真心祝福。

不要为精美的包装而挑选礼物，不要为“大”和“沉”而挑选礼物。

不要送自己都觉得显得虚伪的礼物。

送礼不讲场合

送礼不能不讲场合，否则送礼不成反倒惹出麻烦。

从老家带来一堆土特产，如果趁朋友上班时间直接送到对方单位，则既干扰朋友的工作，又使其违反办公室工作原则。别人即使不认为你是在行贿，也会借机把你送给朋友的礼物分走一部分。把代表集体的公务礼品神神秘秘地送到客户、同行主管的家里，礼物就带上了强烈的私人色彩，从而显得暧昧，对方也难免感到莫名其妙，因此而生气也说不定。

送礼如果不讲场合，就难以使礼物发挥作用，也难以使送礼者的好意得到体现和承认。

当着几个人的面给一个人送礼

当着几个人的面给一个人送礼，如果那个人是你的师长、你已经确定关系的恋人，也许这么做会让礼物更显得贵重。但如果受礼人和其他在场的人与你的关系相当，这样做就不妥了。

当着几个普通同学的面送

礼给其中之一，会引起别人的疏远和嫉妒；当着几个同事的面只送礼给其中一个，其他人会认为你们有什么特别的关系，如果对方是异性，你无疑是给自己制造绯闻。当着几个人的面给一个人送礼，会让受礼人感到尴尬，不利于你和其他人关系的进展。

送礼忽略恰当的方式

许多人送礼只关注送什么礼物，却忽略了选择适当的送礼方式。这是错误的。

为了表达爱意或歉意，对于个性腼腆、多疑、好冲动的人而言，当面送礼可能会引起对方的误解或使其产生压力；而对于某些与你关系亲密的人而言，不亲自送礼就说明你对其感情不够真挚。有的人认为当众受礼比较有面子，有的人却认为请礼仪公司派专人来送礼，会使自己更有尊贵感。如果你不太了解送礼对象的心理和个人情况，不注意送礼方式，很可能使礼物失去效用。

温馨提示

送礼的方式有亲自送、请人转交和邮寄等。

送礼的方式应根据受礼人的身份、年龄、性格来确定。

送礼不懂得投其所好

送玩具娃娃给喜欢汽车模型的小男孩，他不会领情；送吃素食的人熏肠，对方会觉得你太不会来事；送喜欢淡雅色彩的人色彩浓艳的挂毯，对方不会觉得你的情谊有多重；送古董收藏爱好者假冒的古董，对方会觉得你嘲笑他的见识和眼力。

送礼不懂得投其所好，礼品就是废品；如果恰好犯了受礼人的习俗禁忌，就是不折不扣的弄巧成拙。送礼本是表达对别人的牵挂和尊重，但如果不懂得投其所好，结果就会事倍功半，甚至全盘皆输。

送礼前应该了解受礼人的喜好等个人特点。

送出的礼物应该符合受礼人的需要、性情。

送礼不考虑与对方的关系

送司空见惯的台历、挂匾等礼物给领导和长辈，显得敷衍对方；送有暧昧色彩的内衣给异性朋友，显得轻佻、不尊重对方；送与对方兴趣爱好不沾边的礼物给好朋友，显得忽视对方；送昂贵而不实用的礼物给节俭成性的父母，在他们看来反倒不如不送。

送礼如果不考虑自己与对方的关系，礼物就无法起到应有的作用，甚至可能起反作用。送礼既然是表达礼仪的方式，就应该让礼物适合受礼人。

送礼时应根据自己与受礼人的关系来确定礼物的品种、时间、场合。

给病人送礼不考虑对方的需要

说起给病人送礼，不考虑对方的需要而从自己的想法出发是错误的。

送鸡蛋、水果、滋补汤之类的食品给不能进食的病人，似乎是在用这些东西引诱他；送恐怖小说给需要良好睡眠的病人，等于是想加重他的病情；送含糖量高的食品给糖尿病病人，只能说明你的无知或恶意。

给病人送吃的，不要以为越有营养越好，因为有的病人不适合，有的病人甚至任何食物都不能吃；给病人送用的、玩的，不要以为越新奇越好，因为有的病人不能有激动情绪。不加考虑地送礼给病人，最糟的结果就是适得其反。

温馨提示

送给病人的礼物应该对他的健康恢复有帮助。

送给病人的礼物应该不犯对方的禁忌。

送给病人的礼物应该有助于他心情的愉快。

做客离开时才将礼物送给主人

做客离开时才取出礼物，这么做真的很不合适。

做客离开时才将礼物送给主人，对方会觉得你原本不舍得，因此也不好意思接受你的礼物；做客离开时才拿出礼物，对方会觉得你以此来检验对方对你的招待水平。如果恰好对方对你的招待很一般，而你的礼物很高档，对方会感到你别有用心。离开时，主人可能会送给客人礼物，如果这时才取出你的礼物，就有交换的意味了，主人会想："如果我不送礼给他，看来今天他这礼物不会送给我。"

做客时，应该在进门之初就送上礼物。

礼物上留着价格标签

送给别人的礼物上不要留着价格标签。

送给别人的礼物上挂着价格标签，有炫耀、要求对方交换的嫌疑；送给别人的礼物上挂着价格标签，让人感觉更像商品；将留着价格标签的礼物送给别人，显得你挑选礼物不够仔细，送出礼物时不够真诚。如果对方看到礼物标签上高昂的价格，还可能因为觉得受之有愧而拒绝接受，这样对送礼者与受礼者来说都尴尬。

所以，对于送出的礼物，应将其价格标签撕毁并消除痕迹。

送出礼物时，不要提及它花了多少钱。

送出礼物时，不要强调它的价值，而应强调它所承载的情谊。

回礼不看价值

受礼后回礼是送礼礼节中不可缺少的一环。而回礼时，不能不考虑礼物的价值。

公务交往中，别人送了高档礼品给你，你却回给对方一件价值远低于对方礼物的物品，这显然是对对方的不敬，也给对方留下目中无人、一毛不拔的印象。远道而来的亲戚拎了一大堆土特产来看你，对方临走时你却只送出一罐已经吃过一部分的、自家腌的老咸菜，对方一定会觉得不是滋味。一个初次相识的人送了一份便宜礼物给你，你却回给对方相当于对方数倍价值的贵重礼物，对方一定会认为你是在埋怨他太小气，同时又是在显示自己的财大气粗。

温馨提示

向平辈友人回礼，礼物价值应与自己收到的礼物相当；向关系亲密的人回礼，以对方喜好为主，不必特意考虑礼物价值。

向长辈回礼，礼物价值应稍稍高于对方的礼物，但不应高出太多。

向关系一般、没有深交的人回礼，其价值应与收到的礼物相当或稍高。

不礼貌地退回不适当的礼物

收到有骚扰意味的礼物，收到有恶作剧或侮辱意味的礼物，收到自己所在单位明文规定不能收的礼物，收到有违习俗的礼物……当我们收到不合适的礼物时，第一时间的想法就是把它退掉。但是有不少人因为退还礼物时不礼貌而使送礼和受礼双方都丢了面子。

退回礼物时不礼貌，会让送礼人陷入尴尬境地，甚至会让对方恼羞成怒；会让别人觉得你故作姿态，故意让对方出丑；会给人留下不近人情、不懂得站在他人角度看问题的印象。如果送礼人出于好心，只是不懂规矩或不知道你的喜好，粗鲁拒绝是对他的伤害。

收到不能收的礼物而又不便当面退还时，应私下找合适的场合和时间退还。

退还礼物时，态度要诚恳而有礼貌。

受礼后不回礼

受礼后不回礼是很不礼貌的事。

如果送礼者是亲朋好友，受礼而不回礼，对方会认为你漠视他们；如果对方是新认识的朋友或客户，受礼而不回礼，对方会认为你缺乏社交经验或者吝啬、计较。如果对方送礼是为了庆祝你的生日，受礼而不在对方生日时回礼，对方会认为你自私而且故意惹其不快。如果送礼者代表集体、企业或团队，受礼而不回礼，是对整个集体和团队的无礼。

受礼而不回礼，是对送礼者礼貌的无动于衷，也是对自己声誉和形象的不负责任。

如果客人来自己家做客时送礼，受礼后应当在客人告别时回赠客人礼物。

如果当下没有合适的礼物，应该抽时间回赠送礼者一份礼物。

回赠的礼物档次应该与收到的礼物相当，不应太贵或太便宜。

将收到的礼品很快转送别人

自己收到的礼品，无论档次如何，都不应该很快转送别人。

甲去丙家做客，一进门就看到一件熟悉的礼品，包装上还捆着自己精心挑选的丝线。丙说那是乙刚送来的，甲顿时气闷，因为这礼品正是昨天他送给乙的。这种事情，想必谁遇上都会不高兴。当着送礼人的面将礼物转送给身边的人，送礼人会有受侮辱、受歧视之感；待送礼人走后很快将礼品转送对方熟悉的人，送礼人知道后会有受骗、被利用之感。

别人送礼给你是表示尊重和牵挂，而你转手将礼品送给别人就是对送礼人情谊的亵渎。借花献佛无可厚非，但不能把送礼人的尊严也一并献掉。不尊重送礼人的感受而随便转送礼品，这样做绝对不能说是符合礼仪。

温馨提示

收到礼品后，如果自己不需要或不喜欢，可以礼貌地表示谢意并退回。

将礼品转送别人时，应保证送礼人不会知道或看到。

宴会礼仪错误

对来宾厚此薄彼

举办婚礼宴会时，主人只对自己的亲朋好友等关系较为密切的宾客表示问候，对一般关系的同事、远亲等宾客却漠然视之；举行商务性或公务性宴会时，东道主只对大客户笑脸相迎，席间只对身份显赫的来宾致以问候和祝福，而对名不见经传的普通宾客则态度倨傲；举行小型家宴时与自己的至交打得火热，对新朋友却表现出忽略。对来宾厚此薄彼，这样做是令人失望的。

对来宾厚此薄彼，对被冷落和被遗忘的客人是明显的不敬。而那些受到热情招待的客人则会为你把其他客人晾在一边而感到不安，也可能因为见识了你对普通客人的态度而对你的热情产生做戏的怀疑。

主人对待来宾的态度应一视同仁、同等尊重。

主人招待客人时，应照顾到每一位客人的感受。

主人迎客时应与每一位客人打招呼，送客时也应如此。

接到请柬后不知道及时回复

接到任何请柬，都不能不及时回复。

接到别人生日派对的请柬，请柬上注明“请于收到请柬后3天内回复”，你却根本没注意到这句话，直到对方生日当天接到电话，你才“恍然大悟”。这样做不仅使你给对方一个“马大哈”的印象，更容易让对方以为你根本就不关心他。

接到请柬后不及时回复，发柬人就难以确定你是否会到来，因而就难以准确地为宴会筹备座位等；接到请柬后不及时回复，主人会因此而额外花费时间主动询问你，这必然会浪费对方时间。此外，最关键的是，不及时回复别人的请柬，显得你不懂得尊重别人、理解别人、关心别人。这是不符合交往礼仪的。

温馨提示

接到请柬后，应该在请柬上注明的应回复日期内回复主人。如果能按时赴约，回复邀请者后一定要做好计划。

不能按时赴宴却不作任何声明

接到邀请赴宴的请柬，而且已经答应主人前去赴宴，却

在宴会当天不按时赴宴且不作任何声明，这样做是相当不礼貌的。

参加别人的婚礼、寿筵、庆功宴等重要宴会时不能按时赴约而不作声明，对方会认为你不重视他以及他的邀请，不关心他人的感受，同时也不重视自己的形象。参加商务性、社交性宴会时，不能按时赴约而不作声明，对方会认为你不讲信用、不值得信赖，当然也不值得以后继续交往了。

如果不能参加邀请，对于“应邀则不必回复”的请柬，一定要尽快回复。

不能按时赴宴时，一定要礼貌地通知主人，向其解释原因并道歉。

穿制服赴宴会

参加私人宴会穿制服，给人以公事公办的印象；参加公务或商务宴会穿制服，给人以装模作样、煞有介事的印象；参加社交性宴会穿制服，给人以揩油的印象。穿制服参加宴会，不仅无法穿出你工作场合外的个人形象，也不利于你保持自己良好的职业形象。穿着制服办私事是违反职业规定的，对于你的职业来说是为其抹黑。在与工作无关的场合穿制服，无可置疑地显得滑稽。

穿制服赴宴给人以虚伪、做作的感觉，让人难以放松地展开私人交往，于公于私都是不礼貌的。

赴家宴不带礼品

赴别人的家宴不带礼品有点说不过去。

家宴是比较隆重的，通常只针对关系很好的人。别人请你赴家宴是看得起你，说明对方比较重视你，重视与你的交往。有些国家有赴家宴携带礼物的习俗，如日本，如果你未带礼物，对方会对你很失望。在节日期间赴家宴不携带礼物，显得不遵循节日礼仪。在平常的日子参加别人的家宴，如果其他客人都带了礼物而你未携带，容易给别人留下一毛不拔的印象。

赴亲友、熟人的家宴时，应避免携带太贵重的礼物，所带礼物应该实用并精心包装。

准备礼品时，可选择符合主人喜好的鲜花、自己家乡的特产等。

赴宴时携带未受邀请的宾客

赴宴时绝对不应该携带未受邀请的宾客。

携带未受邀请的客人赴宴，会给主人增加额外的负担，也许主人必须因此而额外准备座位和食物。携带未受邀请的客人赴宴，给人一种占便宜的印象。如果主人的宴会对客人的身份、地位和人数有特别严格的限制，你带一个与主人宴会毫无瓜葛的人做伴，无疑是对主人尊严的轻视，你还可能因此而导致与主人关系恶化。如果你携带的客人恰好缺乏自知之明，大声喧哗，扰乱别人心情不说，还会让别人认为你也是如此没有教养的人。

温馨提示

赴宴时如果想携带其他人，应事先征求主人的意见。

赴宴时尤其不应携带与主人关系不好的宾客。

小皮包放在桌上，大衣搭在椅背上

吃西餐时，为了解决皮包和外套的存放问题，绝对有很多人会不假思索地把皮包放在桌子上，把外套搭在椅子背上。这样做其实不对。

对那些深谙西餐之道的绅士淑女们而言，把皮包放在桌面上，不啻把光脚丫放在桌面上；而把大衣、外套挂在椅子背上，又像是把内衣挂在那里。如果几个人坐在优雅的西餐厅里，却忍受着同伴或其他人不满的目光，这顿西餐怎么能吃好呢？

除了钱包之类的小皮包外，不要把东西放在桌面上；任何衣服都不要搭在椅背上。

皮包应放在邻座的椅子上，或者放在自己腿上、背后或专门提供的架子上。

西方人通常会将皮包放在自己脚边的地板上。

外套应放在专用的衣架上或交给主人或服务人员保管。

入席后不跟陌生邻座打招呼

参加任何性质的宴会，入座后如果自己身边的邻座是陌生人，不与其打招呼都是不对的。

俗话说“来者皆是客”，既然坐到一起，必然都是主人的客人，当然彼此也有可能成为朋友。在公共场合遇到陌生人，有时候尚且需要一个微笑，在参加同一个熟人举办的宴会上，难道不更应该给邻座一个问候的微笑吗？如果入座后面若冰霜，而后主人恰好要介绍你们相互认识，彼此必定会遭遇尴尬。

即便是为了保持你的优雅风度和证明你有涵养、平易近人，也不该对宴会同桌上的陌生邻座不理不睬。

入席后应和同桌而坐的人打招呼问好。

入座后邻座主动向自己问好时，应及时而礼貌地回应。

餐桌上剔牙不避人

在宴会餐桌上，大家都很烦剔牙不避人的行为。

在餐桌上剔牙不避人，会使你精心营造的外在形象顿时黯然失色；会令同桌客人厌烦、心里不适，也会使其他餐桌上的客人感到恶心，甚至会将你视为你所在餐桌客人的代表，从而认为你所在餐桌的所有客人都素质低下。

温馨提示

在餐桌上剔牙应避人，更不能当着众人将剔出的脏物放在手上验看。

在餐桌上剔牙时，应该用餐巾或手适当遮掩口部。

剔牙时，不要将污垢吐到桌上或地上，而应用纸巾包起抛入垃圾桶。

宴会未开始就动筷

参加宴会时，从许多细节中都能看出你懂不懂规矩、有没有涵养，甚至值不值得别人信赖和交往。

宴会还未开始就动筷，想必你不是饿极了就是没见过餐桌上的美味。宴会未开始就动筷，给人的感觉是你参加宴会的唯一目的就是吃，这是不把宴会主人放在眼里的表现。宴会的一大功能就是帮助社交、展开交际，如此着急地吃，难道你就不想想在座的长辈或女性吗？如此表现，怎么能体现出礼仪的内涵呢？

宴会时如果主人未动筷，自己不要下筷子。

当主宾动筷时，自己才能下筷子。

交谈时挥舞筷子

有的人在宴席上总觉得有发挥不完的豪情，边吃边说，边说边拿筷子当辅助工具，狂挥乱舞，大有一副指点江山的架势。这是错误的。

在餐桌上交谈时挥舞筷子，容易将食物残渣甩到桌上或别人身上，如果你的筷子戳到别人身上就是“人身攻击”。无论如何，交谈时挥舞筷子看起来都是滑稽、浅薄、无聊的行为。

宴会上与他人交头接耳

参加宴会时在餐桌上交头接耳可不是好习惯。

与自己身边的熟人邻座交头接耳，其他相对陌生的客人会显得受到冷落；与自己身边的陌生邻座交头接耳，别人会觉得你自来熟、热情过度。在餐桌上和别人说悄悄话，会给人一种背后讲别人闲话的印象。如果你恰好与别人交头接耳的内容是对某人发表评论，无论你的观点对被评论者是好是坏，你“爱嚼舌头”的名声都必定是打出去了。

宴会上，不要与别人做神秘状小声谈话。

在宴会过程中，不要和别人对某人指指点点，不要与别人长时间议论其他人。

宴会上不使用公筷

如今宴会上公筷的身影很容易见到，因为人们的卫生意识越来越强了。但如果放着公筷不用，就是绝对的不合礼仪了。

如果不用公筷，对方会觉得你既不讲卫生，又不尊重对方。与奉行分餐制的欧美客人一起吃饭时不用公筷，他们的不满会格外强烈。如果在商务宴会上不使用公筷，就是对餐桌规矩的违背。你在小节上不注意，觉得可以不分彼此，关注细节的客人就会从此对你产生怀疑和失望。

如果宴会上有公筷，夹菜时，一定要使用公筷。

喝大盆的汤时，应该用公用的母勺。

使用公筷时，应避免使其接触自己专用碟子里的菜。

饮酒缺乏自制

中国人有独特的酒文化，在酒桌上更有一醉方休的传统。

但一味喝酒而不加限制是不对的。

别人劝你喝酒，劝多少喝多少，显得没有原则、缺乏自制力，别人会认为你做事为人也是如此。如果你作为单位的代表与谈判代表在宴会上喝酒时不自制，根本就是对自己单位的不负责；如果你身负开车、主持等任务，在酒桌上不加控制地喝酒，等于是自己给自己找麻烦。酒量不大而不限制自己喝酒，等你喝醉了吐得一塌糊涂时就会洋相尽出。

温馨提示

在宴会上饮酒要掌握分寸，避免喝醉。

在宴会上，别人向自己劝酒时不应照单全收。

在宴会上饮酒时，言语、动作不能放肆。

别人敬酒时捂酒杯

参加宴会时，相互敬酒是这种场合的常见行为，也是礼貌的表现。但有许多人因为自己不擅饮酒或不喝酒，或者因为其他原因暂时不能喝酒，对于别人的敬酒，下意识地采取捂酒杯的动作抵挡，这样可不应该。

捂住酒杯是对酒的拒绝，在敬酒者看来，也是对他祝福和问候的拒绝。晚辈敬酒遇到这样的动作，会觉得受到了歧视；长辈敬酒遇到这样的动作，会觉得脸上无光；想结识你的人遇到这样的动作，会觉得你不容易交往。

别人向自己敬酒时，即使不饮酒也应允许对方象征性地为自己斟酒。

别人向自己敬酒时，应礼貌地举杯回礼。

如果自己的确不能饮酒，应礼貌向别人说明，并象征性地轻抿酒杯。

越过身边的人敬酒

越过身边的人敬酒是不应该的，别觉得自己身边的人无关紧要就不向其敬酒。

如果你身边的人是陌生人，越过对方敬酒等于是向对方表明“我不打算认识你”；如果对方是普通朋友，越过对方敬酒等于是告诉对方“你对我并不重要”；如果对方是晚辈或下属，越过对方敬酒是表明你对他不屑一顾；如果对方是长辈，越过对方敬酒几乎是对他公然表示不敬。无论你身边的人是什么身份，越过对方向别人敬酒，即使是被敬的人也会觉得你的做法不尽如人意。

敬酒时应按照一定的次序，如顺时针。

敬酒时，不要跳跃式进行。

给领导敬酒时杯沿高于对方

中国人喝酒，在酒席上有一整套的细节礼仪，不遵循是不应该的。例如给领导敬酒时，你的酒杯杯沿不应高于对方。

给领导敬酒时使自己酒杯的杯沿高于对方，表明自己觉得自己的身份、地位高于对方，或者暗示对方“我看不起你，你不值得我尊重”。虽然仅仅是几毫米的距离，却能看出一个人是否细心，是否懂礼貌，是否心中有别人。

给长辈、友邻单位的同辈以及初次相识的朋友敬酒时，自己的杯沿也不应高于对方。

温馨提示

给领导敬酒时，杯沿应低于对方，应双手擎杯。

给领导敬酒的同时，应礼貌地用祝福的话语表达敬意。

主人或主宾致辞时与旁人交谈

在宴会上，你的一举一动都必须注意，否则就很容易失礼。

参加单位的宴会，领导讲话时你和身边的同事交谈，会干扰现场秩序，引起众人侧目。如果引起领导注意，你等于是“撞枪”。参加婚宴、寿宴，主人致辞时你与旁边的人交谈，会让别人认为你看主人不顺眼。参加大型酒会，主持人致辞时你找旁边的人交谈，不仅是给自己丢脸，也是给自己的单位丢脸，别人会认为你所在单位的人素质都差。

把政治与新闻当作餐桌上的好话题

政治与新闻向来是人们关注的焦点，但将它们作为餐桌上的好话题并不合适。

餐桌上有众多女性在座时，提出政治与新闻话题，通常会让平时对这些信息不加关注的女性客人感到无所适从以及被动的尴尬。当餐桌上有不同政治派别或不同国家的客人在座时，政治与新闻话题容易引起误解和不愉快的争执。宴会本应是充满欢乐、气氛轻松的场合，政治和新闻话题会凭空带来紧张，增添不必要的火药味。大谈政治和新闻话题，会让谈话者显得好大喜功，爱出风头，这显然是对在座者的不礼貌。

温馨提示

当有外宾在场时，应避免在餐桌上谈论敏感性政治问题。

当有人在餐桌上谈起不合适的话题时，主人和其他客人应尽快不动声色地将话题转移。

在中餐宴会上只吃饭不说话

在中餐宴会上闷头吃饭、一语不发是不对的。

中餐宴会的实质就是展开交际、增进彼此感情，不说话是大忌。只吃饭不说话，一来会给人以不擅交际或故作清高的印象，容易被认为是个人不良情绪的当众宣泄；二来会使现场气氛冷场，甚至陷入尴尬；第三会让想结识你的人摸不着头脑，不知道该如何与你交往，甚至对你望而却步，丧失与你交往的兴趣。如果宴会上有贵宾，你的沉默很容易引起对方的疑心和不快，觉得你在给对方脸色看。

酒桌上大声喧哗

在酒桌上大声喧哗，有人也许觉得无可厚非，觉得“言重了”，其实这是不礼貌的行为。

在环境幽雅的高级酒店里吃饭时，在酒桌上大声喧哗，有失你自己的身份；在普通饭店的大厅里吃饭时，在酒桌上喧哗，影响周围人的心情；在别人的家宴上大声喧哗，是得意忘形、对主人的不礼貌。如果你初次与人相识而因为工作原因喝酒，在酒桌上喧哗，也许会使你失去对方的兴趣和信任。

在酒桌上应保持文明、礼貌的姿态。

在酒桌上应避免高声猜拳、行酒令，避免争吵、强行灌酒。

随时随意转桌

随时随意转桌绝对不受欢迎。

新上的菜，长辈或主宾一口都没吃到，你就转桌自己先下筷子，别人会觉得你不懂得尊重人、不懂得礼节；别人正在举杯祝酒，你转桌吃菜，别人会觉得你目中无人；别人正在夹菜，你转桌是在给夹菜的人捣乱，给人的感觉是你成心让他夹不着或者夹不牢；众人正在就某事停箸讨论，你却旁若无人地转桌准备夹菜，明显是对吃菜的兴趣大过对与大家交往的兴趣。

随时随意转桌，显得过于自由，这非但不便于制造轻松随意的气氛，更容易给大家带来疑惑和尴尬。

温馨提示

不要在主宾还未品尝第一道菜时就转桌。

转桌时，如果有必要，应先用语言或眼神、动作向大家提示一下。

结伴提早离席

在宴会上觉得自己吃得差不多了，想去办别的事情，又不愿单独离开，于是怂恿三五个人一起做伴提前离席。这是不对的。

参加别人的家宴也好，参加单位举办的节庆宴会也好，或者参加友邻单位的便宴，都不应结伴提早离席。宴会的性质不同于鸡尾酒会，不能想什么时候来就什么时候来，想何时走就何时走。提早离席已经是散漫的表现，结伴提前离席更是对宴会举办者公然恶意叫板。

有必要提前离开时，不要找一个甚至几个同伴一起离开。

提前离开时，应尽量从侧门离开。

吃西餐不识菜名胡乱点

吃西餐时，尤其是在正规的西餐厅吃饭，不认识菜名千万别胡乱点。

点一堆汤或点一堆肉，餐桌上单调不说，如何把食物吃喝完都是个问题；点一堆现场演奏的音乐，额外花钱不说，干等着半天才知道你的“菜”已经“品尝”过了，让人哭笑不得；点的甜食过多，整顿饭吃得不会舒服。总之，吃西餐而不懂菜谱胡乱点，既无法吃饱吃好，又会给同伴留下糟糕印象。

如果自己没有把握，可以请服务人员稍作介绍或提供建议。

吃西餐时，点菜也应考虑到别人的口味和禁忌。

吃西餐不会点酒

吃西餐时人们不一定会喝酒，但如果有人提议喝酒，而你不会点酒、不会喝酒，会使这顿西餐少了很多“味道”。

吃西餐不会点酒，一方面会使西餐的酒与菜搭配不当而口感欠佳，使某些味道独特或品质优良的酒难以体现出它的特点；另一方面你容易被视为不懂装懂，从而引来别人的不信任。点酒而不会喝酒，在酒中随意掺杂其他饮料，美其名曰“鸡尾酒”，这是对好酒和西餐厅的不敬，是对西餐文化无知的表现。

温馨提示

吃红肉如猪肉、牛肉等时适合点红葡萄酒，吃白肉如鸡肉、鱼肉等时适合点白葡萄酒。

点酒时应根据在座客人的身份、性别、喜好来点，不会点酒可以请懂酒的同伴或服务人员帮助。

喝酒时应避免吸着喝，且应避免猛烈摇晃酒杯。

吃西餐擦餐具

吃西餐不应该用餐巾或纸巾擦餐具，因为这是对餐厅或主人不信任和不尊重的表现。

西餐讲究美食美器和优美的环境，当然也讲究洁净卫生。

无论是在公共餐厅还是在外国友人家中，西餐上桌前，其餐具必然是经过严格消毒、清洗得干干净净才端上桌的。如果你出于习惯，哪怕是象征性地擦一下餐具，服务人员或主人都会认为你嫌餐具脏，对餐厅的档次和服务不信任。如果对方认为你借此挑衅，结果会更不愉快。

西餐桌上的餐巾是用来擦手和就餐中的污渍的，而非用来擦餐具的。

餐巾应放在膝盖上，不能塞在领口或围在腰间。

吃西餐不会用餐具

吃西餐在很多人看来与吃中餐最大的区别就是餐具不同，只不过是诸多刀叉上阵。如果你这样想，说明你对西餐餐具的认识不足。因为西餐餐具是不能随便使用的，不是怎么拿都好的。

吃西餐时像拿勺子一样拿刀叉，一切食物都用自己看着顺眼的刀来解决，想用刀的时候用刀，想用叉时用叉，这样做是野蛮和无知的表现。如果你参加外宾举办的宴会，哪怕是野餐性质的西餐，这样做也是不礼貌的。

吃西餐乱放刀叉

吃西餐时，别因为不会放刀叉而引起误解甚至挑起纷争，被别人视为餐桌礼仪的门外汉。

在中餐餐桌上，我们吃菜通常是全部吃完后才撤盘，中途即便你暂时离开，主人或服务人员也不会将没吃完的菜端下去。但吃西餐时不注意刀叉摆放的位置和方式，如果你就餐途中放错了刀叉，同伴就可能认为你已经吃饱了，服务人员会认为你不再吃这道菜而主动上前撤盘。当你正在与别人交谈，却突然被服务人员端走盘子，或者中途离开返回后，发现面前的盘子已经被撤掉了，你怎能不惊讶失色呢？

温馨提示

吃西餐中途离开餐桌时，应将刀叉尖端向上，交叉放在主盘中。

吃西餐中间交谈时，可以不放下刀叉，但不应拿着刀叉做手势、乱挥舞。

无论何时都不应将刀叉一端放在桌上，另一端放在盘中。

将面条切断再吃

西餐中也有面条，比如意大利面。吃面条时，有的同胞大概觉得没有筷子，担心吃起来麻烦，于是就先用刀将面条切断，将其弄成小段吃。这样做看似方便许多，其实是犯了常识性错误。

把面条切断，首先破坏了面条的美感，从视觉上说，已经谈不上是美食了。切面条的时候，如果你将渣滓弄得满盘都是，估计满桌的人都会对你暗自摇头。

面条应用叉子头部卷着吃。

吃面条时是可以用汤勺辅助，但是不能用刀切断。

参加西式宴会告辞不看主宾

参加西式宴会时什么时候告辞，千万别任由自己决定。

主宾谈兴正浓，你突然提出要走，主宾会觉得你暗示对方停留时间太久，应该走人了，同时主宾会怀疑你嫉妒对方，想故意使对方丢面子。在主人看来，他会为你冒犯了主宾而感到不自在，也会为你不识抬举而感到这次宴会举办得不够圆满；其他客人会觉得你给宴会的和谐气氛泼冷水，同样会觉得不悦。

温馨提示

参加西式宴会时，主宾告辞后普通客人才能告辞。

参加西式宴会时，应在宴会的结束时间到来前及时告辞。

用咖啡勺喝咖啡

用咖啡勺舀咖啡喝，会招人笑话的。

看一个人如何喝咖啡，能看出这个人对咖啡文化了解多少、是否懂得咖啡礼仪。用咖啡勺舀着喝咖啡是无知的表现。在有些人看来，这是装模作样、不懂装懂。当你在聚会上高谈阔论时用咖啡勺喝咖啡，即使你言论再高明、外表再无懈可击，也难以赢得他人的由衷认同。

如果你不太清楚该怎么用咖啡勺，宁可先看别人怎么用，也不应自以为是地拿咖啡勺舀咖啡喝。

咖啡勺是用来加糖和搅拌咖啡的，而不是用来盛咖啡入口的。

喝咖啡的时候，应将咖啡勺取出放在碟子上。

吹气为咖啡降温

喝汤喝水时如果太烫，会很自然地想到用嘴吹气降温，但喝咖啡的时候用吹气的方法降温就有失你的大好形象了。

咖啡代表着一种文化，传达着人的品位和修养，喝咖啡时就不能在举止上马马虎虎。用嘴吹气很不雅观，还容易在咖啡里溅入自己的唾液，或者使咖啡溅出杯子。

礼仪一方面是为了表达对别人的尊重，一方面是为了塑造自己的形象。不要用吹气的方法为咖啡降温，这是违背约定俗成的规则的。

温馨提示

咖啡应该令其自然降温或用专用小勺搅拌降温。

喝咖啡时，不应大口大口地像解渴一样地喝，而应动作轻缓、小口小口地喝。

坐着喝咖啡时连碟一起端

坐着喝咖啡时，不要连着碟子一起端起来。

咖啡碟的作用是防止咖啡溅出来，污染衣服、手指和桌子。坐着的时候人们通常稳当得很，根本不用担心咖啡会洒出来。将咖啡碟子一并端起来，给人一种煞有介事、故意引人注目的印象。就像不用戴着手套吃饭一样，坐着喝咖啡时连碟一起端是没有必要的，也是不礼貌的。

参加鸡尾酒会等较为随便的活动或坐在面前没有桌子的椅子上时，可以左手端碟、右手端杯。

咖啡杯碟分开放

咖啡杯和咖啡碟是配套使用的，不应当分开放。

咖啡文化如同茶文化，咖啡杯碟与茶具一样，都有严格的使用规则。咖啡杯和咖啡碟分开放，第一是破坏了整套咖啡用具的完整性，显得不够美观；第二是显出你对咖啡文化的无知，以及自作聪明。

需要端着咖啡行走时，应将碟子托着咖啡杯一起端起。

暂时不喝时，应将咖啡杯放在配套的碟子上。

添加咖啡时，不应把咖啡杯从咖啡碟中拿起来。

左手咖啡，右手甜点

左手咖啡，右手甜点，想象一下，你不禁感叹：“潇洒！享受！”其实这么做是不合礼仪的。

假设你到外国朋友家做客，主人亲自为你煮咖啡、烤制甜点招待你，而你一手端咖啡、一手拿甜点，喝一口咖啡、吃一口甜点，主人一定会觉得你太缺少修养，不尊重他。咖啡和甜点各有各的滋味，混着吃喝会影响二者的纯正味道，并且边喝咖啡边吃甜点还容易使甜点残渣混入咖啡杯。

温馨提示

喝咖啡和吃甜点可以交替进行。

通常人们在吃完甜点后上咖啡。

主人在酒会上忽略次要客人

在酒会上，主人不能因为客人可以随便走动就忽略了次要客人。

举办酒会时，主人只和主宾交谈，或者只和善于交际的客人交流，任由次要客人和性情安静的客人在角落里单独行动，会使其他客人觉得势利。在被冷落的客人看来，主人的行为似乎是故意为之。无论是有意还是无心，无法让所有的客人得到照顾，这都是一个主人的失职，更是对客人的不敬。既然请客，就应该圆满地让每位客人都感受到主人的热情、礼貌。

参加鸡尾酒会提前到

参加鸡尾酒会，提前太早到场会给准备酒会的人增添麻烦，也无法体现出你对主人的尊重。

如果你只是一个普通客人，而不是鸡尾酒会的筹备人员，提前到会只能给人以迫不及待的感觉。主人还可能觉得你在催促他快点举行，或者觉得你对酒会的质量不放心，有监督之意。此外，参加鸡尾酒会提前到，在空荡荡的会场上独自相处，而主人又身处紧张筹备中，宾主都难免尴尬。

参加鸡尾酒会时，应该准时赶到，提前或迟到一两分钟也可。

以较低或更高规格回复宴请

宴请是中国人社交的重要途径，受到别人宴请后，及时为对方设宴是很有必要的礼节。但回复别人的宴请时，千万不要不注意规格。

别人花2000块宴请你，你却只花500块回请对方，这显然是敷衍塞责、没有真心实意的表现。对方请你在小饭店吃了顿便饭，你就请对方到豪华酒楼吃“满汉全席”以示回请，这在对方看来是揶揄和无声的责备，以及对你自己的财富和“热情”露骨的炫耀。

以较低或较高的规格回复别人的宴请，很容易引起对方的误解，容易使双方造成隔阂。

温馨提示

回请别人时规格以相当为好。

不要故意将回请别人的宴会规格搞得高出对方很多。

回请别人时，应尽量照顾对方的喜好。

AA制聚会自己不掏钱

AA制聚会在现代社会中很受欢迎，原因在于它公平合理。如果你参加这种聚会而不掏一分钱，对别人就不公平了。

各自付费集体旅游时不掏钱，各自付费聚餐时不掏钱，各自付费集体运动时不掏钱……这样做是令人不愉快的。同伴们会认为你不守信用，不遵守规则，不为别人考虑，爱占小便宜，并且脸皮厚。聚餐时的表现如此无礼，别人会推想你在其他方面也不会采取合作态度，依然会自私自利，从而不愿与你交往。

大家事先声明是AA制聚餐时，一定要为自己的食物付费。

实行AA制时，不要帮别人掏钱。

悄悄拿走新奇的食物

在风格各异的餐桌上，我们常常能见到自己未曾见过的新奇食物。尤其是一些干果、甜点等小巧而又便携的食物，总有人忍不住悄悄拿走。这样是不对的。

在自助形式的西餐厅里拿走新奇食物，首先是违背“不准外带”的规则，其次是给人以钻空子、占便宜的印象。在别人的婚宴、寿宴等家宴上悄悄拿走新奇食物，会让主人觉得你猥琐不堪；在商务和公务宴会上悄悄拿走新奇食物，你的个人形象会因此而变得令人鄙视。

参加任何宴请，如果没有经过同意不要打包，不要偷拿任何自己觉得新奇的食物。

别人打包的时候，自己不应提前将新奇的食物偷偷藏起。

当餐桌上有新奇的食物时，不应对其表现出特别引人注目的贪婪表情。

舞会礼仪错误

上场、下场不守规矩

舞会是人们结识新知、娱乐身心的好场合。在如此重要的场合，如果上场、下场不守规矩，必然是令人感到遗憾的。

上场时男性拖着女性，女性脚步踉跄地跟着，此情此景好似强盗抢劫，必然不会给观众留下好印象；下场时男性不等女性抢先离开，或者女性三步并作两步小跑着离开，此情此景看似两人跳得很不愉快，必然也不雅观。

上场、下场如果毫不讲究，就不可能体现出舞会所特有的高贵、典雅等礼仪特点。

当男宾带女宾上场时，应请女宾走在前面，而非挽臂而行。

上场、下场时，男女舞者都应步履从容、表情轻松愉悦。

男女如果表演独舞，上下场时应礼貌地向观众鞠躬。

参加正式舞会不穿礼服

参加正式舞会不穿礼服是不守规矩的表现。

参加商务洽商后的舞会不穿礼服，参加婚礼典礼后举行的舞会不穿礼服，参加大型私人生日宴会上的舞会不穿礼服，参加社区里比赛性质的舞会不穿礼服……都会让在场的人很不舒服。在正式场合应该化妆，以此来表示敬人与自尊，参加正式舞会穿礼服也是同样的道理。

参加正式舞会而不穿礼服是对舞会举办方的藐视，也是对自己形象的贬低。

参加正式的商务或社交舞会时，无论请柬上是否注明须穿礼服，都应穿礼服赴约。

参加舞会所穿的礼服应尽量避免与他人重复，并要避免有脏污和破损之处。

在正式舞会上，男士一般穿西装或燕尾服，女性穿露肩露背的晚礼服。

舞会服饰喧宾夺主

参加任何人举办的舞会，在服饰上喧宾夺主都是不恰当的。

参加别人的生日舞会，你穿得像个耀眼的公主，不知道的还认为你是女主人；参加上司发起的周末舞会，你的服饰把上司比得光彩尽失，给人的感觉是你用超人气的漂亮服饰向上司表示不满和示威。在舞会服饰上装扮得喧宾夺主，就好比公然占领了别人的领地，给人以不知好歹的印象。如果舞会主人的心眼比较小，你这么做的结果就是可能会导致你和主人友谊的告终。

所以，参加私人舞会时，应避免穿得比主人耀眼、漂亮。

参加舞会不要刻意打扮得怪异。

参加舞会时所穿的衣服和所佩戴的饰物应避免夸张、过分。

邀请舞伴不看时机

一位女性刚跳完一曲节奏欢快的舞曲，细汗淋漓，正坐在场下休息，你上前邀舞多半不会得到同意；一位女性刚刚拒绝了一位男士的邀请，你就立刻上前邀舞，无疑是对被拒男士的挑衅，也是在给这位女性制造麻烦。别人跳舞时扭了脚，刚高一脚低一脚地回到座位上，你就上前邀舞，无疑是对其身体状况的不关心、不体谅。

邀舞不看时机，无法成功邀请到对方还是小事，要是让对方对你产生故意捣乱的印象，就更不能说是礼貌之举了。

邀舞时应避开对方正在接受别人邀请的时刻。

邀舞时应选择对方兴致好、心情愉快的时刻。

邀舞时应选择对方精力充沛、暂时没有确定舞伴的时刻。

未征求同行者意见就受邀跳舞

我们常常见到舞场观看者中有成双成对的观众，如果你邀请某个人跳舞而未征得其同伴的首肯，就是错误的。

如果你邀请一对恋人中的女性跳舞，未经男伴的同意就将其女伴邀走，是对男伴的侮辱和轻视；如果你邀请结伴而来的女性之一跳舞，不征求其同伴的首肯，就是对其他女性的蔑视。

温馨提示

邀请别人跳舞时，应先征询对方舞伴的意见。

如果被邀者的舞伴不允许你与其舞伴跳舞，不应勉强。

征求邀请对象舞伴的意见时，无论对方是否允许，态度都应礼貌。

选舞伴不懂规矩

参加上司或者好朋友举办的舞会，只和主人打过招呼就找别人跳舞去了，直到整场舞会结束也没有邀请女主人跳过一次；自己带了舞伴前来，一进舞场就抛下舞伴与别人跳舞，整场舞会下来竟然没有和自己带来的舞伴跳一支舞；跳舞时，只邀请长得漂亮的人，对自己座位旁边的人却始终视而不见……有以上表现的人，会给人以傲慢、势利、无知、自私的感觉，别人因此而拒绝你是丝毫不必惊讶的。舞蹈可不是上了舞场随便拽个人就能跳的，不懂规矩的话，会让人觉得你不懂礼貌。

温馨提示

参加私人舞会，男士跳第一支舞时应选择自己的女伴。

男士的第二支舞应选择私人舞会的女主人作为舞伴，而后应分别邀请自己座位两侧的女士跳舞。

如果男士希望再次与自己的女伴共舞，只能选择最后一支舞。

男士拒绝女士的邀舞

男士拒绝女士邀舞是错误的。

女士打破男士主动邀请的惯例主动邀请男士跳舞，这行为本身就说明女士已经鼓足了勇气，说明她对自己所邀请的男士很欣赏。如果男士拒绝她的邀舞，就是对她的伤害。在舞场上，男士尤其应该表现得绅士。拒绝女性邀舞是违反绅士礼仪的，会被其他女士甚至男士所蔑视。

女士邀请男士跳舞前，应首先确定没有打扰到男士与别人交谈，态度应该恭敬而恳切。

男士如果的确不便跳舞，应耐心向女士解释，而女士应礼貌而有涵养地接受。

跳舞结束后径自返回

殷勤邀请到一位舞伴，愉快共舞之后，音乐一结束，就马上若无其事地走开，你的舞伴必然会觉得有些失落；应邀参加朋友的生日舞会，整场舞会结束后，你不声不响地按时离开，朋友一定会觉得自己在你眼中只是个素不相识的舞厅负责人。

无论是某一支舞曲结束还是整场舞会结束，跳舞结束后径自返回都会让人产生误解，认为你对舞蹈的兴趣远远大过对人际关系的兴趣，认为你冷漠或者孤僻、戒备心强。

就好比路上看到熟人不打招呼，跳舞结束后径自返回，不容置疑是不礼貌的行为。

一支舞曲结束后，应与自己的舞伴稍事寒暄。

如果跳的是最后一支舞曲，男士应礼貌地询问女士是否需要送她返回。

整场舞会结束后，参加者应礼貌地与主人告别。

婚葬礼仪错误

参加婚礼穿得比新娘还艳

参加婚礼穿得绝不能比新娘还艳。

伴娘穿得比新娘还艳，就会抢了新娘的风头。如果别人误以为伴娘是新娘，恐怕新娘一辈子都会厌恶伴娘。普通女性参加婚礼时穿得比新娘艳，也会导致同样的结果。在别人看来，也许你恰恰是想借这一做法发泄自己与新人的宿怨，或者是居心不良、勾引新郎。

如果你是男性，穿得比新郎还帅，不用说也是错误的、不合情理的。因为，如果你穿得衣冠楚楚，看上去比新郎还酷，在婚礼上就会抢了新郎的风头，引人注目，一般婚礼参加者还以为你就是新郎呢。

参加婚礼时，女性应避免穿和新娘款式相似的衣服。

参加婚礼时戴黑纱

有的人接到婚礼邀请函时，可能正在服丧，臂戴黑纱。如果参加婚礼时不将其去掉，就会遭到诟病。

婚礼理所应当地应该喜庆，每个参加婚礼的人都理应为新人增添欢乐。戴着黑纱参加婚礼，显然会给喜庆的场合带来压抑的气氛。在别人看来，这是对新人的诅咒，将会给新人带来晦气。戴着黑纱参加婚礼，容易被别人视为挑衅，会遭到别人的责骂。

在婚礼上戏耍新人

在婚礼上戏耍新人的确能给宾客们带来快乐，活跃现场气氛，但稍有不当就容易变成恶作剧，令人讨厌。

拿颜料涂抹新人的脸和四肢，容易弄脏新人的衣服。如果他们的服装价值不菲或是租来的，你说让谁来赔付呢？想出各种刁钻主意让新人表演节目，容易让新人陷入尴尬。如果你的提议格调不高，这样做简直是对新人的侮辱。

温馨提示

遇到与新人开玩笑的环节，应掌握分寸。

不要在较为隆重的场合和环节戏耍新人。

如果有人与新人开玩笑过头了，可出面婉言相劝。

参加葬礼穿鲜艳衣服

葬礼是极其严肃的场合，如果身穿鲜艳衣服参加葬礼，不仅与葬礼气氛不相融合，而且还会引起公愤。

穿着鲜艳衣服出席葬礼，无疑是将别人的葬礼变成了自己的服装秀。如果你身份显赫或者与死者生前交情不错，这么做就有幸灾乐祸之嫌。穿鲜艳衣服参加葬礼，是同时向死者及其亲人以及所有参加葬礼的其他宾客表示蔑视，别人会认为你居心不良。

参加葬礼时，女性应避免穿着暴露，应避免化妆。

参加葬礼不注意神情举止

在葬礼上，每个细小的动作和神态都不能随随便便。

在葬礼上面露微笑、神采飞扬，你这是追悼死者还是庆幸死者去世？在葬礼上脚步匆匆，风风火火，你这是在赶场还是活力过剩呢？在葬礼上谈笑风生，不时呼朋唤友，你以为这是参加鸡尾酒会吗？

在葬礼上不注意神情举止，容易引起别人的反感，给别人留下无情无义的印象。如果你是死者生前的朋友，不注意一举一动会让死者的亲人失望；如果你与死者生前有过节，不注意动作、表情会让死者的亲人感到气愤。

温馨提示

参加葬礼时，应表现出沉痛哀悼。

在葬礼上，行动不要夸张，应缓步行走、轻声说话。

在葬礼上，应避免挤眉弄眼、发笑、高声喧哗等。

在葬礼上注视死者的亲人

在葬礼上，不要注视已经承受着巨大压力的死者亲人。

在葬礼上注视死者的亲人，首先会使你的形象显得失态。

而在他人看来，这是幸灾乐祸和不怀好意的表现。其次，参加葬礼时注视死者亲人，会给对方带来巨大的心理压力。

无论是同情还是好奇，都会让对方感到尴尬和压抑。即使是平时，面对陌生人或熟人，长时间盯着对方看也会导致对方的反感和戒备心理，更何况本就承受了痛苦的死者亲人呢？

因此，参加葬礼时，应避免上述举动。

参加葬礼时，不要对死者的亲人表示过度的同情。

在葬礼上，应避免对死者的亲人过多提起死者生前的事情。

不能掌握成交的主动权

宴会礼仪错误